構造改革政権

長洲神奈川県政 20 年の再評価と
その歴史的意義

久保孝雄／原田誠司／井上良一
／「長洲県政」研究会
【編著】

社会評論社

目次

まえがき―刊行にあたって―
構造改革への挑戦－長洲神奈川県政の20年を検証する－
　　　　　　　　　　　　　　　　　　　　久保 孝雄..........9

はしがき　本書刊行の経緯と本書の構成について
　　　　　　　　　　　　　　　　　　　　原田 誠司..........18

序　説　長洲県政の軌跡－長洲県政の２期８年を振り返る－
　　　　　　　　　　　　　　　　　　　　久保 孝雄..........25
　1　長洲県政成立の時代的背景 26
　2　長洲県政の政策基調（キーノート）..31
　3　政策展開における基本的スタンス 33
　4　主な軌跡を振り返る 35

第Ⅰ部　長洲県政を再評価する
－構造改革政権の課題と展開を中心に－

第1章　長洲県政の誕生－長洲・久保体制の形成－
　　　　　　　　　　　　　　　　　　　　久保 孝雄..........44
　1　時代の転換期と長洲県政 44
　2　革新運動の停滞・低迷打破と長洲知事立候補－＜３つのＷｈｙ＞－...45
　3　長洲立候補支援－＜国民からの招集令状＞論－ 46
　4　＜革新自治体から自治体革新へ＞－長洲出馬決意＝新神奈川宣言－...47
　5　知事補佐官選び－「久保孝雄を補佐官に」の流れ－ 48
　6　長洲選挙準備を開始
　　　―選挙キャッチフレーズ＝「冷たい官僚県政から温かい生活者県政へ」
　　　と「生活者の心が浸み通り脈打つ県政へ」を打ち出す―......................49
　7　神奈川県知事選挙始まる－久保は労調協から退職勧告－ 50

8　長洲さん大差で知事当選－久保に＜知事補佐官への召集令状＞－ 51
　　9　政権交代のドラマ－県庁入りと政治的駆引き－ 52

第2章　長洲県政当初の課題認識－構造改革を目指して－
久保 孝雄..........56

　　1　いくつものカルチャーショック－長洲知事の＜小さな文化革命＞－...56
　　2　知事との議論で県政の基本課題が浮かび上がる
　　　　－6つの構造改革の課題－ 58
　　3　知事の施政方針演説の草稿を起草－初の6月県議会で－ 61
　　4　初の議会を乗り切る
　　　　－久保、以後、知事コメント等スピーチライター役担う－ 62

第3章　長洲県政の「過去との闘い」と「未来への闘い」
　　　　　　－構造改革の枠組み－
久保 孝雄..........63

　　1　「過去との闘い」と「未来への闘い」－構造改革の枠組み－ 63
　　2　過去との闘い－明治以来の国・地方の上下関係見直し－ 64
　　3　未来への戦い
　　　　－分権改革へ＝地方の国政への参加、民際外交、産業政策－ 66

第4章　頭脳センター構想からＫＳＰ建設へ
　　　　　　―戦後初の＜発明の事業化＝ＫＳＰモデル＞創造―
久保 孝雄..........74

　　1　長洲知事が頭脳センター構想を発案 74
　　2　イギリス労働党政権を参考に「科学に強い」革新政権を！
　　　　－知事就任前から主張－ 75
　　3　ＫＳＰ建設プロジェクト推進を阻む壁を乗り越える！ 76

第5章　組織改革の展開
　　　　　　―人を活かし、時代ニーズに対応した組織再編・新設―
久保 孝雄..........88

　　1　重視した職員の専門能力養成 88
　　2　行財政システム改革－財政危機克服から組織改革へ－ 88
　　3　専門人材（学者・研究者等）との連携
　　　　―長洲県政のブレーンをいかに迎えたか― 89

第Ⅱ部　ＫＳＰモデルの創生と展開

第1章　ＫＳＰを軌道に乗せるまで
　　　　　　　　　　　　　　　　　　　　　　　久保　孝雄..........96
1　ＫＳＰ社長就任の背景－自民、久保副知事再任を拒否.........................96
2　ＫＳＰ社長就任へ知事命令下る
　　―「社長はコンセプトを体現できる人」.................................97
3　常勤社長第１号に就任して..98
　　―責任体制確立、コンセプト重視、新社風づくり―...........................98
4　インキュベータの改革..99
5　投資事業組合結成へ
　　―「トンビに油揚げ論」で投資事業組合設立へ―.......................103

第2章　ＫＳＰインキュベート事業の17年―実績と課題―
　　　　　　　　　　　　　　　　　　　　　　　志茂　武.........115
1　ＫＳＰインキュベート事業の沿革..115
2　ＫＳＰインキュベート事業の現状..118
3　ＫＳＰインキュベート事業の優位性と支援モデル..........................124
4　ＫＳＰインキュベート事業の現段階での成果...............................130
5　おわりに―ＫＳＰインキュベーション事業の課題と展望―............134

第3章　神奈川科学技術アカデミー／ＫＡＳＴの15年
　　　　　　　　　　　　　　　　　額田　健吉、馬場　昭男.......138
1　ＫＡＳＴ誕生前史..138
2　ＫＡＳＴの誕生...143
3　ＫＡＳＴ15年小史..145
4　ＫＡＳＴ15年の成果..147
5　ＫＡＳＴとＫＴＦの統合..151

第4章　Ｒ＆Ｄの一つの提案―ＫＡＳＴのTrial―
　　　　　　　　　　　　　　　　　　　　　　　額田健吉..........153
1　日本の基礎研究...153
2　サイエンスパーク・ブーム..154
3　Ｒ＆Ｄの一提案（ＫＡＳＴの実験）..155

第5章　神奈川高度技術支援財団／ＫＴＦの15年

柴田 嘉郎、馬場 昭男........160

はじめに 160
1　ＫＴＦ誕生前史 160
2　ＫＴＦ誕生―もう一つの背景― 164
3　ＫＴＦの誕生まで 166
4　ＫＴＦ事業の変遷 167
終わりに 175

第6章　「ＫＳＰモデル」の創生・展開・再構築
―日本型サイエンスパークとして―

馬場 昭男........176

はじめに―「ＫＳＰモデル」の誕生― 176
1　「ＫＳＰモデル」の政策的ルーツ 177
2　「頭脳センター構想」の誕生―総合産業政策の提言― 177
3　都市型サイエンスパーク構想の登場 179
4　神奈川県科学技術政策委員会の提言 181
5　ＫＳＰ三位一体モデルの創成 183
6　ＫＳＰモデルの１４年 184
7　ＫＳＰモデルの再構築 185

第7章　ＫＳＰプロジェクトの推移とＫＳＰモデル（補論）

原田誠司........187

1　頭脳センター構想の提起 187
2　頭脳センター構想に関する提言 188
3　神奈川県研究開発型企業連絡会議ＲＡＤＯＣの発足と
　　久保さんのアメリカ訪問 189
4　「かながわ総合産業政策」提言 190
5　ＫＳＰ構想の誕生 190
6　スタートアップビル構想研究会・事業化研究グループの形成 191
7　調査研究会によるＫＳＰ構想の実施設計 192
8　ＫＳＰモデル構築へ 193
9　ＫＳＰプロジェクトはなぜ成果をあげられたのか 193

第8章　21世紀のサイエンスパーク戦略

清水 周........196

1　はじめに 196

2　「サイエンスパーク」とは何か 196
　3　アジアのサイエンスパーク 197
　4　２１世紀のサイエンスパークの戦略 198
　5　具体的な戦術 199
　6　サイエンスパーク自身の事業計画を（株式公開に向けて）..................... 204
　7　おわりに 205

第Ⅲ部　長洲県政の再評価と歴史的意義

提起１　「新神奈川宣言」の歴史的意義
　　　　　－＜構造改革＞をどう引き継ぐか－

原田　誠司........208

提起２　久保孝雄先生の業績と課題

飯沼　和正........215

提起３　ミュニシパリズムと地方の時代

井上　良一........220

巻末資料

史料１　神奈川が変われば日本が変わる―　新神奈川宣言

長洲　一二........232

史料２　『模倣から創造へ』この20年の歩み（1968～1988）

飯沼　和正........256

史料３　市民派政治学者・篠原一先生を偲ぶ
　　　　　－「革新の革新」をめざす長洲県政を支えた学者ブレーン－

久保孝雄........264

あとがき　長洲神奈川県政 20 年の再評価を！
　　　　―＜構造改革＞の視点を再構築し、地域主権の時代へ！―
　　　　　　　　　　　　　　　原田誠司..........269

執筆者・発言者等紹介...276

索引..281

まえがき ―刊行にあたって―

構造改革への挑戦

－長洲神奈川県政の20年を検証する－

久保 孝雄

　昨年（2024年）の正月、ささやかな新年会の席で、長洲神奈川県政（1975～95）の最大の遺産の1つであり、日本で最初のサイエンスパークとして建設された「かながわサイエンスパーク＝ＫＳＰ」（注1）が話題になり、原田誠司さん（長岡大学名誉教授）から「ＫＳＰは戦前の理化学研究所（注2）モデルを現代的に継承・再生させた重要プロジェクトなのに正しく評価されていないのではないか」との問題提起があった（詳細は原田誠司『ベンチャー簇業序説』東京図書出版、2023）。

　長洲知事の命を受け「かながわサイエンスパーク」の運営会社として設立された第3セクターの株式会社ケイエスピー（ＫＳＰ、資本金45億、うち15億が国、県、川崎市、民間30億）の社長を4期8年務め、日本初のインキュベータを運営したこともある私に、建設の動機、目的、運営の経過などを詳しく話して欲しいとの要望が出され、3月から7月にかけて原田教授の主宰で数回の研究会が開かれた。すでに30年も前のことであり、記憶が薄れている点もあるが、できる限り当時の資料や日記などを見ながら準備し、報告した。

- （注1）川崎市高津区坂戸、元池貝鉄工跡地5.5haの敷地に14万㎡のインテリジェントビルが建ち、4500名の研究者・技術者が働くイノベーションセンター。日本初のインキュベータを運営、私の社長在任中に117社のベンチャー企業が育った。
- （注2）1917年、高峰譲吉、渋沢栄一らの提唱により、産業発展に資するため皇室下賜金、政府補助金で設立された基礎研究から応用研究まで幅広くカバーする国内唯一の自然科学系総合研究所で、産業界への技術移転を積極的に進めている。設立時東京駒込、現在は埼玉県和光市。

　ところがこの研究会の席で、原田教授からさらに重要な問題提起があった。

それは「長洲神奈川県政は地方レベルではあるが日本で初めて実現した構造改革政権だったのではないか」というものであった。ズバリ長洲県政の本質を衝いたこの発言に、私は驚き、そう思っている人がいることに感銘を受けた。20年間長洲神奈川県知事を補佐官として（8年間はＫＳＰ社長として）支えた私はもともとそう考えていたが、国政レベルでは構造改革論はついに陽の目を見ることがなかったので公に口にすることはなかった。原田教授の指摘は嬉しくもあり、驚きでもあった。

思えば1960年から70年代にかけて革新陣営を2分した構造改革論争があった（政党としては社会党と共産党の一部。当時の東独を礼賛したりする教条的左派主導の社会党に批判的なグループ＝江田派と佐藤昇ら共産党の批判派、離党グループが構造改革論で合流したのが注目された）があった。長洲さんも私も思想・理論レベルでは構造改革派に属し、長洲さんはリーダーでもあった。中央政治の世界では構造改革派のリーダーで日本社会党を、北欧型社会民主党をモデルに日本型社会民主主義政党に作り変えようとした社会党書記長の江田三郎さんが、左派主導の社会党から「構造改革論は右翼日和見主義だ」として追放されるとともに、構造改革派は敗北し、構造改革論も次第に影を潜めていった。これが社会党凋落、革新勢力退潮の始まりでもあった（のちに小泉内閣が唱えた新自由主義の「構造改革」は全くの別物）。

そもそも構造改革論とは旧ソ連型社会主義を否定し、先進資本主義国における社会主義的変革への新しい道を模索した西欧最大のイタリア共産党（ユーロコミュニズムのリーダー）に発する革命論であり、地方レベルでの改革をテーマにしたものではない。変革すべき「権力」も政治・社会システムも国レベルと地方レベルでは質的にも量的にも桁違いの差がある。特に日本は明治以来の強固な中央集権体制が生きており、地方の自主性は極度に制約されていた。こうした自覚があったので私は長洲県政を構造改革政権と呼ぶことを憚ってきた。しかし長洲さんも私も構造改革派としての信念は変わらなかった。横浜国立大学教授でマスコミでも人気学者だった長洲さんは1975年、当時の飛鳥田横浜市長に担がれ神奈川県知事選に出馬、圧勝し、地方政権を掌握したが、長洲さんが20年間知事として行った県政が構造改革論の思想・理念に基づいていたことは間違いない。その意味で、限定的なものとは言え、一国並みの人口、経済規模をもつ地方（神奈川県）で構造改革を進

めた長洲県政を「地方レベルにおける最初の構造改革政権」とみなすことは可能であり、妥当性もあるのではないかと考えた。今この観点から長洲県政の軌跡を振り返り、実績を検証しながら併せて今日的な意義を考えてみたい。長洲県政は、現在大きな課題になっている「地方創生」やミュニシパリズム（地域主権主義）の先駆者であり、原点でもあると言えるのではないか。

1　地方分権改革の実現

　長洲県政が推進した主要な政策は、いずれも明治以来の日本政治、国と地方の関係の構造を改革するものであった。長洲知事は1975年の知事就任早々「地方の時代」を提唱し（「地方の時代を求めて」『世界』1978年10月号）、全国の自治体や学者に呼びかけ、地方、地域が直面する多様な課題を掲げて全国シンポジウムを14年間（1978～91年）継続して開催し続け、地方に対する価値観の転換、地方分権の重要性を主張し、分権改革への全国的機運の高まりをリードした。「地方の時代」は一世を風靡する流行語にもなった（第1回の議長団に大河内一男東大学長、磯村栄一東洋大学長、増田四郎一橋大学長、辻清明国際基督教大教授が並んだのをはじめ、延べ200名近い学者、専門家の協力を得た）。2000年には400以上の関係法令を一挙に改革した「地方分権一括推進法」が施行された。この改革の最大の眼目は、明治以来の国、地方の上下関係、主従関係を対等、平等な協力関係に変革したことであり、画期的な構造改革の実現であった。併せて県の事務の7割を占めていた国の機関委住事務も廃止された。（2024年6月、災害など有事を口実に国が地方を統制できるようにした地方自治法改正が成立、地方の強い反発を招いているが、分権改革自体は不可逆である）。

2　「政策は国、地方は対策」の転換、「国の出先機関」からの脱却

　明治以来の国と地方の上下関係を反映して「政策は国、地方は対策」と言う考え方が戦後も牢固として継続していた。政策づくりは国家官僚の専権事項で、地方はそれをおし戴いて地方でその具体化を図るのが仕事だった。また、地方（主に都道府県）の副知事や幹部職員は中央省庁（自治省、大蔵省、建設省、厚生省等）からの天下りや出向職員で占められていて、国の出先機関の性格が強かった。長洲さんは「知事も県会議員も政策を訴えて選挙に勝ち

上がってくるのに、政策は国で地方はこれを受けて対策を考えれば良い、と言うのは時代錯誤だ。国と違った地域独自の政策課題があり、これを解決していくためには、独自の政策が必要だ。県庁を政策官庁に改める必要がある」と考え、組織改革で企画部を新設、各部局に政策課を作り、国からの様々な干渉を排して神奈川県としての独自の産業政策（「頭脳センター」構想の提唱、そのキープロジェクトとして日本初のサイエンスパークの建設など）、科学技術政策、都市政策、環境政策、情報政策、文化政策、民際外交政策などを全国自治体に先駆けで次々に策定、実行していった。幹部人事についても国家官僚の特権的天下りを断り、人事交流は相互的にすべきと主張した。これまた従来の国と地方の関係を大きく転換し、自治体を「地方公共団体」から「地方政府」に作り変える展望を示す構造改革であった。

3　情報公開、環境アセスなど政策的に国を先導した

　これらのうちサイエンスパークの建設、工業、農業等の試験場を研究開発組織に改変、公務研修を自治体学研究に改変、情報公開（公文書館建設を含む）、環境アセスメント、民際外交（自治体同士の国際交流）などは国に先駆けて新しい行政分野を開拓したもので、これらの政策づくりや政策展開に当たって、長洲さんが協力を求め、起用した学者、専門家は国の審議会レベルに劣らぬ人たち（都留重人、坂本義和、篠原一、鶴見和子、大来佐武郎、佐橋滋、斉藤進六など）200名以上に及び、国に対する知的、政策的ヘゲモニーを作り出していった。国が情報公開を制度化したのは2002年、神奈川県が制度化（条例制定）した1982年より20年も後であった。当時、朝日新聞編集委員の石川真澄は次のように書いた。

　「（長洲氏は）1982年都道府県では初めて情報公開条例を制定し、"役所が見せたくないものを見せる"を信条とした。その実践を通して、市民は行政への信頼を取り戻し、自治に参加できる。それが、"革命"に代わって、長洲氏が終世追い求めた民主主義観だった・・（国の）情報公開法がようやく成立した。神奈川県条例の制定から18年目である」（朝日新聞　1999年5月8日）

4　産業政策における構造政策としての「頭脳センター構想」、かながわサイエンスパーク（KSP）の建設

私がＫＳＰの社長だった時、ＫＳＰを訪問された米国ジョージ・メイスン大学ロバート・キャッシュ教授の言葉が忘れられない。私がＫＳＰ建設の基礎になった長洲知事の「頭脳センター構想」を説明し、神奈川は工業先進県から知識経済先進県に転換しつつあることを述べると、彼は身を乗り出し「それはまさに日本国の政策にこそ相応しい。それを県レベルで実現したのは素晴らしい。ぜひ国レベルに広げるべきだ」と喝破されたのである。

　長洲知事は就任後3年目の1978年「神奈川の産業構造を知識・技術集約型に転換し、神奈川を日本とアジアの科学技術と研究開発のセンターにする」との考えを骨子とする「頭脳センター構想」を発表したが、これは戦後日本の高度成長をリードしてきた京浜工業地帯を有する工業先進県神奈川で、他ならぬ京浜臨海部重化学工業の急速な衰退が始まり、工業社会から脱工業社会＝知識・情報社会への大転換期にきていることを感得し、これを踏まえた政策構想であった。

　この産業構造転換の課題は国レベルでも同じだったはずである。もし当時、キャッシュ教授の言うとおり国レベルで長洲構想を遥かに上回る頭脳センター構想＝日本をアジアと世界の科学技術と研究開発のセンターにする構想を打ち出し、具体策を展開していれば数百のサイエンスパークが建設され、数百、数千のベンチャー企業が叢生し、幾つもの新産業が誕生していたかもしれない。かつて世界に覇を唱えた東芝、日立、松下などの凋落もなかったし、中国にＧＤＰで数倍の差をつけられることもなかったかもしれない。「失われた30年」もなかったかもしれない。この意味でＫＳＰの建設は産業政策、経済政策の歴史的転換期＝工業社会から脱工業社会＝知識・情報社会への転換期の課題を象徴する意味を持っていたと言えるのではないか（1人当たりＧＤＰ、国際競争力でアジアトップ、世界上位のシンガポールは何度も職員をＫＳＰに派遣、「頭脳センター構想」を徹底取材して行ったこと、また自治体改革論のリーダーだった松下圭一教授が90年代始めＫＳＰを視察された後「ＫＳＰは産業政策、科学技術政策、都市政策、環境政策、県・川崎市協調が一体化して実現した見事なプロジェクトだ、歴史に残る」とコメントしてくれたことも忘れられない）。

5　アジアサイエンスパーク協会（ＡＳＰＡ）の結成でアジアをリード

　ＫＳＰ建設のもう一つの意義として、アジアにおけるサイエンスパーク運

動をリードし、その発展に貢献したことが挙げられる。私は県庁時代、長洲知事の提唱する民際外交を担当し、米国（メリーランド州）、中国（遼寧省）、韓国（京畿道）、ドイツ（バーデンビュルテンベルグ州）、ロシア（ソ連当時のウクライナ・オデッサ州）との友好提携を推進したが、ＫＳＰに移ってからも海外との交流を重視し、海外からの来客、見学者に懇切丁寧に対応した。こうした努力が実って、中国、韓国、台湾の関係者から経験交流のための会議を開いてほしいとの要望が寄せられ、1997年12月、日本、中国、韓国、台湾の8つのサイエンスパーク（中国は「高新技術産業開発園区」、韓国は「テクノパーク」、台湾は「科技園」と呼ぶ）が集まり「東アジアサイエンスパーク交流会議」がＫＳＰで開かれた。最終日に金大中政権のもとで経済産業大臣を務め、テクノパーク建設の特別立法を実現した金泳鎬（キム・ヨンホ）教授の提案で「東アジアサインスパーク協会」の設立が提案され、全会一致で決定された。私が会長に指名されたが事務局を引き受けることで会長は固辞した。第2回大会（韓国大邱）、第3回大会（台湾新竹）を経て中国瀋陽で開催された第4回大会（2000年）で「東アジア」から「アジアサイエンスパーク協会（Asian Science Park Association = ASPA）」に改称され、中国、韓国の強い要望により私が初代会長に選ばれた。

　当時、欧米にはすでにそれぞれ数百のサイエンスパークがあり、アジアはサイエンスパークの後進地域だったので、ＡＳＰＡの結成はアジアにおけるサイエンスパーク運動に火をつけ、発展させる上で大きく貢献したと言える。

　その後中国では北京大学、精華大学など大学発サイエンスパークを始め、数平方キロから数10平方キロ（ＫＳＰは5.5ha）に及ぶ大型サイエンスパークが続々建設され、今ではおそらく数百に及び「大衆創業」を呼びかける国家的スローガンのもと、ベンチャー企業も続々誕生しており、世界的大企業に成長した企業も多い。韓国でも政府主導、地方政府主導、企業主導のテクノパーク、テクノバレーなどが全国20カ所以上に建設され（2024年現在）、韓国の経済発展や国際競争力の強化に貢献している（趙佑鎮多摩大学教授）。ＡＳＰＡの2代目会長を務めた慶北大学教授、大邱テクノパーク代表の李鐘玄（イー・ジョンヒョン）の努力で大邱市内にＡＳＰＡ事務局が常設され、慶尚北道政府の支援を受けながら20年以上充実した活動を続けている。今年3月、ウランバートルで開かれた第27回ＡＳＰＡ年次大会資料によると会

員数は187（うちサイエンスパーク83、他は大学や企業）、主な地域は日韓台の他、タイ、ベトナム、シンガポール、マレーシア、インドネシア、モンゴル、ロシア、イラン、サウジ、豪州などである（中国は欧米を含む世界サイエンスパーク協会・ＩＡＳＰの役員を務めており、しばらくＡＳＰＡを離れている）。ＡＳＰＡは日本のＫＳＰで誕生したが今日のように大きく成長、発展したのはまさに韓国でのおかげであり、サイエンスパーク運動においても日本にはまだ数か所しかなく、「先発後進」国になってしまった。

混沌、混迷する政治の中で－いまこそ構造改革を

　今世界は政治的混乱、混沌の中にある。先進国モデルだったアメリカは分断と格差、治安悪化で「法治国家から無法国家へ」「アメリカ消滅」（増田悦佐『アメリカ消滅』ビジネス社　2024）とまで言われている。かつて唯一の超大国として世界に君臨したアメリカにいま昔日の面影は無い。西欧諸国もＮＡＴＯの対露制裁、ウクライナ支援による経済疲弊、移民政策に反対する右派勢力など反政府勢力が台頭し、主流を占め続けてきた保守中道勢力が危機に瀕している。世界の理想郷と言われてきた北欧の社会民主主義国も対露制裁などで経済が疲弊、フィンランドなど中立政策を捨てＮＡＴＯに加盟したりして安保、外交でも行き詰まりが見られる。

　ソ連解体により共産主義の夢が崩壊する一方、アメリカの衰退、荒廃により資本主義も危機が叫ばれている。資本主義に代わるとされてきた社会主義も先進国では混迷の中にある。今ではむしろＡＩが繰り広げる新たな知的技術的可能性が社会の未来を拓いていくかのように言われ始めている。しかし、ＡＩを使うのは人間であり、ＡＩが社会変革をリードすることはない。より良き未来を目指すトータルな社会変革をどう進めるかは、いぜん人間の仕事であり、共産主義も資本主義も色褪せ、デジタル革命、AI進化が進むいま、次の社会をどう構想し、展望するのか、社会変革論をどう再構築すべきか、いぜん人間社会が直面する最大の課題である。

　そこに１つのヒントを与えているのが構造改革論である。プロレタリア革命をめざしたマルクスの予見は的外れに終わったが、イタリア共産党が1950〜60年代に唱えた構造改革論－高度精密な社会を構築している先進資本主義国では社会の土台から作り変える一挙革命は不可能であり、構造的改

革（structural reform）の積み重ねにより社会変革を漸進的に進めるしかない、とする考え方が改めて現実性を帯びてきているのではないか（イタリア共産党はその後主流は左翼民主党、少数が共産主義者党に変った。2006年にはジョルジョ・ナポリターノが大統領に当選、西欧初の共産党大統領として注目された）。

　今、日本は構造改革すべき課題が山積している。政治は自民党一党支配が名実共に破綻し、政権党の資格、能力を失っている。安保、外交では対米従属、軍事一体化、軍事大国化が進行し、中国包囲の最前線に立たされている。経済は「失われた30年」と言われるようにＧＤＰは年々世界ランクを落とし（2位から5位）、1人当たりではアジア5位、世界38位に落ち、国際競争力でもシンガポール、台湾、韓国、中国に抜かれ38位である。賃金水準は先進国最低だし、女性の社会的地位、言論の自由などの指数も100位以下の低位に停滞していて、「日本はもはや先進国ではない」（野口悠紀雄）とまで言われている。日本は日米同盟一本槍で衰退し続けているが、他方、BRICSやグローバルサウスの台頭が世界構造を変えつつあり、日本は歴史的選択を迫られている。

　最近、沖縄における米兵の性犯罪や事故多発を機に、日本社会の抱える諸矛盾の根幹として「憲法の上、国会の上」（翁長元沖縄県知事）に君臨する日米合同委員会、その根拠としての日米地位協定の不当性がクローズアップされている。米軍の治外法権、横田空域など空の支配、オスプレイやヘリの低空飛行訓練など、やり放題の米軍への批判が高まり、日米合同委員会の廃止、日米地位協定の不平等是正の要求が高まってきた。事実上の米軍による軍事占領を終わらせ、主権の完全回復と東アジアの冷戦構造の解体を目指す構造改革こそ当面最大の　Structural Reform ではないのか。

　ここで検証した長洲県政は今から30年前、中央政界では敗北した構造改革の理念に基づく政治を神奈川（当時、人口、GDPでオーストリアと同じ、韓国のＧＤＰを上回っていた）と言う地方で実践し、成果を上げた実際の記録である。構造改革の積み重ねによって社会のシステムと構造を漸進的に作り替え、換骨奪胎しながら新しい社会・政治システムを構築していく構造改革論の1つの実践例になるのではないか。

　なお、本書の企画編集には原田誠司さんに多大なるご尽力を頂いた。療養中の奥様を介護されながらのご尽力に心からの敬意と感謝を表したいと思い

ます。また出版界の状況きびしいなか、本書の出版を引き受けて下さった社会評論社の松田健二社長に心から感謝したい。

> はしがき

本書刊行の経緯と本書の構成について

原田 誠司

はじめに、本書刊行の経緯と本書の構成について、述べておきたい。

☆**若干の経緯について**

本書刊行の最初の契機をつくったのは、下記の拙著出版を契機に開催した私的な懇親の場（参加者は、元神奈川県副知事・元ＫＳＰ社長の久保孝雄さん、ＫＳＰの飯沼　契さんと櫻井　亨さん、それに原田の4人で2023年12月初旬に開催）や新年会（2024年1月）での議論であった。

＊原田誠司『ベンチャー簇業序説－＜独創＝発明＞の事業化のエコシステム創生－』（東京図書出版、2023年11月）

実は、原田は拙著で、＜ＫＳＰモデル＞は戦前の＜理研モデル＞を継承した戦後初の研究開発型ベンチャー創生モデルであると記していた。この議論のなかで、この＜ＫＳＰモデル＞は、長洲神奈川県政が「自治体（県）を政策主体」として独自の産業政策・科学技術政策により練り上げた政策の賜物であることが確認されるとともに、長洲知事の補佐官であった久保さんがその辺の諸事情（国との確執含めた表と裏双方の）をお話くださるということになり、久保さんへのインタビューを行うことになった。

元神奈川県副知事・元ＫＳＰ社長の久保孝雄さんへのインタビュー（研究会）は、次の3回開催された。

・テーマ・・・長洲県政の政策・組織イノベーションと＜ＫＳＰモデル＞の創生
・日時等・・・第1回：2024年3月8日（金）、第2回：3月29日（金）、第3回：7月11日（木）、時間は3回とも15:00～17:00、会場は第1～2回はＫＳＰ会議室、第3回は＜ふれあい貸会議室日吉Ｂ＞

・講演者・・・久保孝雄（元神奈川県副知事、元株式会社ケイエスピー代表取締役）
　　・参加者・・・長洲神奈川県政やＫＳＰ事業等に何らかの関わりを持った次の関係者の各氏（経歴等は本文巻末参照）である。井上良一、清水　周、飯沼　契、櫻井　亨、植松　了、蛯名喜代作、大矢野　修、遠山　浩、趙　佑鎮、三好秀人、山本匡毅、原田誠司（進行は原田が務めた）。志茂　武、飯沼和正のお２人には、別途、インタビューないし原稿提供をお願いした。

　この久保さんへのインタビューを通して、長洲神奈川県政は日本の高度成長からの転換期において地方自治制度の＜構造改革＞を行った唯一の＜構造改革政権＞であったことが明らかになり、長洲県政の再評価とその歴史的意義を確認すべく、本書を刊行することとなった。

☆**本書の構成について**

　本書の構成は、目次に示すとおりであるが、各章等の主な注目点は次の通りである。

★**「序説」について**・・・

　「長洲県政の軌跡－長洲県政の２期８年を振り返る－」は、若き久保さんが理事時代に行った神奈川県部課長会議での未公開講演録である。現在から40年も前の講演であるが、高度経済成長時代からの転換期（1970～1980年代）の課題・政策意識が活写されており、本書の序説とさせていただいた。長洲県政の初期が描かれているので、ぜひご一読をお勧めしたい。

　この講演録は長洲県政の＜表＞＝公であるが、次の第１部の前半は久保さんの知事補佐官としての＜裏＞＝私の動きでもあり、合わせ読んでいただければより立体的に、当時の長洲県政を把握できる。

★**「第１部　長洲県政を再評価する－構造改革政権の課題と展開－」について**・・・

　　第１部の５章は、久保さんへのインタビュー２回分（第１～２回）の＜講演原稿＞と＜テープ起こし＞を整合し原稿化、修正・調整したものである。
・＜**第１章　長洲県政の誕生－長洲・久保体制の形成－**＞・・・冒頭の本章は、

久保さんの知事補佐官＝参謀としての登用（久保さんの県庁入り）による長洲・久保体勢の形成事情を述べている。久保さんは、ご自身の登用について、「その理由はわからない」としているが、質疑応答で、久保さんの経歴（労働調査協議会の代表・調査研究責任者等）からその政治力と政策力が高く評価された結果であり、その後の久保さんの活躍の裏付けとなったことが明らかにされた。ご確認いただきたい。

・＜第2章　長洲県政当初の課題意識－構造改革をめざして－＞と＜第3章　長洲県政の「過去との闘い」と「未来への闘い」－構造改革の枠組み－＞・・・この2つの章は、長洲県政の課題、県政の基本スタンス・方針、県政改革の枠組み等を述べたものである。その視点は「新神奈川宣言」の枠組みをより豊富化させる内容になっている。巻末史料の「新神奈川宣言」も合わせ読んでいただきたい。

　また、第3章の質疑応答で出された、「新神奈川宣言」は＜構造改革＞の宣言ではないか、との意見に対して、長洲県政は＜構造改革政権＞であり20年続いたことを久保さん自身が明言した。さらに、ドイツのバーデンビルデンベルグ州の大臣も、長洲県政の政策を Structural Reform 構造改革政策と評価したことも久保さんから明らかにされた。

　かくして、長洲県政は＜構造改革＞の基本的考え方（「新神奈川宣言」）にのっとり、構造改革政策を展開した＜構造改革政権＞として再評価する必要があることが明確になった、と言える。

・＜第4章　頭脳センター構想からＫＳＰ建設へ＞・・・本章では、ＫＳＰプロジェクトについての久保さんの関わりが述べられている。注目点は大きく3つある。1つは、長洲さんが大学教授時代に、イギリス労働党政権（ウイルソン内閣）の科学技術政策に賛同し、自らの考え方としていたこと。2つ目はそのバックグラウンドのもとに＜科学＞の観点を県政に、実際に導入したこと。「新神奈川宣言」では、「科学的な県政」の原則と記されているが、長洲県政では科学技術政策を開始し、頭脳センター構想（科学技術創造、頭脳集約型・技術集約型産業等）を導いた。そして、3つ目は、国に先んじた自治体初・発の科学技術政策と産業政策の融合を実現し、ＫＳＰプロジェクトを成功させた。まさに、構造改革の成果であった。この点に注目していただきたい。

・＜第5章　組織改革の展開－人を活かし、時代ニーズに対応した組織再編・新設－＞・・・ここでは、県庁の組織改革＝組織イノベーションの展開を述べられ、このイノベーションが構造改革政策＝政策イノベーションを支えたことがわかる。後の政権（岡崎知事）がこの組織イノベーションを次々に破壊したことは断じて許せないが、構造改革政権としての長洲県政断絶の手段としては、まことに本質を突いた決断であり、敵ながらあっぱれというしかない。

　なお、長洲県政を支えた学者・研究者集団の活動等については、巻末史料3を参照いただきたい。

★「第2部　ＫＳＰモデルの創生と展開」について・・・

　第2部は、久保さんの第3回インタビューのまとめ（第1章＜ＫＳＰを軌道にのせるまでの諸改革＞）をふまえ、ＫＳＰモデルの実態（第2章＜ＫＳＰのインキュベート事業＞、第3・4章＜ＫＳＡＴの研究開発事業＞、第5章＜ＫＴＦの知財・試験・試作事業＞）を当時の各担当者・関係者により、活写した。その上で、ＫＳＰモデルの到達点（第6・7章）を確認しつつ、最後の第8章では当時のサイエンスパークの将来展望を試みた貴重な論稿を掲載した。

・＜第1章　ＫＳＰを軌道に乗せるまで＞・・・第2部冒頭の第1章は、久保さんが、知事命令でＫＳＰ社長に就任後に展開したＫＳＰ（経営）改革の苦労を語ったものであり、この改革により、ＫＳＰが本格的に回転し始めた。その意味で、久保さんは創業社長と言ってよい。

・＜第2章　ＫＳＰインキュベート事業の17年－実績と課題－＞・・・久保さんの要請に応えてインキュベーション事業の適任者として入社した志茂　武さん（株式会社ケイエスピー取締役）の奮闘の記録である。ＫＳＰのインキュベート事業は志茂さんが創ったと言えよう。なお、この論稿は、(財団法人）川崎市産業振興財団新産業政策研究所『新産業政策研究かわさき』第3号（2005年3月）に掲載されたものである。以下の第3章と第5章も同誌に掲載された論稿である。

・＜第3章　神奈川科学技術アカデミー／ＫＡＳＴの15年＞・・・ＫＡＳＴの責任者であった額田健吉、馬場昭男のお2人の実践的記録である。額田さんは初代専務理事、馬場さんもその後常務理事を務める。＜第4章

R＆Dの一つの提案：ＫＡＳＴのTrial＞は、その額田さんのＫＡＳＴの初期の研究開発の実際の仕組みを活写したもので、非常に貴重な論稿である。この論稿は、研究・技術計画学会『年次学術大会講演要旨集』（1992年10月22日）に掲載されたものである。この２つの章は、ＫＳＰモデルにおける研究開発を担ったＫＡＳＴの貴重な記録であり、十分に読み込む必要がある。

・＜第５章　神奈川高度技術支援財団／ＫＴＦの15年＞・・・ＫＴＦの専務理事・理事長を務めた柴田嘉郎さんと馬場昭男の実践的記録である。旧来の公的試験研究機関を超えようとするＫＴＦの努力を看取することができる。

・＜第６章　「ＫＳＰモデル」の創生・展開・再構築＞・・・ＫＳＰとＫＡＳＴの運営・経営に関わった馬場昭男さんが「ＫＳＰモデル」の創生、展開、再構築を論じ、最後に、＜ＫＡＳＴを中心にしたサイエンスパークとし再構築すべし＞と指摘した貴重な論文である。このきわめて重要な提起をどう受け止め、引き継ぐかが、現在でも問われている。この論稿は、上記『新産業政策研究かわさき』創刊号（2003年3月）に掲載されたものである。

・＜第７章　ＫＳＰプロジェクトの推移とＫＳＰモデル（補論）＞・・・ＫＳＰプロジェクトがＫＳＰモデルを創生するまでの約10年間の政策展開の動きと成果要因を原田が整理したものである。第６章のＫＳＰモデル創生の経過をやや詳しく整理した補論である。

・＜第８章　21世紀のサイエンスパーク戦略＞・・・清水　周さん（株式会社ケイエスピーのインキュベートディレクター）が月刊誌『技術と経済』（2001年2月号、No.408）で発表した論稿である。ここで清水さんは、21世紀のサイエンスパークはベンチャーを育て上場を支援するだけでなく、自らも株式公開を果たし、直接金融市場の最も有効な活用者になることをめざすべき、と提起した。全くの慧眼だ。だが、21世紀の今日、さびしい現実が横たわる。

★「第３部　長洲県政の再評価と歴史的意義」について・・・
　第３部は、＜長洲県政の再評価と歴史的意義＞とし、研究会の各メンバーの所感を掲載した。

・＜提起１　「新神奈川宣言」の歴史的意義－構造改革の視点を活かす－　原田誠司＞・・・「新神奈川宣言」（全文は巻末史料参照されたい）の概要をまとめるとともに、その構造改革の視点を活かす方向（原田の私見）を示したものである。また、＜生活の政治＞の展開をめざす岸本聡子区長が進める杉並区政は、この「新神奈川宣言」の精神を現代に受け継ぐ地域・地方自治の実践として大いに注目したい、と考える。

・＜提起２　久保孝雄先生の業績と課題　飯沼和正＞・・・久保さんの古希の祝いでの飯沼和正さんの挨拶を清水周さんが保管していたもので、今回偶然発見された貴重な文書である。久保社長の業績と今後の課題が見事に整理されている。

・＜提起３　ミュニシパリズムと地方の時代　井上良一＞・・・井上さんから、欧米で展開している＜ミュニシパリズム＞（「地域主権主義、自治体主義」）の運動等を参考に、これと符合する長洲県政が進めた＜地方の時代＞の考え方（構造改革）をどう展開すべきかを検討する時期（第２段階）にきているのではないか、という衝撃的な提起がなされた。この提起にどう応えるか、大きな課題が浮上した、と言えよう。日本でも、杉並区政（岸本聡子区長）で＜ミュニシパリズム＞の考え方による＜生活の政治＞が始まっている。

★「巻末史料」について・・・

　巻末史料としては、＜新神奈川宣言＞、＜『模倣から創造へ』この20年の歩み＞および＜市民派政治学者・篠原一先生を偲ぶ－「革新の革新」をめざす長洲県政を支えた学者ブレーン－＞の３編を掲載した。

・＜史料１　新神奈川宣言　長洲一二＞について・・・全文を掲載した。この「宣言」のポイント等は第３部の提起１にまとめたが、これはあくまでも私見（「構造改革の理念」を読み取る）である。ぜひ、皆さんが全文を読んで、独自の見解をまとめていただきたい。

・＜史料２　『模倣から創造へ』この20年の歩み　飯沼和正＞について・・・飯沼さんへのインタビューでいただいた文章である。『模倣から創造へ』（1968年）から約20年後の日本（人）の創造性についての評価がされているだけでなく、＜長洲県政－ＫＳＰモデル＞再評価の視点（創造性の視点）としても大変貴重な歴史的文章である、と考え、史料として掲載した。ぜ

ひ、ご一読いただきたい。
・＜史料3　市民派政治学者・篠原一先生を偲ぶー「革新の革新」をめざす長洲県政を支えた学者ブレーンー　久保孝雄＞について・・・長洲県政を支援・支えた学者・研究者集団について、詳しく書かれているので、久保さんの第2部第5章を補足する史料として適切と判断し、掲載した。

> 序　説

長洲県政の軌跡
－長洲県政の2期8年を振り返る－

神奈川県理事　　久保 孝雄

＊本稿は、神奈川県部課長会議での講演（1982年12月24日）（未公表）である。

＜目次＞
はじめに
1　長洲県政成立の時代的背景
2　長洲県政の政策基調（キーノート）
3　政策展開における基本的スタンス
4　主な軌跡を振り返る
おわりに

はじめに

　神奈川県に長洲県政が誕生して間もなく8年になる。10年一昔とよく言われるが、10年近い歳月が流れた今日、長洲県政についてその軌跡をふり返り、一応の総括を試みてみるべき時期にきているように思われる。長洲県政を総括するには、2期8年にわたる諸施策を克明にフォロー、分析しなければならないが、時間の制約上、それは省略せざるをえない。そこで、ここではむしろ、長洲県政の本質論、性格論、すなわち、そもそも神奈川に成立した長洲県政とは何であったのか、何であるのか、何であるべきかといった問題、換言すれば長洲県政の全体像をどう捉えるかについての私論（試論）を展開してみることにしたい。

　私の仕事の1つは、もっとも厳しくクールな眼で、しかし温かい心で長洲県政を見つめることにある。その意味で、以下に述べることは、私の眼からみた長洲県政の自己認識ともいえるもの　である。（不可避的に多少の主観が入る）

　神奈川に長洲県政が成立した1975年は、戦後日本史を考える上でも、きわ

めて重要な時期に当っていた。政治、経済、社会の多くの分野で重要な変化が重なりあって進行しはじめていた時期であり、まさに戦後史の大きな転換点に当っていた。長洲県政もまた時代の子である以上、時代の制約を色濃く受けながら誕生し、成長してきているので、まず、長洲県政誕生時の時代背景を振り返っておく必要がある。

1 長洲県政成立の時代的背景

第1に、この時期はいわゆる**革新自治体運動（自治体の首長を革新系で占める）が高揚期から退潮期に向かう転換点**に当っていた。首都圏の要ともいうべき神奈川県に、革新知事を誕生させたことは、革新自治体運動の最大の成果の1つであったが、同時に、いわば最後の成果という面も併せ持っていたことも見落としてはならない。当時、革新自治体による中央包囲論、首都包囲論が唱えられていた。事実、1975年統一選挙で、千葉、神奈川が革新の手に陥ちれば、今日の首都圏サミットのメンバーは全員革新首長で占められる情勢にあった。しかし、千葉は落選し、東京の美濃部氏もかつてない苦戦を強いられた。首都包囲作戦は成らず、革新自治体は全国的にも攻勢から守勢への傾向を強めた。「大山鳴動して長洲一人」、あるジャーナリストはこう表現していたが、これは75年統一地方選の性格を端的に現していた。従って、革新自治体運動という面では、長洲県政は前衛の役割より、むしろ後衛の役割、つまり犠牲の少ない退却戦を指揮し、次の反転攻勢に備えて戦線を再構築する、という役割を担わされることになった。事実、長洲県政誕生後、いわゆる革新知事は増えるどころか次々に姿を消していった。これに代わって官僚OBが次々に知事の座を占める傾向が現れた。市町村レベルでも革新自治体は明らかに減少の道をたどった。県内市町村でも、基本的に同様の傾向が見られる。

第2に、中央政治のレベルでも、**自民の長期低落が続く反面**、いわゆる革新の未成熟の結果、野党の多党化が進み、中道諸派が独自の動きを強めるなかで、社共中心の旧型革新の地盤沈下が引き続き進行し、保革伯仲といわれながらも野党の政局主導力は弱く（保守もダメだが、替わるものなし）、むしろ**野党なかんずく革新の混迷が深まった時期**に当たっていた（国際情勢とも関連あり）。そして「55年体制」の崩壊過程の始まりと共に、戦後長らく

日本政治を規定してきた「保革」という対抗軸（現実的にはしばしば自社（共）対決）は急速に有効性を失うことになった。こうした批判は革新内部からも、中道諸派からも一斉に起こったが、「保革」に替わる有効なモノサシ、対抗軸は生み出しえなかった。新しいモノサシが創られないまま、目立ったのは野党のいわゆる現実化であり、保守への接近である。しかし、保守への接近という形での野党の現実化では「保守もダメだが、替わるものがない」という、国民の政治的ニーズに応えることはできない。保守はさらに自信をもって一層保守化し、やがて右傾化していくことになる。（教科書問題、etc）

　第3に、何よりも大きな転換は、オイル・ショックを契機に**高度成長が挫折し、低成長への転換を余儀なくされた点**である。この結果、高度成長を支え、推進するために築き上げられてきた政治、経済、社会のもろもろのシステムが矛盾を露呈しはじめた。それはまず、スタグフレーションとして現れ、次いで国、地方の財政危機を生み出した。

　中央政治のレベルでも、きわめて重要な変化が生まれつつあった。明治以来100年、日本の国家目標であった欧米諸国へのcatch upという目標が、少なくとも経済のレベルではほぼ達成されて、**日本は100年来の国家目標（ナショナルゴール）を失った**。それは同時に、第2次大戦後の困難な状況の中で、この国家目標を受け継ぎ、日本を世界第2の経済大国にまでリードしてきた「吉田路線」と呼ばれる保守本流の政治路線がしだいにその有効性を失いはじめたことを意味していた。この保守本流路線というのは、私の解釈では「平和憲法の枠内で、軍備はホドホドにしながら、その余力を経済、技術力の開発に向け、経済と技術で国際的役割を果たしながら、国の安全保障を図る」というものであるが、日本が米国に次ぐ経済大国になり、日本の商品が欧米の市場にナダレを打って進出するようになり、厳しい経済摩擦を引き起こす一方、日本は軍事面でも応分の負担と役割を果たすべきだとする対日防衛圧力も強まってきた。つまり、保守本流路線は、その見事な成功の故に、大きなジレンマに逢着することになった。（鳩山、岸、そして最近の中曽根はこれを変えようとして失敗）

　しかし、路線の喪失という点では、野党とりわけ革新の側がより深刻であった。資本主義体制の下では不可能のはずであった「豊かな社会」が実現

し、かつて「無産階級」と呼ばれた労働者階級の大半が中産階級意識を持つようになってしまった。労働組合もまた、運動によって労働条件や生活水準を高めれば高めるほど、保守化するというジレンマに突き当たることになった。それどころか、公害問題などを契機に、労働組合は保守的存在として市民運動から厳しい批判を受けるようになった。こうして、長らく、政治を見るモノサシとして使われてきた「保守対革新」というメルクマールもまた、色あせたものになってしまった。

　こうした政治状況の背景の1つとして、国民の政治意識の保守化傾向をあげることができる。しかし、ここで誤認してはならないことは、この保守化とは必ずしも政治的保守化とイコールではない、ということである。それは、いわば、**「生活保守主義」**ともいうべきものであって、現在の生活を守りたいという意味での現状保守主義とみるべきであろう。従って、生活保守主義は与野党いずれかに一方的に利をもたらすことはない。「非武装中立」を非現実的だと考える反面、憲法9条の改正についても70％以上が反対している。

　2度にわたる石油危機を契機に、先進諸国全体を覆った経済危機（長期不況、インフレ、失業）は、2つの新しい政治的、社会的問題を一挙に顕在化させることになった。**1つは「福祉国家」政策に対する批判や攻撃が高まったこと、2つには「政府のあり方」、政府活動の中身と規模をどうするかが大きな争点になるに至った**、ということである。そして、これはつきつめれば、民間活動に対する「国家介入」の危機という1つの問題に帰着するともいえる。これを、政治の面で鮮明な争点として打ち出したのがサッチャーやレーガンを代表とする**「新保守主義」**であり、これを経済理論、経済政策面で支えているのが反ケインズ派の「供給の経済学」とか、マネタリストたちの「自由放任経済」の主張である。

　この問題は、今日の行革の問題とストレートにからむ問題であるが、私は深い背景を持った問題だと考える。ご承知のように、1929年の大恐慌に端を発する1930年代の資本主義の危機の際には、経済に対する国家介入を拡大することによって、つまり国家財政による有効需要創出政策によって、危機の克服に成功した。これがいわゆるケインズ革命であり、ケインズ政策（完全雇用と福祉充実による福祉国家づくり）である。第2次大戦後も、先進諸国は

おしなべてケインズ政策を採用し、戦後の経済復興、さらにその後の経済成長に成功してきた。日本はその典型の1つである。ところが、石油危機を契機に高度成長の時代が終わると共に先進工業諸国はおしなべて低成長ないし長期不況に見舞われ、いくら財政を動員しても思うように景気が回復しなくなった。経済に対する「国家介入」という特効薬がだんだん効かなくなってきた。そして財政赤字が急膨張し、多くの国々で国家財政が破綻しはじめてきた。

　つまり、1930年代は「国家の介入」が経済を救ったのに対し、今回は「国家介入」そのものが危機に陥っている、と見なければならない。ここから、いわゆる「小さな政府」論が出てくるわけであるが、しかし、政府を小さくし、経済に対する国家の規制、介入を止めさせさえすれば問題が片づくのか、というと、問題はそれほど簡単ではない。（そこで、ついでなので、ここで「新保守主義」について簡単にコメントしておきたい）

　従来から、革新の側は、経済の計画化や重要産業の国有化、福祉国家の建設を唱えてきたわけだから、言ってみれば革新こそ「大きな政府」、「国家介入の強化」を目ざしてきたと言える。従って、「国家介入」そのものの危機といえる今日の状況の中で、代替案を提起する責任があるにもかかわらず、いま述べた「新保守主義」に十分に対抗し、克服しうるだけの新しい知的リーダーシップを形成することができていない。革新の側に知的、思想的空白が生じてきているわけである。これに伴って、労働運動、住民運動もまた守勢に立たされ、高度成長期にみられた活力を失っていった。

　さて、**第4**に指摘したいのは、これら全体を貫き深部で規定している最大の転換、つまり**1972年のローマクラブの提言**が警告したような工業文明そのものの行き詰まりという問題である。経済や政治が問われるだけでなく、文化や文明自体が問われる時代に入ってきた。所得や福祉の水準が問われるだけでなく、人々の価値観、ライフスタイルそのものが問われる時代に入ってきた。経済成長よりも、**生活の質を重視する国民の態度が強まる時代**に入ってきた。そして、このことは、日本を含む先進産業諸国が1970年代を境目として、**漸く「脱工業化社会」、「ポスト産業社会」**に向けて具体的な一歩を踏み出しはじめたことを意味しているのではないか、と考えられる。

（篠原一説）

長洲県政は、以上のようにいくつもの重要な転機が複雑にからみ合う時代に成立したものであり、**その性格、課題、路線もまた「戦後型」ないし「高度成長期型」の既成革新とは異なった、幅の広さと多様さと柔軟さをもった新しい性格を帯びざるをえなかった**のは当然のことであった。

　昨年（1983年）の論壇で、現代社会論がさまざまの形で論じられた（山崎、村上、西部 etc）。その１つに**「70年代論」**というのがあった。戦後史の中で1970年代をどう位置づけるかという議論であるが、私は、この**1970年代を「脱工業化社会への明白な移行期」とする考え方、従って1960年代までとは質的に異なった10年間であったとする考え方に賛成**である。周知のように、「脱工業化社会」という概念はダニエル・ベルというアメリカの学者たちによって唱えられたもので、一言でいえば、**これからは、生産力の中心は知識、頭脳集約産業に移り、これからの社会は資源やエネルギーより、より多く情報によって支配される**ようになる。生産の面では労働力や資本力よりも、研究開発能力や経営能力といった知的、頭脳的要素が決定的となり、消費の面でも、モノやカネから教育、医療、福祉、レジャーといったサービス財へと社会の要求が移っていく、ということである。

　こうした変化は、社会生活のあらゆる分野に新たなインパクトを与えつつあるが、政治や行政もまた例外ではありえない。例えば、こういう問題がある。1960年代までは、人々は圧倒的に行政サービスの量的拡大を求めていた。これに応じて、行政は益々肥大化し、予算規模は急膨張し、諸々の制度や事務が繁雑化する一方であった。さまざまなバラマキが行われ、それが住民からも歓迎されていた。（ex すぐやる課）ところが、今や明らかに、そうした過剰サービスを抑制し、簡素化せよ、という要求が高まっている。（都下のゴミ収集）この要求は、一見すると行革の要求そのもののように見えるし、その一面も当然含まれるが、より突込んで考えてみると、これからの行政を考える上できわめて重大な問題が含まれているように思われる。

　つまり、「脱工業化社会」においては、人々の要求は著しく多様化し、個別化していくので、本来、画一的、普遍的であることを宿命とする行政の手法をこえてしまう、という問題が出てくるからである。福祉サービス一つをとっても、かつてのように、収容、隔離であれ、ただ生きてさえ行ければよい、という段階から、たとえば**「いきがい」や「文化的満足」**といったより

高次の内面的価値への要求が高まっているが、こうした「生きがい」といった内面的価値は、とうてい行政によって供給されるべきものでなく、一人一人が自己探求によって自ら獲得していくべきもののはずである。今後とも、文化行政、福祉行政には新しいタイプのニーズが高まってくると思われるが、その場合、従来の行政サービスにはなじまない要求もふえてくることを考慮し、行政の役割とその限界を考えながら、かなり工夫していく必要がある。（ハコよりシステム・ネットワーク）

　このように考えてくると、現在の行革の問題は単なる行政の簡素化、財政再建という問題をこえた、「**脱工業化時代における行政のあり方**」といった**より文明論的レベルの問題**だという受けとめ方もできるはずである。（この問題を考える場合の１つのヒントとして、私は公、私の間にもう１つ共の概念を導入すべきではないか、という考え方をもっている。戦前は滅私奉公、戦後は滅公奉私的傾向がある、といわれるが、もともと公（Public）とは「公衆」の意味である。ところが、日本では、公とはPublic Body（政府、自治体）のことに解されている）

2　長洲県政の政策基調（キーノート）

　長洲県政８年間の軌跡を貫くキーノートは何か、といえば、それは「**ポスト産業社会における政治と行政の新しいあり方**」を模索してきたということである。そして、そのことによって従来の自治体改革運動をも革新しようとしたことであろう。「**革新自治体から自治体革新へ**」という言葉は、長洲県政誕生以前から言われ始めていたが、これを身をもって実践した首長の１人が長洲知事である。彼は、自治体改革運動を、革新自治体づくりという狭い党派的枠組みから解き放ち、日本の政治体質、政治スタイルの刷新をめざして、自治体の行財政システムと体質の自己革新を進めるという、より根本的な改革に向けて、方向を切り替えるために力を尽くしたのである。いわば、「自治体革新」を国政の中心課題に据えようとしたのである。

　長洲県政のキーノートは、基本的には**次のような認識**に立っている。

1　「革新自治体」は退潮しているが、「自治体革新」の流れはいぜんとして持続しているし、発展しつつある。長洲県政は「革新自治体」運動の

面では後衛の位置から出発したが、「自治体革新」の面では先駆者の役
　　割を担いうるし、担わなければならない。
2　「自治体革新」の先駆者となるためには、単に革新の首長を増やすとい
　　う発想ではなく、自治体そのもののアルゲマイネ・インテレッセを代表
　　し、体現しうる政策方向をめざさなければならない。
3　自治体のアルゲマイネ・インテレッセとは、ポスト産業社会の政治と
　　行政のあり方をめざして、明治100年、戦後30数年の集権的、官治的政
　　治、行政の体質改革に大胆にとりくむことであろう。そして、こうした
　　創造的実験にとりくむには、われわれ自治体職員こそが、時代に対する
　　深い洞察力と高い政策形成能力とを獲得していかなければならない。
・・・・・・・・・・・・・・・・・・・・・・・・・・・・・・・・・

　長洲県政がこうしたキーノート（政策基調）を採りえたのには２つの要因
がある。１つは長洲一二という個性のもつリーダーシップによって可能だっ
たという主観的な要因であり、もう１つは全国的にみて最も文化度の高い県
民をもつ神奈川県だったから可能だったという客観的要因である。この２つ
のいずれの要因が欠けても、こうした政策基調をとることはできなかったに
ちがいない。世界の最先進工業国の、そのまた最先進工業県におけるこうし
た模索と実験は、特殊神奈川的特性を持っていると同時に、ポスト産業社会
における政治と行政を考える上で、ある種の普遍性を併せ持っているといえ
よう。

　長洲県政は、こうした模索と実験を通して、**オールタナティブ・ポリティ
クス（もう１つの政治）、 オールタナティブ・ジャパン（もう１つの日本）を
発見**し、創造する仕事に、いささかなりとも寄与することができれば、と
いう願望を持ち続けながら諸施策の展開を図ってきているのである。 従っ
て、長洲県政8年間の軌跡を総括するには、個別施策がどれだけ県民福祉の
向上に役立ってきたかと同時に、以上のように現代日本政治史の流れの中に
位置づけてみて、どの程度機能しえてきたかを点検してみることもきわめて
大切である。

　先進産業社会における戦後史は、1970年前後を境に大きく流れを変えはじ
めたが、新しい流れは、決して一直線に進むものではなく、時に逆流を生
み、時に大きく蛇行しながら、しかし着実に流れを強くしていく。 アメリ

カの政治学者バーガー（女性）は70年代以降の先進産業社会における政治状況を特長づけるために**ライブリー・ポリティクス**という概念を用い、それ以前のハイ・ポリティクスないしインタレスト・ポリティクスの時代と区別しようとしている。（以下、篠原一著『ポスト産業社会の政治』）

　ハイ・ポリティクスというのは、伝統的な保革対立型のもので、先鋭な階級対立を背景に高度のイデオロギー性をもっていた。日本でも1950年代までは、こうしたハイ・ポリティクスの時代で、60年安保はそのピークとみることも出来よう。これに対し、1960年代の高度成長期に登場したインタレスト・ポリティクスというのは、イデオロギーではなく、職業的、職能的利害によって組織化された多様な圧力団体をバックに、具体的な目先の利益を最大の争点とする政党が多数派を獲得するか、あるいは多数派を獲得するために政党がますます強く圧力団体の声を代弁する、そういう圧力団体政治の時代であった。

　これに反し、ライブリー・ポリティクスというのは、日本でも1960年代後半から多様な市民運動によって提起されてきたような問題－公害、環境問題、女性問題、老人、障害者問題、人権問題、地方・地域の復権、あるいは情報公開等をも含めた参加、自治、分権といったテーマ－が活きた政治の争点になる時代の政治をいう。

　そして、伝統的政党はハイ・ポリティクス、インタレト・ポリティクスには力を注いできたが、ポスト産業社会で大きな比重を占めるライブリー・ポリティクスについては、これを的確に代表しうる政党が存在しないため、市民運動レベルで単一争点主義の運動が起こって既成政党が退潮の傾向をたどる、これがバーガーの理論であるが、われわれの当面する政治状況をかなり的確に整理しているように思える。

3　政策展開における基本的スタンス

　以上の検討から、長洲県政の主要な課題と基本的な路綾が導き出されてくる。そこでまず、長洲県政の諸施策展開に当たっての基本的スタンスのいくつかを指摘してみよう。

　第1は、革新自治体の成果を継承し発展させるが、そのまま継承するのではなく、成果を守るためにも**大胆な見直しを加えていく**。そうしなければ、

せっかくの成果さえも守れないという厳しい自覚に立たざるをえなかった。
（福祉見直し論、革新自治体による中央包囲網批判など）

第2は、高度成長時代に築かれた行財政システムを、低成長時代に見合ったものに漸進的に、しかし抜本的に切り替える作業に地方から率先して取り組む。こうした実務面での自己努力と実績を踏まえて、**国に対して制度改革を粘りづよく求めていく**こと。

第3に、政策思想、政治体質、政治スタイルをハイ・ポリティクスないしインタレスト・ポリティクスから、**漸次ライブリー・ポリティクスに比重を移しつつ、ポスト産業社会における政治と行政のあり方を先取りするために神奈川での実践に大胆に取り組む**。

第4は、こうした努力を通して、自治体革新の全国的な流れに、あるいはいわゆる革新の自己革新にインパクトを与えつつ、**オールタナティブ・ポリティクス、オールタナティブ・ジャパン（もう1つの日本）への道を創造**するために、神奈川のポジションを最大限に活用し、リーズナブルな形でナショナル・インパクトを強めていく。

第5に、以上のような基本的課題を革新自治体の退潮、野党の混迷、しかも未曾有の財政危機というきわめて不利な状況の下で進めざるをえないために、改革にとりくむスタンスはスロー・バット・ステディたらざるをえないこと。

第6に、長洲県政の政治理念、政策思想は、私見によれば西欧型社会民主主義のそれに最も近似しているが、同時に「福祉国家」をも超えようとする政治意志が働いていることも見落としてはならない。即ち、**長州政権の政治意志の本質は、西欧型社会民主主義の成果に基本的に依拠しつつも、これを更に参加、自治、分権の方向でのりこえていこうとする何物か**、である。

しかし、このような路線を、単独で、独自に、しかもトータルに体現している政党は、現実には存在しない。だが、政党抜きに現実政治はできないから、長洲県政は政党的表現としては既成政党の連合政権たらざるをえない。

1期目は社公共プラス民社（自民は野党）、2期目は社公民プラス自、共でオール与党の形になった。しかし、1～2期を通して長洲政権のキーノート、基本的スタンスは一貫して不変であるところから、2期目の長洲県政を「保革大連合」政権と見ることには異論が多い。1、2期を通して社公民を

軸とする「革新中道」政権とみる見方が多数を占めている。ただ、2期目は「中道左派」へ移行したとの見方も一部にある。

だが、これらはいづれも中央政権の規定から類推した無理な類型化であって、必ずしも正確なものではない。「あえて規定すれば」という程度のアバウト表現に過ぎないことに留意されたい。

4　主な軌跡を振り返る

冒頭ふれたように、長洲県政8年間の軌跡を個別施策を踏まえて詳細に跡づけることは略さざるをえないが、以上5つの基本的スタンスの沿ってその主な足取りを概括的に跡づけてみよう。

第1は、「革新自治体」の歴史的成果を十分尊重しつつも、これをそのまま継承するのではなく、それがもつ弱点や欠陥や誤りをも直視して、**大胆な見直しを加えながら継承しようとしたこと。**（福祉見直し論、中央包囲論批判、非核三原則と日米友好－「親米革新」etc）

そのことによって**「革新自治体づくり」**から、**「自治体そのものの革新」**へと、運動の流れをより深く、より太くすることに努めてきたといえる。しかも、「自治体革新」とは、何か特別の革命を起こすことではなく、何よりも自治体を住民ニーズと地方自治の本旨に沿ったものに作り変えていくことにすぎないのだ、ということ。しかし、このような当たり前のまともな自治体を作っていく上で必要なことには、ラジカルに、大胆に取り組む、これこそが実は、今日の最も革新的課題であることを明らかにしてきた。

「自治体を当たり前の自治体にすることに大胆に取り組む」という点では、2つのことを挙げておきたい。**1つは情報公開であり、2つは自治体の国政参加の提唱**である。

情報公開について はすでに多くの論議が重ねられてきているのでくり返しは避けるが、その考え方の根底には、県がもっている情報は、もともと県政の主権者である県民のものだ、という単純明快な考え方がある。

「自治体の国政参加」の問題について言えば、西独の政治学者レーンブルッフは、これこそ自治体をして、自治体たらしめる最も重要な条件の1つと考えており、第2次大戦後の先進国における政治運営上、最も重要な課題の1つだと指摘している。（この件については、長洲知事が全国知事会で提案

し、特別決議され、第17次地方制度調査会に送られたことはご案内の通りである)

　第2は、知事就任直後、財源不足 5～600 億円（当時の一般会計の規模4800億円）に及ぶ**未曾有の財政危機**に見舞われ、「長洲は1年で政権を投げ出すのではないか」とさえ言われる状況の中で、この危機を見事に克服したことは、その後の長洲県政の定着と展開にとって決定的に重要な意味をもっていた。「イデアリストの反面、したたかなレアリスト」、「学者知事らしからぬ実務能力」、「テクノクラートと対話可能な革新知事」といったイメージが庁内外に定着し、保革を超えた信頼感が醸成されることになった。緊急対策から始まって、循環対策、構造対策、更にポスト高度成長期型行財政システムの確立を めざすさまざまの努力を重ね、2度にわたる大規模な機構改革や市町村への権限移譲など、分権化へ向けての改革を進めてきた。

　ただ、ここでの問題は、国と地方の関係については、抜本的な改革が殆ど前進していないことだ。太平内閣はかなり分権志向が明確であり、たとえばその政策要綱には「行政の中央集権化への傾斜を改め、地方自治体による独自で機動的な行力に委ねるよう措置する」とか、「高度成長期の行政のあり方を徹底的に見直し、許認可事務、補助金事務を削減し、政策の企画立案、調整機能を中心にして、簡素で効率的な行政へと刷新を図る」といったことが明記されていた。事実、太平総理と長洲知事とのトップ会談で補助金の改革と自治体の国政参加について基本的合意 が得られるなど、この面で新しい展望が開けるような状況が生まれた。しかし、太平さんの急死後のダブル選挙による自民圧勝以後、むしろ逆コースをたどっているのが現実である。第2臨調第3部会報告は多くの面で、第17次地方制度調査会の報告よりはるかに後退していると言わざるをえない。

　第3は、**ポスト産業社会の政治と行政へ向けての実験**にもいろいろと取り組んできた、という点である。「地方の時代」の主張の根幹は「委任型集権制」を「参加型分権制」に切りかえようとする制度改革要求であるが、同時にそれは、明治以来100余年、戦後30数年の政治体質、行政体質の変革のみならず、われわれのライフスタイル・価値観の見直しをもふくめた「文明論的問題意識」に立っている点も見落としてはならない。

　この点で、篠原一氏が示唆に富む発言をしている。つまり、「地方の時代」という考え方は、ホスト産業社会における人間の生き方の問題として出

てきていることを敷延して、次のように言っている。

「産業社会が高度化し、中央集権になり、組織が拡大し、また巨大技術が支配するようになってしまった時、もう一度人間らしい生活をとり戻すにはどうしたらいいかという問題意識から、「地方の時代」という発想が出てきた。その意味で、**「地方の時代」という考え方は古い思想の復活なのではなく、ポスト産業社会における新しい思想としてとらえなければならない。**」
(『自治体学研究』創刊号)

情報公開をはじめ、県政への県民や市町村参加の促進、女性プラン、環境アセス、都市緑化、空きかんや洗剤問題への取り組み、文化行政や民際外交、さらに福祉における「ともしび」、つまり福祉の総合化と地域化等々は、ポスト産業社会における、いわゆるライブリー・ポリティクスへの長洲県政なりのアプローチの意味をもっている。

このように考えると、長洲県政の**3つの基本スローガン**である「自治と連帯の社会づくり」、「生活者の心がしみ通り脈うつ県政の確立」、「子や孫に誇れる県土づくり」は、ポスト産業社会とか、ライブリー・ポリティクスといった文脈からとらえ直してみると、意外に深い意味を持ったスローガンであることが分かる。

ここで、ついでに、長洲県政における言葉の問題に触れておきたい。長洲知事は新語や横文字を乱発するとよく批判される。私もそのキライは多少あると思っている。しかし同時に、ダーレンドルフが『ザ・ニュー・リバティ』という本のなかで書いているように、「新しいアプローチをしようとすれば、新しい言葉が必要になる」 ことも、また事実である。従って、私は、新しいアプローチのためのものであれば、新しい言葉にも寛容でありたいと思っている。

第4に、「神奈川変われば日本が変わる」とか「神奈川は日本の縮図」とか「神奈川で日本の問題を解く」といった**長洲県政のキャッチフレーズ**は、先に述べたオールタナティブ・ポリティクス(新しい政治)、オールタナティブ・ジャパン(新しい日本)を模索しようとする、あるいはそうした模索に可能な限り貢献しょうとする長洲県政の意欲を表わしていると思う。そして、その根底には、知事の個人的意欲だけではなく、神奈川は客観的にそういう位置におかれているのだという認識があると思う。

事実、神奈川は「地方の時代」の提唱県として、その声望はかなり高い。また、この思想から派生してくる個々の施策の面でも、神奈川はかなりのリーダーシップをとっている。とくに最近で顕著な例は情報公開である。この問題では、神奈川の動きが全国的に決定的な影響を与えたことは事実だ。

　最近、地方自治にも精通しているある国の高官とお話したとき、その人は、「国も地方自治体も、神奈川の政治や行政を将来の全国的な政治や行政の動向を考える際のメルクマールとして受けとめる考え方が、かなり定着してきている」との見解を述べておられた。

　それだけに、神奈川の責任は重い。長洲知事はよく、全国一番乗りが好きだとか、功名心にかられすぎているといった批判をうける。その要素が全くないのかどうか、知事の心の奥底までは私も見抜けないが、しかし、功名心だけで難しい大事業ができるわけはない。やはり、神奈川自身の持ついろいろな意味での先進性が根底にあるからこそ、先進的な施策にも取り組めるのだ。県議会はじめ、県民、県職員の能力等々を総合した神奈川の力が、知事のリーダーシップを生かす条件になっている。情報公開の制度化は、その見事な一例だと思う。

　従って、われわれはいろいろ先進的なことをやったとしても、余りこれを自慢してはならないと思う。神奈川なら10の力でできることでも、地方の県の場合はその３倍、５倍のエネルギーを要するかも知れない。むしろ、神奈川より条件のめぐまれない地方の県で、神奈川と同じことをやろうとしているところにこそ、われわれは敬意を払うべきだと思う。

　第５に、先に改革のスタンスは「スロー・バット・ステディ」たらざるをえないと述べたが、この点でふれておきたいのは、革新自治体の退潮や革新の混迷、あるいは財政危機といった不利な状況、つまり、**戦略的には守勢にあることをリアルに認識した上で、自治体革新のうねりを高めながら、どうやって戦略的に新しい積極的ポジションを作るかという点に苦心してきた**ことである。

　つまり、現在の戦略的、マクロ的状況から遊離せず、しかも一方でこれに埋没せず着実にこの状況を変えていくために、次のようなスタンスを重視してきた。（時間がないので、項目だけの列挙に止める）

　1　革新の成果を継承しつつ、「**革新を超えるもの**」を模索する。

2　新しいイシューを先導的に提起し、自ら土俵を選ぶようにする。
3　神奈川 100 年の計と日本 100 年の計とが切り結ぶ接点をたえず探し求める。
4　小さく固まるのではなく、広場に出て多数派をめざす。
5　世論と歴史を味方にする。
6　勝てないケンカはしない。その前に勝てる条件を作るようにする。
7　官僚機構は精密な機械だ。これを敵視せず、その高い問題処理能力を活用するために、的確なオリエンテーションにこそ努力すべきだ。

　第6に、政党関係の点だが、2期目の長洲県政はオール与党だから、政権の性格は「革新」ではなく、せいぜい「中道左派」程度だ、という意見がある。他方、「オール与党」といっても、社公民が中軸だから「革新中道」政権だという見方もある。なかなかデリケートな問題なので、私見を述べることは避けたいが、2つのことを指摘しておきたい。地方の政権、とくに首長を論じる場合、中央レベルの連合論はそのままは当てはまらないということ。もう1つは、少なくとも知事サイドから見た場合、1〜2期を通して政治姿勢は一貫しており、途中で大きく変更したことはない、ということである。

　いずれにせよ、中央政治のレベルとは別の意味ながら、一種の連合政権であることは事実だ。ところが、日本では本当の意味での連合の経験が浅く、成熟していないので、神奈川における連合の実験をぜひ注意ぶかく守り育てて欲しいと私は願っている。今、中央政治のレベルでは連合どころではなくなっているだけに、神奈川の経験は間接的なものではあるが、貴重な芽をもっているはずだ。

　ただ、「オール与党」の場合、心しなければならないのは議会と当局の間の、いい意味での緊張関係が薄れる心配があるということだ。この点は、多くの議員、県民さらには識者からも指摘されている点だ。知事もこの点について再三われわれに注意を喚起してくれている。もし、そうなれば議会制民主主義の危機だし、権力は腐敗し易くなる。われわれはこうした声に十分耳を傾け、そのようなことが起こらないよう、議会との切磋琢磨に一層心がけていかなければならない。

おわりに

　以上、私はいささかきれいごとを述べすぎたかもしれない。実は、**長洲県政に対するいろいろな批判**も耳にしている。以下にその代表的な例を挙げてみよう。

1　長洲県政は保守なのか革新なのか分からない-少なくともあまり革新的でない。（その典型例は県職労アンケート）
2　国や企業とケンカする姿勢があまりみられない-国や企業に対し弱腰であり、八方美人的だ。
3　役人を使いこなす、といいながら、実は役人にのせられている-長洲県政は結局、役人ペースではないか。
4　長洲県政にはヒットはあるが、ホームランがない。
5　福祉の美濃部、公害の飛鳥田のように固有名詞で呼べる実績がない、etc, etc 。

　これらの批判には、それぞれ聞くべきところもあり、誠実に受け止めていきたいと思う点もあるが、反面、釈明ないし反論したくなる点もある。私が、これまでるる述べてきた点をご理解願えれば、こうした批判の多くが、実は高度成長時代の、革新自治体黄金時代の、そして何よりも旧い革新の尺度での批判のように思えてならない、という私の感想の方が、よりリアリティがあることにご同意願えるのではなかろうか。

　いずれにしても、これまで見てきたような諸事情によって、今日では保革を問わず、政策選択の幅がかなり狭まってきていることは争えない事実だ。いい意味でも、悪い意味でも、いわゆるホームランがなかなか打てない状況がある。また、ホームランを打っても、あとは三振ばかりということではかえって困る。バットを短く握って、着実にヒットを重ねつつ、ランナーを進めなければならない。しかし、他方においては、政策選択の幅が狭いからこそ、かえってどういうオリエンテーションをしていくか、どういうスタンスに立つのかが、よりシビアに問われるかもしれない。政策選択の幅が狭まってきた、ということは、逆説的に言えば、それだけ舵とりが一層難しくなってきていることを意味しているとも言える。

　今まで、広い海を自由に航行していた船が、急に浅瀬の多い、岩礁が至るところにある、狭い海峡に入ってきたようなもので、一歩舵とりを誤れば大

変なことになる。そこで、篠原一氏のいう**「変革のツボ」**を押さえるような**施策の発見**が大切になる。一見、小さな施策でも、問題の構造全体にとって要ともなるような施策、長洲知事流に言えば**「キーポリシー」**を、知恵を働かして発見し、選択しながら、しかしこれについては大胆に、思い切って推進する、ということが大切な時代に入ってきている。

最後に今後の展望、つまり長洲県政はいかにあるべきかについて述べるところにきたが、これについても私なりのメモはできているが、時節柄極めてデリケートな領域に入り込むことになるので、敢えて全文をカットさせてほしい。また、これまで述べた点についても、いろいろなご意見、ご批判、ご質問があるかと思うが、それは、別の機会、別の場所でお受けしたい。

最後に、今後の展望、長洲県政は何であるべきかについて、一言だけ触れておきたい。「大恐慌前夜説」さえ飛び交い始めている最近の世界経済情勢、動乱の続く中東情勢、米ソの核軍拡が進む一方、中ソ和解の動きが表面化するなど、当面する国際情勢は激動への予感さえはらんでいる。また、国内に目を転ずれば、ダブル選挙の結果、絶対多数を誇った自民党鈴木内閣が、国家財政の破産状況の中で、政策の行き詰まりに逢着し、政権を投げ出すに至った。後継の総理、総裁が誰になろうとも、安定政権は実現せず、政局不安が続く見通しである。

国際的にも国内的にも、1つの時代が確実に終わっているにもかかわらず、いぜんとして新しい時代を指し示す路線が確立していない。国際面はさておき、国内面だけみると、戦後日本の保守政治、というより政権交替がなかったのだから、戦後日本政治そのものを規定してきた「吉田路線＝保守本流路線」がいよいよ命脈つきた、ということであろう。それだけに、保守政治の危機は深いと言えよう。

この意味では、まさに革新ないし野党のチャンスなのであるが、「路線喪失」という面では野党の方がはるかに重症である。こうして、ここしばらく保革、与野党ともに日本が歩むべき骨太の路線を示し得ない可能性が強い。まさに、日本という国のアイデンティティーの危機であり、深い意味での「政治の危機」の時代が始まろうとしている。高度成長から低成長への転換に伴う行財政システムの抜本的改革がなされていないため、財政危機が深刻化しているが、こうした中で福祉予算の削減と軍事費の拡大という「新保

守主義」の路線が、わが国でも今後一層強まることが予想される。地方行財政もまた国家財政のつけ回しだけでなく、財政再建に名を借りて、地方に対する中央の統制がさらに強化される可能性がある。

　3期目の長洲県政は、このような内外ともに複雑かつ困難な状況の中で船出することになる。とくに財政的には「昭和50年危機」に匹敵する難局に際会しつつある。従って長洲県政の3期目は、単に2期目の延長、継続ではなく、当面する内外情勢を的確に踏まえて、新たな目標を設定し、清新な意欲をもって大胆に挑戦しなければならない。

　3期目においても、以上に述べたキーノート、基本的スタンスを大きく変更する必要はないと思われるが、今後はナショナル・レベルの「路線喪失」状況が一層深まるものと考えられるので、これまで以上に神奈川県政を通じてオールタナティブ・ジャパン、新しいナショナル・ゴールの発見と創造寄与することに心がける必要があろう。そのためには、＜イデオロギー問題（文化、価値観など）、経済政策、国際政策、福祉政策、行政改革＞の**5つの分野で神奈川らしい、しかも神奈川100年と日本100年の計とが結び合うような政策展開**を、意識的、系統的に進めなければならない。

　1　地域に根ざす「福祉社会かながわ」
　2　世界にひらく「国際文化県かながわ」
　3　子や孫に残す「さがみの国づくりプラン」
　4　地球を守る「反核、平和とみどり」

　これに全力をあげて取り組むことによって、我々は700万県民の福祉の向上に寄与するだけでなく、「神奈川から新しい日本をつくる」ことにも大きく貢献することができるであろう。

（神奈川県部課長会議 1982.12.24）

第Ⅰ部
長洲県政を再評価する
― 構造改革政権の課題と展開を中心に ―

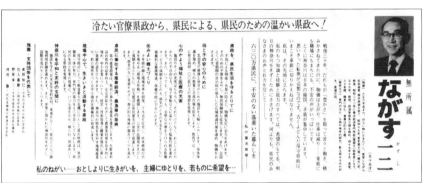

1975年の統一地方選挙における
長洲さんの選挙公報

当選後の初登頂

1975年10月の県民討論会
（横須賀・三浦、湘南地区）

『神奈川県知事選の記録』表紙。
ほかも同書より。

第1章

長洲県政の誕生
― 長洲・久保体制の形成 ―

久保 孝雄

　まず、長洲県政の誕生秘話とも言うべき事情をお話します。横浜国大の現役バリバリの教授であった長洲一二さんが、いかなる背景の下に、なぜ、どういう経緯で神奈川県知事に就任したのか、そして、長洲さんとそんなに個人的に深い関係があったわけでもない私が、なぜどんな経緯で長洲さんの助手、いわゆる特別補佐官に選ばれたのか、さらに、明治以来、外国への窓口として国の出城として非常に重要な役割を果たしてきた神奈川県庁に歴史上はじめて革新系の人間として、松下圭一の表現を借りれば「泥田に丹頂鶴が舞い降りる」というような形で県庁に入った2人が、一体何を感じたのか、そして何をなすべきか、ということについて、どういう議論をしたのか、そこに浮かび上がってきた課題とは一体何だったのかというようなことについてまずお話ししてみたい、と思います。

1　時代の転換期と長洲県政

　長洲県政は1975年（昭和50年）4月に誕生して1995年（平成7年）まで20年間続いたわけですが、この時期は日本社会が非常に大きな転換期にあったと思います。

　戦前の生産力の10分の1にまで落ちたといわれる戦後のあの時期から復興したのですが、その復興期から高度成長期－それは1955年から72年までの18年間と言われております－を経て、1968年に世界第2の経済大国になります。敗戦国型後進国から中進国になり、悲願だったヨーロッパにキャッチアップして1974年にはG7の一員に迎えられます。そして一時は、ジャパン・アズ・ナンバーワンなどと囃し立てられる時期もありました。他方で、この間の急速な工業化、都市化の結果、その歪みが一斉に噴出します。環

境・公害問題あるいは上下水道とか住宅、大気汚染問題も含めて、都市問題が激化する。そして福祉や教育が立ち遅れたことなどへの不満も高まって、これに抵抗する市民運動が全国的に澎湃として湧き上がります。そして、いわゆる革新自治体がどんどん広がるという状況が生まれたわけです。

1964年に発足した全国革新市長会に、最盛期には170の市が参加した。都道府県レベルでは、東京、大阪、京都、それからこれは府県並みの力・権限がありますが、横浜、川崎という2つの政令指定都市、さらに沖縄、こういうところで革新首長が誕生しました。その下で暮らす人口は最盛期3800万人で、全人口の3分の1を占めたと言われるほどになった。

しかし公害問題では、それまで社会運動の中心だった労働組合が市民運動と対立するようになり、社会運動の中心は労働組合から次第に市民運動に移っていった。労働運動は、戦後型の政治色の強い反体制型労働運動から、高度成長に合わせて1955年から始まった総評の春闘に代表されるように、経済闘争中心の、いわゆるビジネス・ユニオン型労働運動に変わっていきました。労働運動の主力も、エネルギー革命による産業構造の転換、あるいは国有企業の民営化などによって弱体化していった。最強の組合と呼ばれた炭労が潰れる。さらに、国鉄など国有企業の労働組合が次々に解体される。それを基盤に勢力を拡大してきた社会党が衰退していく、という状況になってきた（自民党の野中広務が「社会党潰しは簡単だった。民営化で国鉄労組を潰したらあっという間に弱体化した」と述べたことがある）。革新自治体運動も、保守の側が次第に勉強して、革新自治体の実績を学んで公害問題とか福祉問題などに力を入れるようになって、争点がだんだんボケてきて、市民運動が次第に伸び悩み、後退するような状況が生まれてきた。

2　革新運動の停滞・低迷打破と長洲知事立候補 －＜3つのＷｈｙ＞－

こうした革新運動全体の停滞、後退、とくに革新自治体運動の低迷に危機感を持った当時の飛鳥田一雄・横浜市長が、反転攻勢の切り札として考えたのが、当時国民的人気のあった長洲一二・横浜国立大学教授を神奈川県知事に担ぐということだったわけです。1974年（昭和49年）の夏から秋にかけて、飛鳥田さんは頻繁に長洲さん宅を訪ねて出馬を促した。

長洲さんは3つのＷｈｙ、＜Ｗｈｙ長洲、Ｗｈｙ神奈川、Ｗｈｙ知事＞と

問題提起して、納得できる話がなければ出ない、と頑張った。まあ、3つのＷｈｙを出したこと自体がすでに飛鳥田さんの土俵に上っていたのではないかと僕は思うんですけどね。これに対して飛鳥田さんは、「とにかくあなたはいいタマなんだ」ということ一点張りで押し通した。長洲さんも抗しきれなくなります。そこで当時、『現代の理論』という革新系の政治理論誌（初代の編集長は長洲さんですが、共産党から発行禁止になり廃刊しますが、安東仁兵衛さん－東大法学部在学中、学生運動理由に退学処分－が編集長になって再刊されていました）がありましたが、ここにいわゆる構造改革派、平たく言えば、長洲グループの学者・研究者がたくさん結集していた。

このグループに、長洲出馬の是非について諮問する会合が横浜駅前の旧東急ホテルの一室で開かれた。1974年の年末だったと思いますが、この会合には長洲本人のほかに、法政大学の力石定一、東京経済大学の富塚文太郎、東京大学の森田桐郎、専修大学の正村公宏、横浜市立大学の佐藤経明、横浜国立大学の岸本重陳、国民経済研究協会理事長の竹中一雄などの学者と安東仁兵衛、それに私（久保孝雄）等々12～13人が集まって議論した。最後まで反対したのは教え子だった岸本重陳助教授だった。大勢としては出馬論の方が強くなった。学者として全うすべきだ、いずれ学部長、横浜国大学長になるコースにいる、まだ本格的な日本経済論も書いてないのだから、学者として全うすべきというのが岸本重陳だったと思います。それから、神奈川県知事ではもったいない、知事に出るなら東京だ、とか政治やるなら国会に出るべきだというような議論もありました。

3　長洲立候補支援－＜国民からの招集令状＞論－

私（久保）も意見を求められましたので、「神奈川は普通の県とは違う。横浜、川崎という日本を代表する大都市があり、とくに川崎は京浜工業地帯の中心で日本の高度成長を支えた世界最強の工業都市だ、神奈川県知事というのは特別に重要であるからぜひ長洲さんにやってほしい」と述べました。長洲さんは戦争中一橋大学出身の海軍主計中尉でした（入隊した時持っていった本は万葉集と河上肇の『貧乏物語』だったそうだ）ので、口説き文句も考えました。彼は主計ですから、ロジスティックの方をやっていた。舞鶴の海軍基地に勤めて物資の買いつけをやっていた。時々京都の先斗町で遊んだことも

あるらしい。それが長洲さんにとっては後ろめたい思いだったらしい。「第一戦ではドンパチやっているのに俺たちは国内で物資を集める仕事だった。後ろめたかった」と、長洲さんから聞いたことがあった。私はそれに引っ掛けて、「長洲さん、これは国民からの召集令状です、今度は第一線で戦ってください」などと発破をかけた。長洲さんが「いや、良心的兵役拒否の権利はある」と言いましたので、「それは戦争目的に反対の場合だけです。長洲さんは革新自治体を応援してきたではないですか。兵役拒否は成り立ちません」と、やりあった。当時の「神奈川新聞」の記事の通りです。

　しかし、当時別の動きもありました。江田三郎は「長洲は東京都知事に出るべきだ」と考えていたし、労働戦線統一の動きが当時高まっていたのですが、キーパーソンである全電通の山岸章委員長は、労戦統一や社会党再生を担えるニューリーダーとして長洲さんを担ぐ構想を持っていた。私（久保）は長洲さんに近いと思われていたので、山岸さんからその話を聞かされました。革新系には珍しくタレント性の高い長洲さんは社会党退潮期の革新勢力再生の切り札として「希望の星」のように考えられていたわけです。

4　＜革新自治体から自治体革新へ＞－長洲出馬決意＝新神奈川宣言－

　長洲さんは1950年代に共産党を離れてからは社会党を支持していましたが、考え方は江田派（構造改革派）に近く、革新自治体についてもこれを支持しながらも、問題は自治体の首長を革新系が取るのが目標ではなくて、自治体そのものをいかに改革するか、日本の政治システムを中央集権体制から地方分権体制にどう構造改革するかを目指すべきだ、と考えていた。したがって、一部の革新自治体にみられた大衆迎合主義、例えば「すぐやる課」を作って、「カエルの声がうるさい」と言われると職員がカエル退治に出かけるといった動きには批判的だった。こうした情勢を踏まえて、長洲さんは＜革新の革新を＝革新自治体から自治体革新へ＞の転換を図るべきだと考えるようになっていた。

　長洲グループの学者・研究者が出馬に賛成したことが新聞に取りあげられると、県内の福祉団体、教育関係、環境問題等の市民運動団体、さらに労働団体などから一斉に長洲出馬に期待する声が上がってきました。こうした県内の動きを受けて、長洲さんも重い腰を上げて出馬を決意するに至った。こ

うして長洲選挙に向けた活動が本格化することになったわけです。

　長洲コールが高まるなかで、長洲さんは＜新神奈川宣言＞を発表します（1974年12月～1975年1月）。この宣言は、長洲さん自身が立候補の決意を固めるために書いたものだと思います。調べましたが誰も執筆に協力した人はいない。長洲さんが自ら書き下ろしたものだろうと思います。

5　知事補佐官選び－「久保孝雄を補佐官に」の流れ－

　1975年の正月早々の1月3日、長洲選挙の戦略会議が開かれ、総評の神奈川地評の布川昇事務局長（国労出身）を中心に飛鳥田横浜市長ブレーンの鳴海正泰さん、船橋成幸さんのほか安仁と私も参加し、長洲事務所の立ち上げ、出馬宣言、選挙ビラ作成等の分担など打ち合わせをしました。5日には横浜駅近くで長洲グループの学者・研究者たちによる新年会が開かれた。話題はもっぱら長洲選挙だったのですが、宴たけなわになった頃、東京経済大学学長だった井汲卓一先生－このグループのリーダーでもあり、経済学者としては長洲さんの先輩でもあった－がいきなり「長洲当選の場合、補佐官として久保君を推薦したいがどうか」と発言された。

　突然の発言に戸惑ったのですが、おそらく安東仁兵衛だったのではないかと思いますが、「異議なし」という声が上がり、拍手が起こってしまった。選挙の政策づくりを通して神奈川県政に強い関心を持ったことは事実ですが、東京に次ぎ大阪と並ぶ大県神奈川県で知事の補佐官を務める自信は全くなかったので、強く辞退しました。そして長洲さんの教え子で当時毎日新聞経済部長だった新実慎八さんというとても人柄のいい人を強く推薦した。すると彼は「久保さん、そうは言われても今毎日新聞を辞めるわけにはいきませんよ。経済部長になったばかりですし、給料も県庁では半分になってしまい、両親の扶養ができません。私は県庁に行けないよ」と、強く辞退した。長洲さんは、「まだ選挙も始まっていないのに」といった顔でニコニコしながら聞いていた。

　さらに1月14日には安仁（安東仁兵衛）の誘いで東大（政治学）の丸山真男先生に会うため東京の神田神保町の岩波書店近くの喫茶店に行きました。初対面で、政治学の神様と言われる大先生に会うので、大変緊張しました。長洲選挙の状況などいろいろ説明したら、丸山さんから「久保君は東京外語大

を出て中国研究所に入ったのに、どうして今は労働問題なんですか」と聞かれた。当時の共産党の党内闘争に巻き込まれた話など説明しました。それから「久保さんはなぜ取手という小さな町の町会議員をやったのですか」とも聞かれました。いろいろ事情があって、やむなく出馬させられた話をした記憶があります。いろいろ味わい深い言葉をいただいて、感激したことを覚えています。

翌日、安仁から電話があって、「昨晩、丸山先生から電話があって、長洲君に配するに久保君が適任だと思う。長洲さんの＜柔＞＝ソフトに対して久保君の＜剛＞＝ハードが加わればいい組み合わせになる」という話があったとのことで、大変喜んでいた。考えると安仁は早くから長洲さんの補佐官として私を想定し、丸山先生に人物鑑定まで頼んでいたのではないか、その結果を長洲さんに進言していたのではないかと思って、その周到さにびっくりした。

6　長洲選挙準備を開始―選挙キャッチフレーズ＝「冷たい官僚県政から温かい生活者県政へ」と「生活者の心が浸み通り脈打つ県政へ」を打ち出す―

横浜市長飛鳥田ブレーンの鳴海正泰、船橋成幸さんなどが奔走して、長洲選挙の政策づくりの協力者が集まる場所として「新神奈川政策研究所」を関内に開設してくれました。私も長洲さんに出馬を勧めた手前、協力体勢を取りました。かつて取手町の議員をした頃、社会党茨城県本部の政務調査部長を強引に押し付けられ、たまたま県議会議長選挙をめぐる汚職事件で「黒い霧解散」になり、県政綱領作りに係わった。やむなく数日水戸に通い、県政綱領を作りましたが、この経験が非常に役に立った。

長洲さんは、自らの立候補宣言である「**新神奈川宣言**」を書き、これをパンフレットにして拡散を図ったが大変好評だった。私は「新神奈川宣言」を何度も読み、それに基づいて法定ビラに出す公式の立候補宣言とか、長洲選挙の確認団体になった「革新県政を作る神奈川県民連合」（事務局長は県評事務局長の布川昇）の選挙運動方針の起草を担当したりした。大県・神奈川の知事選挙だけに、四苦八苦しながら起草し、長洲さんや関係者の意見を聞き、修正しながら作成しました。法定ビラのキャッチフレーズは、船橋さ

んと押し問答しながら、「**冷たい官僚県政から温かい生活者県政へ**」と「**生活者の心が浸み通り脈打つ県政へ**」に決めました。このスローガンを決めて長洲さんにも相談してこれでいいということになった。「生活者」という言葉を政治の言葉として使い出したのは、長洲さんが初めてです。こうして、1975年3月9日、神奈川県知事選挙がスタートしました。

7　神奈川県知事選挙始まる－久保は労調協から退職勧告－

　長洲出陣式には事務所前に溢れるほどの人が集まり、元気一杯の長洲さんが長洲スマイルで登壇し、両手を高く上げる長洲ポーズをとりながら爽やかな弁舌で力強く決意表明すると拍手とどよめきが起きました。それから全県を巡る遊説に入ったが、持ち前の分かりやすく歯切れのいい演説は何処でも好評で、日を追って手応えが強くなり、選挙事務所も報道機関も長洲優勢を実感するようになっていった。

　こうした中でも私は勤務先（労働調査協議会＝労調協）に週3日出勤し、仕事に励んだ。私が担当した日立製作所労組や新日鐵労組の調査報告の打ち合わせや執筆に全力を尽くした。講演もこなした。そんなある日、W事務局長とU顧問が「話したいことがある」と言って私を別室に呼んだ。そして「3月いっぱいで辞めて欲しい、選挙結果で再協議してもいいが、戻らないことを原則にしたい、退職金として給与の数ヶ月分を用意する」との通告を受けた。

　私は彼らを政治的には同志と考えてきたので、この一方的通告にいささか腹が立った。当時私は労調協の最古参であり、共産党系の産別会議退潮後の政治的、経営的に困難な時期に大きな犠牲を払って（何人かの同志的友人が去って行った）社会党、総評系に門戸を拡大し、経営基盤を強化して今日の労調協の基礎を作ったのは私だという自負があったので、冷たい仕打ちだと思った。選挙などの政治活動で迷惑をかけてきたが、それが労調協の政治的支えにもなってきたことは事実で、電機労連や全電通、自治労など社会党系の組合との良好な関係はその成果でもあった。

　しかし、彼らにはその理解はなかった。私の政治活動で迷惑を受けている、という認識だった。長洲選挙にも関心は薄く、慰労の言葉もなかった。私は長洲当選が決まったわけでもなく、私の県庁入りも話はあるが確定した

ものでもないので選挙終了後まで待ってもらいたいと頼んだが、選挙結果に関わらず、戻らないことを基本にしたいとの答えだった。もはや共に天下を語る相手にあらず、と考えた私は通告を了解し、2度と労調協の敷居は跨ぐまいと決意して、別れた。私は県庁入りの話が流れたら松下圭一から話のあった大学への転身も考えていたが、20代後半から30代の全部を捧げた労調協との別れは気まずいものだった。

8　長洲さん大差で知事当選－久保に＜知事補佐官への召集令状＞－

　長洲さんは、梅、桃、桜が次々に咲くなか全県下を何度も遊説して回った。選挙戦は終盤に向かって非常に盛り上がり、「冷たい官僚県政から温かい生活者県政へ」のスローガンがうまく浸透していった。選挙最終日の横浜駅西口での街頭演説は圧倒的な人の波であふれ、長洲さんの最後のアピールにはものすごい拍手がわき起こった。長洲さんは初めての選挙戦にも関わらず、元気に全日程をこなしたのは見事だった。4月6日、150万票対100万、50万票の大差をつけて、前厚生次官の戸澤政方さん（東大法学部出身）を破って見事知事選に勝利しました。

　この全日程を車長（選挙カーの）として長洲さんの選挙カーに乗り込み現場の指揮や長洲さんの身の回りの世話をしたのが、社会党県議団の書記だった蔵　隆司（社会党県議団書記、31歳）さんでした。彼は長洲さんの信頼の厚い人で、私も何度か会っているうちに信頼できる人と分かり、県庁時代ずっと一緒に働くことになった。

　知事当選の翌日の4月7日、祝勝会を兼ねて昼食会が開かれました。関係者全員が集まって長洲さんにお祝いを言い、長洲さんからもお礼の言葉がありました。午後3時頃、昼食会が終わって解散ということになって、長洲さんと別れようとして「長洲さん頑張ってください」と握手を求めたら、長洲さんが「何言ってるんだい。23日には一緒に県庁に来てくれるんだよね」といきなり言ったのです。私は「いや、その話はまだ聞いたことはないです」と返した。すると長洲さんは「君は僕に県民からの召集令状と言ったろ、今度は僕が君に召集令状を出すよ、これを自縄自縛と言うんだ」と言っていたずらっぽく笑った。「一緒に仕事しよう」と言われたのは、本当にこの時が初めてでした。僕は戸惑って「いきなり言われても・・少し考えさせてくだ

さい。蔵君も一緒だといいんですが・・・」というと長洲さんは「蔵君ももちろん一緒だよ」と言ってくれたので一安堵しました。

9　政権交代のドラマ－県庁入りと政治的駆引き－

　私の県庁入りの話が新聞等にも出たりして広がると、真っ先に反発したのは何と共産党でした。共産党は長洲さんの確認団体に入っている与党ですが、長洲さんの鎌倉の自宅を訪ねて、「かつて反党分子だった久保をスタッフにするのは反対だ。もし強行するのであれば共産党は長洲与党を下りる」との申し入れをした。長洲さんは「久保は私に必要な人間なので一緒に仕事をしたい。与党を下りると言うならそれもやむを得ません」ということで物分かれになった。

　私も長洲さんも、除名されたのではなく離党しただけですから、反党分子ではありません。長洲さんの離党は赤旗に大きく載りましたが、私は大物ではないので書かれなかった。私が反党分子と言われたのは、共産党が分裂した時、私が国際派だったためでしょう。

　こうして政権交代のドラマが始まった。県庁の秘書課長と県民連合の布川事務局長との間で県庁始まって以来の保革による政権交代をめぐる実務者協議が始まった。4月23日の登庁式のやり方とか、私と蔵君の処遇の問題が課題だったようです。私の処遇について飛鳥田ブレーンの鳴海さんは「部長級の処遇、専用車と個室を要求すべし」と強く主張したようだが、私はこれに反対しました。「そんなことをしたら、県庁で総スカンを食う。年齢（この時私は45歳）、経験相応の処遇でいい」と主張しました。当時の県庁では部長級（今は局長）には50代半ばで昇進するのが普通で、課長（今は部長）昇進も50歳前後だった。ですから、そういうことを考えると45歳の私が部長級を要求するのは特別扱い過ぎると思った。結局、課長級のスタッフ職、秘書課主幹、6月までは臨時的任用職員ということで、決着した。長洲さんも私の考え方に賛成してくれました。

　長洲知事の初登庁式は1975（昭和50）年の4月23日に行われました。当日は肌寒いくらいで、きれいに晴れ渡った日でした。昭和初期に建てられた石造りの厳めしい本庁舎正面玄関前に1000人くらいの市民が集まり、登庁式が行われ、上階から5色のテープが華やかに翻り、紙吹雪が舞うなか長洲さんは

両手を上げる長洲スタイルでみんなに手を振りながら、見送られて県庁に入っていった。私も人波に押されながら県庁に入り、3階の秘書課の大部屋にたどり着いた。県庁に入る時、私の袖を強く引く人がいた。振り返ると、長洲さんの教え子で弟子でもある横浜国立大学助教授の岸本重陳さんだった。彼は最後まで長洲出馬に反対だった。その彼が目を真っ赤にして「長洲先生をよろしく頼みます」と言って私の手を固く握った。私も「蔵君と2人で全力で長洲さんを守りますよ」と言って固い握手を返した。師弟の情の厚さにジンときた。

初めて県庁の椅子に座った私は、身上書への記入後、新庁舎の診療所で身体検査を受けた後、秘書課長室で臨時的任用職員の採用辞令を受けた。課長は「臨時的というのは慣例によるもので気にしないでください」と説明してくれた。

<質疑応答>
☆何が評価されて知事の参謀に就任したのか
　　－政治力と政策力が評価された！－
原田誠司　久保さんはなぜ長洲さんの参謀に抜擢されたのか。どんな資質・能力が評価されたのでしょうか。久保さんは『知事と補佐官』のなかで、長洲さんと思想的に一致していた（構造改革派として）ことはあげていますが、「なぜ、私が選ばれたのかはわからない」と書いています。行政と政治のトップの参謀（補佐官）を選ぶときに、「思想が同じだから選ぶ」なんてことはありえません。それは当然でして、もっと違う資質・能力で選ばれたと考えるのが普通でしょう。私は、当時の労働界のナショナルセンターの調査研究部門の「労働調査協議会」（労調協）の常任理事であり、調査研究部長を担っていたことが非常に大きいと思います。つまり、久保さんは、当時の日本の労働界のシンクタンクのトップにいたわけです。ですから、久保さんは、政治力（共産党、社会党活動の経験、政治・労働関係のやりとり、人脈）も政策力もあると評価された。それを安仁さんは熟知していて、丸山真男教授に合わせて少し違った面から久保さんを評価させて、久保さんを参謀に推薦したのではないかと思います。ところが、そういうことはどこも書いてない。これは良くない、正しくない、と私は思い

久保 私がなぜ補佐官に選ばれたかということですが、長洲ブレーン志望の人は結構いたらしいのですが、長洲さんが私に白羽の矢を立てたのは、私が単なる理論家でも研究者でもなく、取手で町会議員を経験したり、社会党の江田派（幹部の加藤宣幸、貴島正道らと親しかった）に参加したりして現実の政治運動にかなり関わっていた。また労調協における労働問題の研究を通じて労働組合の幹部（全電通山岸委員長、電機労連竪山委員長ら）とも付き合いがあり、普通の研究者ではなかったことが評価されたと思います。

　34歳の時、3ヶ月口説かれて取手の町会議員になりましたが、一期4年間の町会議員の経験は県庁に入って非常に役に立ちました。また社会党の茨城県本部の政務調査部長に無理やりさせられた時、突然、県議会の「黒い霧解散」が起き、選挙用の県政綱領作りをやらされましたが、県庁の資料室に通ったり、インタビューしたりして、県レベルで産業や経済を考え、政策をつくる経験をしました。長洲県政の政策づくりをやる時にも、この茨城県の経験が役に立った。

原田 久保さんの政治力と政策力が評価されて、参謀（補佐官）になった、と理解してよろしいですね。

☆**労働組合と市民運動の対立とは・・・**

遠山　浩 ＜環境問題（公害問題）で労働組合が市民運動と対立した＞とのことですが、具体的にどういった事件があったのでしょうか。

久保 一番典型的なのは水俣病をめぐる組合と漁協などとの対立だったと思います。1956年（昭和31年）前後に、新日本窒素の水俣工場の周辺で原因不明の奇病が発生した。てんかんみたいな痙攣が起きたり、目玉が黒目がなくなって白目だけになるとか、奇病が発生した。原因がわからなかったので、住民同士が対立して、あの病気はうつるのではないか、あの家に近づくなとか、患者に対する差別が起きたりして大きな騒動になった。ところが、ある母親が子供が急に痙攣を起こしたので夢中で病院に連れて行って調べてもらったら、今までにない病気だということになった。いろいろな検査で、どうも有機水銀が原因ではないかということになった。メチル水銀ですね。新日本チッソの工場廃液の中にメチル水銀があったというこ

とが分かった。それで水俣病が確定するわけです。そこで近隣の住民・漁民が工場でに押しかける。ところが会社の従業員＝組合員が企業防衛隊を作って、押しかけた住民と対立する。お互い実力行使したりして事件になった。これが労働組合と市民が対立した象徴的な例だと思います。さらにその後、漁協が土嚢で通用門を封鎖したりするが、これに対し、企業防衛隊の方も漁協に押しかけて激しくやり合う。漁協も絶対に譲らない。そこで、組合の幹部も含めて漁協の前で土下座する。そういう事件もあったりして、大きな話題になりました。イタイイタイ病が起きた新潟県の阿賀野川周辺でも同じような事が起きています。詳しくは、明治大学が出した『公害問題と労働組合』という本に書かれているようです。私は見ていませんが・・・。

　原発問題も同じような構図です。電力労連（電力会社の労働組合）は原発容認、原発推進ですから原発反対派の住民と対立していますね。さらに、電機労連には原子炉を製造する東芝、日立、三菱電機などの労働組合が入っていますから、昔、労働運動に係わった頃、原発問題になると全く意見が合わない経験をしています。

第2章

長洲県政当初の課題認識
－構造改革を目指して－

久保 孝雄

　長洲県政当初には多くのカルチャーショックを経て、構造改革につながる課題認識を共有しました。

1　いくつものカルチャーショック－長洲知事の＜小さな文化革命＞－

　登庁式の翌日4月24日、社会人になって初めて朝8時半の出勤をしました。それまでの研究所では9時半とか10時頃出勤すればよかったので、8時半に席につかなければならないのはなかなかきつかったですね。

　知事室に隣接する秘書課秘書斑の大部屋の一角に私の机がありました。課長にあいさつした後、机の引き出しなどを点検していると、「知事登庁！」と大きく叫ぶ声が下の方から聞こえてきた。知事が正面玄関に着いたらしい。秘書の1人が伝令に走っているのだが、それが3階のフロアまでくると、秘書課長以下秘書斑全員20数名が一斉に廊下に整列した。知事が3階に上がってきて姿が見えると全員、最敬礼の姿勢をとって迎えた。私もしょうがなく一緒に出て最敬礼した。まさに、「お殿様、ご登城」という感じで、すごい違和感を持った。長洲知事も同感だったらしく、知事室に入ったらすぐに秘書課長と私を呼んで「朝の出迎えは明日からやめるように」と指示された。明治以来連綿と続いてきた秘書課の朝の行事が長洲知事の一声で終わった。

　それから、トイレに行ってまた驚いた。知事、副知事用のトイレと職員、外来者用のトイレの入口が別なのです。これも私はびっくりしたが長洲知事はこれもすぐ廃止した。朝の出迎えとトイレの知事・副知事専用扉を廃止するというこの2つが、長洲知事の指示第1号となりました。

　さらに驚いたのは知事室の隣に知事側室－知事が時々休憩するプライベー

ト空間です－があり、そこから第一応接、第二応接、第三会議室、第三副知事室までドア1つで繋がっていたこと。これは不審者が現れたり、デモ隊が座り込んだりして知事が知事室から出られなくなった時、この扉を伝わって第三副知事室まで行き、そこから新庁舎に抜けられることになっているとの説明でした。これには違和感もありましたが非常用として了解しました。

　もう1つ、「殿様論争」と言うのがありました。明治以来長い間官庁の文書の宛先の尊称はすべて「殿」だった。長洲知事は＜殿＞は上から目線の表現で、主権者である県民に出す文書に＜殿＞を使うのは格下に見るような表現で相応しくないと考え「県が県民に出すすべての文書で＜殿＞を＜様＞に変える」よう総務部長に指示した。私もそう思っていたので賛成だった。ところが、議会の保守系会派から「＜殿＞も立派な尊称だ。明治以来の長い慣行を破って＜様＞にする必要はない」と激しい反発が起き、革新系からは「現代風に＜様＞がいい」と反論が出るなど、期せずして「殿様論争」に発展しました。論争にほぼケリがついてところで、県庁発のすべての文書の宛名の尊称は一斉に＜様＞に変わりました。そしていつの間に全国すべての官公庁で宛名の尊称が＜様＞に変わっている。神奈川の改革の影響かどうかはわからない。

　さらに、＜御用始め、御用納め＞を＜仕事始め、仕事納め＞に、呼称を変えたのも、神奈川が最初だと言われている。

　これらは一見瑣末なことのように見えるが、明治以来のお役所、お上が民を支配、統制すると言う明治憲法的価値観の残滓を一掃する闘いでもあった。まさに一つの「小さな文化革命」であったと思います。

　これは松下圭一の文章ですが、憲法、地方自治法施行28年にもなる昭和50年の神奈川県庁の実態に驚いた私は、この文章に完全に同意しました。「戦後民主主義は行政体質の革新を素通りして、＜憲法＞は変われど、政治の官治的＜体質＞は変わらず、だったとみなければならない・・・戦後の制度改革は、明治以来の官僚機構の体質転換と直接結びつかなかったばかりか・・・当時の日本国民の市民的未成熟と相まって、この制度改革自体が官僚主導によって推進されたかぎり、この制度改革において行政の官治体質は生き続け・・・今日にいたった」（松下圭一『市民自治の憲法理論』岩波新書、1975年）。要するに、県庁の中には昭和50年なのにまだ明治の香りが漂って

いたということです。

2 知事との議論で県政の基本課題が浮かび上がる
－6つの構造改革の課題－

こうしたカルチャーショックを受けながら、分刻みで動き出した長洲さんと激務の合間を縫って議論を重ねた結果、次の6点を長洲県政の基本課題として整理し、強く意識しました。

第1：県庁は「県政府」ではないのか

第1は、県の性格や位置づけの問題です。私たちは何気なく県のことを県庁、市のことを市役所と呼んでいますが、辞書を引いてみると庁も役所も「役人が仕事をするところ、またはその建物」（大辞泉）という意味であり、ここには議会もあり、地域の政治（まつりごと）が行われているところ、つまりこの地域の「政府」という意味は全くない。

長洲さんは、ある時「久保君、南門の県の表札を見たかね。漢字で「神奈川県庁」と書いてある横に英文で、Kanagawa Prefectural Governmentと彫ってあるでしょう。あの英文が正解だよ。ここは神奈川県政府なんだ」と言われたことがある。鋭い観察だと思った。法律用語でも自治体のことは「普通地方公共団体」と言い、「地方政府」の意味はかけらもない。地方には治水、利水、土地利用などを所管する「一部事務組合」や「財産区」などの地方公共団体がいくつもある。知事という職名自体が、明治以来中央政府が任命した時の職名です。後に、神奈川県は中国遼寧省と友好提携したので何度か訪問したことがありますが、省や市の建物の正面入り口には「遼寧省人民政府」とか「瀋陽市人民政府」と書かれていた。姉妹州である米国メリーランド州の入口にもSTATE GOVERNMENT OF MARYLANDと書いてあった。長洲さんは神奈川県庁を「神奈川県政府」に創り変える努力をしなければいけないと考えていたわけです。

第2：国の出先機関という性格

第2はこれとも関連するが、県は地方自治体というよりも**国の出先機関の性格が強い**ということです。これは県の幹部人事に端的に現れていた。当

時、3人の副知事のうち2人は東大法学部卒の自治省出身、県の予算、人事を握る重要ポストの総務部長（京大法学部卒）、次長（東大法学部卒）も自治省派遣、さらに総務部内の主要課長である財政課長、人事課長、地方課長（市町村を束ねる）も自治省派遣でした。その他、衛生部長は厚生省（京大医学部卒）、土木部長（東大工学部卒）と建設部長（同）は建設省派遣でした。自治省派遣の場合、県庁生え抜きでは50代でようやくたどり着く課長ポストに30代で着任する。

　長洲さんは人事的自立が国からの県の自立の第一歩と考えていたのです。また県の事務の7割が国の機関委任事務で占められていた。

第3：政策づくりの発想の欠如

　第3に、経済学者で経済政策に強い長洲さんは政策的志向を重視したが、**県庁には政策作りの発想が全くなかった**。「政策は国が作るもの、県はそれを受けて対策を考えればいい」という考え方が徹底していた。当時の県には「青少年対策事務局」「公害対策事務局」など「対策」の名の組織がいくつかあった。これは、県を国の出先と考える明治以来の国と地方の関係を象徴していた。「政策は国、地方は対策」と言う考え方が明治以来脈々と引き継がれてきていたわけです。人事的自立とともに政策的自立も大きな課題であることが分かりました。後に天下り人事問題で自治省、民際外交で外務省、産業政策で通産省と対立することになります。

第4：老朽化した組織の改革

　第4は、明治以来の**老朽化した組織や機構を時代のニーズに合わせて改革することが必要**だと考えました。急増する人口、複雑化、高度化する県民生活への対応、構造変化を遂げる産業構造、増大する福祉需要、深刻化する環境問題、女性の地位向上や高齢者、障害者問題への対応などが新しい緊急課題であった。また、これらの課題に対する政策的対応能力を高めることも必要で、政策部門の強化、行財政システムの近代化が緊急課題だと考えました。

第5：情報公開

第5は**情報公開**です。これは私自身、茨城県政に関わった時にも感じ、長洲さんの選挙政策づくりの時にも痛感したのですが、県庁には地域の政治、経済、社会に関する膨大な資料、情報が蓄積されています。地域事情や課題を知るためには不可欠の情報だ。しかし、一部公表された以外の情報にアクセスするのは極めて困難な状態だった。原則として関係者以外には非公開という扱いだった。選挙政策づくりの経験から、長洲さんにその不便さを訴えたことがありました。

　長洲さんも2つの観点から情報問題を重視していました。1つは、**県庁の保有する膨大な情報は誰のものか**ということ。それは県庁（つまり県の役人）のものではなく、主権者である県民のもので、県庁は県民の負託を受けてそれを管理・利用しているだけだ、県民から請求があれば当然公開しなければならないものと考えていた。また、長洲さんが選挙公約していた「**参加型県政**」を推進するには、県政を巡る状況や課題に関する情報の公開や提供が不可欠だと考えていました。「鉄の扉で閉ざし、関係者以外立ち入り禁止」といったイメージを変えない限り、**県政を県民に近づけることはできない**と考え、「**情報無くして参加なし**」のキャッチフレーズをよく口にしていました。情報公開は大仕事でしたが、詳しくは後ほど申し上げたいと思います。

第6：市町村の県政参加

　第6は、県内には県立高校と警察以外の権限を県から移譲されている政令指定都市が2つ―横浜市、川崎市。二つで県人口の過半数を占める。現在はこれに相模原市が加わっており、県が3つ併存しているような特殊な県で、「参加型県政」の一環として市町村の県政参加を進めるには**特別の注意を払う必要がある**ということです。県は市町村連合の事務局だ、と言うのが長洲さんの考えでしたから、市町村の県政参加を重視しました。このため政令市については「県、横浜、川崎3首長懇談会」、他の市町村については県を三つの地域に分け「知事と地域別首長懇談会」をそれぞれ定例化し、この会には知事、副知事、部長が出席しましたので、市町村長からは県との意思疎通が良くなったと好評でした。

　知事就任後の分刻みの激務の中で、昼食時や行事の合間の休憩時間などを利用して、2人にとって初体験の県庁生活の中で体験したこと、感じたこと

を話し合った結果、課題をまとめてみると以上6点が主な論点でした。しかし、これらはいずれも重く大きな課題であり、一つ一つ改革案を練り、実施に移すことは至難の業であり、多大な時間と労力、そして何より智恵が必要でした。とても1期や2期で片づく話ではなかった。私は、少なくとも3期は絶対必要だと考えたが長洲さんも同じ考えだった。

3　知事の施政方針演説の草稿を起草－初の6月県議会で―

　知事特別補佐官（知事専任の通訳で米国事情に明るい人が私の英文の職名を米国式にSpecial Assistant to the Governorにすることを勧めてくれた）としての私の日常は、知事のスピーチライターを務めることだったが、席の温まる暇もないほど多忙の身となった。毎週の定例記者会見のほかに国内、国際情勢にビッグニュース（1976年には毛沢東や周恩来の死去があった）が起きるたびに、県内市町村で新しい動きが起きるたびに、知事コメントが求められた。事務的なものは担当部局が資料やメモを作るが、政治や政策に関わるものは私の担当だった。長洲さんはメモ無し、原稿なしでいくらでも話せたが、数字や日付の入るもの、技術的なことはメモをつくることになっていた。

　とくに緊張したのは、知事就任後初めての議会である1975年（昭和50年）の6月議会の冒頭で行う知事の所信表明演説の草稿づくりを担当したことだ。県政に対する知事の施政方針演説なので、知事も私も初体験、徒や疎かにできるものではない。知事の初めての人事で総務部長になった生え抜きの職員（陌間輝）と議論した結果、「慣例として草案は財政課が作るが、**政権交代したので冒頭の総論部分は政治文書だから知事指名者（久保）に任せる。**予算の事務的説明は行政文書だから私（総務部長）が責任を持つ」ということになった。

　人口800万人、横浜、川崎を擁し、東京、大阪に次ぎ、韓国並みのＧＤＰ（1970年代）を持つ大県・神奈川の知事の議会での初演説なので大いに緊張したが、財政課に任せるわけにはいかず、やるしかないと覚悟を決め、取り組むことにした。そのためには知事になったつもりにならなければと思い、誰も住んでいない東横線白楽駅近くにあった知事公舎の書斎の間に2日通い、なんとか書き上げ、交替前の両副知事、新任の総務部長に総論部分を読んでもらった。第2副知事、総務部長はノーコメント、第1副知事はいくつ

か修正意見を出したが、字句修正以外は政治に関わることなので断った。長洲さんは一読して「ご苦労さん、よく書けているよ。少し私なりに手直しして最終稿にするよ」と言ってくれた。初の所信表明演説の草稿をまかしてくれた長洲さんの私への信頼感に深く感謝した。

4　初の議会を乗り切る
　―久保、以後、知事コメント等スピーチライター役担う―

　6月の第1回の所信表明演説は、長洲さんは非常に弁舌爽やかですから、流暢に、しかもわかりやすく演説をやりました。段落ごとに与党から大きな拍手が起こる一方、野党からは、野次で「ここは大学じゃないぞ」などと言われました。終了後、保守系の議員が何人か来ましたが、「いやー参ったね。後援会のメンバーを連れてきたが、長洲さんの演説にはみんな感心しちゃっているんだよ。みんな、長洲ファンになっちゃうからな」とぼやいていました。第1回の所信表明演説は好評のうちに終わりました。

　2～3日後に、所信表明に対する代表質問がありました。知事の政治姿勢を問うという質問がどこの会派からも出てきて、財政課なども質問には答えられずお手上げ状態で、全部、秘書室に回ってきました。つまり、全部、私のところに回ってきた。ですから、非常に忙しかった。その後も、知事コメントのゴーストライター役も兼ねた。毎週定例の記者会見だけではなく、何か事件が起きると、例えば当時毛沢東の死去とか大事件が起きると、それ、知事のコメントだって来るわけです。誰も書けない。結局、私が書くことになる。そういう形で、本当に、席の温まる暇もない、とんでもなく忙しい状況に追い込まれて、本務である政策調整の仕事と重なり、私は非常に苦しかった。（博報堂から後藤仁君をスカウトしてスピーチライターを担当してもらったのはこのためである）

　こうして最初の議会を大過なく乗り切ったところで、知事直属のスタッフ（アメリカ風に言えば知事特別補佐官）としての私の存在も、庁内で概ね認知されたような気がした。

第3章

長洲県政の
「過去との闘い」と「未来への闘い」
－構造改革の枠組み－

久保 孝雄

　以上のような長洲県政の課題は、明治憲法が生き残っているような古い制度や価値観との闘いという面と、変化する新しい現実にどう対応するかという2つの面がありました。いわば、「過去との闘い」と「新しい現実や未来への闘い」の2正面の闘いです。

1　「過去との闘い」と「未来への闘い」－構造改革の枠組み－

　この2正面の闘いの視点は、長洲さんの立候補宣言である「新神奈川宣言」に由来する視点です。この「宣言」は、「はじめに」の冒頭で、出馬の決意として「過去にひきずられる保守県政から、未来に顔を向ける革新県政に＜方向転換＞すること」を明示しました。そして、「人間を中心」に「生活者の心」に立って、神奈川を「人間都市」につくりかえる、「5つの転換」（「安心して暮らせる神奈川」、「連帯感に満ちた神奈川」、「希望と創意と活気の神奈川」、「子や孫に誇れる神奈川」、「内外に開かれた神奈川」）とそれを支える「5つの原則」（「現場を尊重する県政」、「わかりやすい県政」、「科学的な県政」、「県民と呼応しあう県政」、「地方自治の確立をめざす県政」）を宣言しました。

　「過去にひきずられる保守県政」は明治以来の「義務と忍耐の社会」の延長上にあり、「未来に顔を向ける革新県政」は戦後憲法により実現した「権利と要求の社会」をさらに一段と伸ばして、「自治と連帯の社会」、「自己統治の社会」を目指す。それは、「地域に民主主義の根」をおろした「県民自治の県政」を目指すことである。「県政の主人公は、県民です。県民が主権者です。私は、この大原則にどれだけ奉仕できるかを、県政の基本原則

にしたいと思います。」と明言しました。それは、これまでの中央集権（国中心・国優位・国万能）から地方分権への改革、つまり「行財政制度の構造改革」（国と自治体間の仕事・権限・財源の合理的な再配分）が不可欠である、ことを明示しています。「自治体革新の第二段階」を迎えています。

　ここから、「過去との闘い」と「未来への闘い」は、明らかに、長洲県政の「構造改革の枠組み」を示すものと言えます。

2　過去との闘い－明治以来の国・地方の上下関係見直し－

　過去との戦いで最大のものは、国と地方を上下関係と見る明治以来の古い地方観との戦いだったと思います。それを象徴するものが「天下り人事」と「政策は国の専権事項」という政策問題での国との戦いだった。そこには、地方は国の下部組織、能力的にも国の指導・援助がないとやっていけない能力の低い存在だという明治以来の中央優位、地方蔑視の考え方があった。

★人事問題

　まず、人事についてみると、長洲さんは最初の副知事人事で、国からの派遣を断り、すべて生え抜きの人に替えた。主な幹部人事でも、技術職以外、例えば衛生部長とか建築部長とか以外は、国の天下りを全部廃止した。画期的な人事を断行したのだが、すると間もなく自治省人事課長から電話があり、是非会いたいと言うので、県庁に来てもらった。自治省の課長に県庁に来てもらったのは画期的なことだったようです（普通は、県から国にお伺いに行く）。話し合いの中身は、「全国の有力な県で自治省からの派遣を断っているのは、中部地方の某県と神奈川県だけだ。ぜひ、復活してもらいたい」ということだった。

　そこで、私は長洲知事の方針を伝えた。「自治省との人事交流を全て否定するものではないが、特権的な天下り人事には反対である。しかも、交流は相互的であるべきで、県職員も自治省に出向することができなければならない」と主張し、自治省側も了承し、新しい方式でやりましょうということで、合意した。

　ところが数日後、また自治省の人事課長から電話があって、驚いた。「東大卒があいにく出払っている。京大卒でよければすぐに対応できるけど、ど

うしましょうか」と。「東大卒は品切れ、京大卒は在庫あり」という話に苦笑したが、知事とも相談して、「神奈川県庁は、学歴は問わない。適任かどうかだ」と答えました。市町村課の課長代理に京大卒を受け入れましたが、特にブリリアントな感じはなかった。神奈川県職員は競争率20倍近くで選抜され、東大卒で直接神奈川県庁に希望して採用される人もいた。法学部卒もいた。そういう状況で、やがて自治省からの派遣も途絶えて、県からの自治省出向も長続きしなかった。

★国と地方の関係

　ここで付け加えておきたいのは、国と地方の関係です。1993年に、細川内閣の時に国会で「地方分権推進決議」がなされ、2000年には「地方分権推進一括法」が施行され、「国と地方は対等、平等な協力関係」で上下関係ではない、と規定された。これは非常に大きな改革だった。しかし、画期的に盛り上がった分権改革への熱気は、今は、かなり低下しました。最近になって、むしろ災害時や安全保障上の危機に際して、地方の権限を制限し、国の権限を拡大する地方自治法改正案が閣議決定された。これに対して、全国知事会を中心に「国と地方の対等関係を損なうものだ」と、強い抗議・反発の声が起きているのが現状です。日本経済新聞の記事（2024年3月15日）によると、全国47都道府県の知事の70％が、総務省、財務省など中央官庁出身者か国会議員の横滑りで占められている、という。そういう意味では地方分権は非常に後退しているのが現状だと思います。

★「政策は国、地方は対策」という考え方の背景

　「政策は国、地方は対策」という考え方が明治以来、長洲県政が始まった昭和50年（1975年）頃まで生き続けてきた背景には、何があったかと考えてみました。私は、中央の役人と地方の役人との間の「知識と情報の格差」が大きかったという背景があると思います。明治以来、国の役人はその養成機関であった東大を頂点とする旧帝国大学の、特に法学部出身者で占められていた。これに対し、地方の役人は主として旧制中学出身者で占められ、市町村の役人も旧制中学や高等小学校卒が大半だった。正確な統計はないが、推定で言うと、昭和初期までは旧制帝国大学進学者は適齢者の1％前後、私

立大学でも数％、旧制中学進学者も10％台の時代だった。この学歴差の間の「知識・情報格差」、「国の官僚と地方の役人との間の知識・情報の格差」は非常に大きかったと思う。確かに、地方の役人には、政策を論じたり、作ったりする力はなかったかもしれない。

　ところが戦後、特に高度成長以後、中産階級が形成され、教育熱が高まって、進学率が上昇して、高校進学率90％、大学進学率50％になると、この格差は大きく崩れ始めてきた。現在、都道府県庁や大都市市役所の上級職はほぼ全て4大卒、市町村職員も4大卒が急増している、というのが現状です。知識・情報についての国と地方の大きな格差は、この現実によって崩れてきているのが現実です。

　この結果、「政策は国、地方は対策」という建前は次第に維持できなくなっていた。これを最初に部分的に崩したのが美濃部都政（美濃部亮吉・東京都知事）の老人無料パスや歩行者天国などの福祉政策であった。川崎市政（川崎市・伊藤三郎市長）の公害問題などの環境政策もあった。公害問題などの環境政策は国に先駆けて行われた。これを全面化し、民際外交、産業政策、科学技術政策、環境アセスメント、情報公開（条例）、文化政策など国の専権分野と思われてきた分野に次々に踏み込んでいったのが長洲県政であった。県を政策官庁にしようとした背景にも、教え子たち（横浜国大の）を国の役人にも送ってきた長洲さんの自信があったのかもしれない。今では小さな町の役場にも○○政策課などがたくさんできている。「政策は国、地方は対策」の考え方は大きく崩れています。

3　未来への戦い－分権改革へ＝地方の国への参加、民際外交、産業政策－

　未来への戦いは豊富です。まず、地方の国への参加が挙げられます。

★地方の国への参加

　長洲さんの在任中に、NHKで、当時の大平正芳首相（総理大臣）と長洲一二知事とのテレビ討論があって、「国政への地方参加」について、大平さんが「それぜひやりましょう」と言ってくれて合意した。でも、大平さんがその後すぐに亡くなってしまったので、これは実現しなかった。その時、長洲さんが念頭にあったのはドイツの例です。これは長洲さんとも話し合ったのですが、ドイツには16の州があり、この16の州の首相がそのまま参議院

（ドイツ上院）の議員になる、兼ねるという制度になっています。地方の代表がそのまま参議院（上院）の議員になるという制度ですね。ドイツのようにこれが実現していれば非常に面白かったと思います。

★民際外交

　次に、「民際外交」について。クレームをつけてきた外務省とのやり取りについては、次の通りです。外務省は当初、「外交は国の専権事項だ」と厳しく注意してきたにもかかわらず、マンスフィールド米国大使がニューヨークタイムズで「民際外交」を称賛して、これからは「民際外交」の時代だと指摘してくれた。そうしたら、外務省は態度を一変させて内国広報課長が私のところに来ました。いろいろ経緯はあったが、「民際外交」が盛んな国ほど国の外交もうまくいくので、これから大いに「民際外交」をやってくださいと言ってきた。「まったく、外務省はアメリカに弱いなぁ」とつくづく思いました。なお、この「民際外交」が評価され、後に長洲さんの代わりに私のアメリカ招待が実現します。

★産業政策

　さらに、産業政策について。産業政策づくりを始めた県に対して、当時の通産省は、「産業政策や経済政策は国の仕事で、地方はそれを受けて地域での対策を考えればいい」とクレームをつけてきました。これに猛烈に反発したのは、県の産業政策づくりの中心を担っていた専修大学の中村秀一郎教授と正村公宏教授です。中村先生も正村先生も、経済政策に関する著書もあるし、国の政策づくりも担える実力のある研究者ですね。国への劣等感など全くなかった。中村先生も正村先生も、おそらく同僚たちが国の役人でいっぱいいたと思います。この点は国との関係を考えるうえで重要な点だと思います。長洲さんも、国こそ地方の動きを国の政策に反映すべきだと考えていて、国のクレームに対しては強く抵抗したという事実があります。

　長洲さんは、「頭脳センター構想」の提唱が県内経済界からも歓迎されていたということに大変自信を持っていました。経済界との懇談会の席で、確か富士通の社長だと思いますが、彼がこう言った。「昔川崎に工場を作った時にはブルーカラーが85％、ホワイトカラーが15％だったが、最近の川崎工

場では、87％が研究者・技術者の知識労働者で、ブルーカラーは13％しかない」という話をした。要するに、産業現場では既に技術・知識集約型に変わっているということを示す大変印象的な話だったと私は思った。「頭脳センター構想」は、内外で非常に高い評価をえていました。KSP視察に来た米国ジョージ・メイスン大学のロバート・キャッシュ教授は「これは国の政策にこそ相応しい。なぜ日本政府はやらないのか」とコメントしてくれました。

　逆に、県が国に人事や政策で協力を求めたこともあります。それは約1000名の技術者が働いていた県の工業、農業、水産、蚕糸の各試験場、それから箱根にある火山地震研究所、こういう試験場を単なる試験場ではなくて研究開発ができる研究開発機関に再編成しようという計画を立てて、科学技術庁の協力と指導を求め、職員の派遣も要請したこともあります。この改革で、工業試験場は産業技術総合研究所に、農業試験場が農業総合研究所などに全部改組された。これは、非常に大きな成果を上げた。

　ただ、これには現場からの抵抗がありました。ある時、工業試験場の組合が「合理化反対、首切り反対」と言って知事に面会を求めてきた。秘書課と押し問答の結果、知事を出すわけにはいかないということで、私が組合の集会に出て、「頭脳センター構想」と試験場のリニューアルについて説明するということになった。ところが、秘書課長が「とんでもない、吊るし上げられ、何されるか分かりませんよ、あそこは共産党系が強いですから」と言って反対した。私は、「共産党系であれ何であれ、この頭脳センター構想と試験研究機関の再編問題は何としても納得してもらわなかったら、知事の政策は進められない」と言って、集会に出た。

　私は「頭脳センター構想」とは何か、県の産業構造が大きく変わりつつある今、このままでは工業試験場は先細りで存在感がなくなる、これまで神奈川県の工業試験場は存在感を示し、中小企業の技術向上に貢献してきたが、これからは産業構造の変化に対応できなければ、工業試験場は時代遅れになってしまう、と訴えました。

　彼らは県の職員組合の中では最も左翼というプライドがあったので、私も昔、組合運動で苦労した話もしました。中国研究所時代には労働組合をつくり、全国の試験研究機関に呼びかけて全研労までつくったこと、「血のメー

第3章　長洲県政の「過去との闘い」と「未来への闘い」

デー事件」にも巻き込まれたことなどを話しました。それで、和気あいあいになり、集会が終わった後、飲み会になった時もみんなが酒をついでくれて、すっかり親しくなった。工業試験場の組合は「頭脳センター構想」に賛成することになり、その後、神奈川高度技術支援財団（ＫＴＦ）設立時に、工業試験場の一部の機能を移管しましたが、これも、協力してくれました。

＜質疑応答＞
☆**長洲県政の性格－新神奈川宣言＝構造改革政権と評価！－**
原田　長洲さんの立候補宣言であった「新神奈川宣言」についてお聞きします。私はこの「宣言」を読んだことがないので、探しました。Ｗｅｂで神奈川県の図書館の蔵書を探しましたら、横浜国立大学図書館のみにありました。その図書館で調べたところ、教員の研究棚にありました。この研究棚は岸本重陳教授の研究関連書籍を集めたものと思われますが、この「宣言」の隣に、久保さんの『知事と補佐官』もありました。この「宣言」をコピーして読みました。感動しました。ここに書いてあることは、まさに「構造改革宣言」ではないか、と。

　この「新神奈川宣言―５つの転換・５つの原則―」は、一言で、＜**県民が参加し自己統治が可能な政治・行政の仕組みへの変革**＞をめざした宣言であり、＜**日本の政治行政システムの根本的改革＝構造改革をめざした宣言**＞である、と評価すべきと思います。それは、長洲県政を生んだ構造改革派グループの日本の政治行政制度変革の戦略を示しものと言えるのではないか。長洲県政はその変革を、**組織イノベーションに基づく政策イノベーション**により、具体化したと思います。

　しかし、久保さんの上記の『知事と補佐官』には、そう書いてありません。ところが、久保さんの『久保孝雄詩歌集　詩歌日記で綴る人生の四季』（2019年６月、神奈川新聞社）の「弔詩　安仁に捧げる　98年４月30日」（安仁さんとは雑誌『現代の理論』編集代表の安東仁兵衛氏）には、次のように書いてあり、私の認識は「間違いではなかった」と確認でき、非常に晴れやかな気持ちになりました。具体的には、次の詩歌に見る通りです。
　＜戦後50年の疾風怒濤の日々を
　共に誓い合った**構造改革政権樹立への決意**＞　（234頁）

＜だが安仁よ　想い起こしてくれ
小田急線小駅の
冷たい夜霧に誓った通り
人口830万の神奈川に
ＧＤＰ3000億ドル　韓国　オーストラリア並み
のＧＤＰを持つ神奈川に
構造改革政権を樹立し
20年間持続したことは
紛れもない事実なのだ＞（235頁）

　長洲県政のその後の政策展開を見ても、まさに「構造改革政権」であった、と改めて確認すべきではないかと思います。もちろん、政治的配慮は当時あったのでしょうけど。

久保　長洲さんも私も構造改革派で、神奈川県での活動は地域で**構造改革路線に沿った努力だったことは間違いない**。しかし日本全体としては、構造改革派は革新勢力の中で常に少数派で、旧左翼に負け続けた。ですから、構造改革派といって胸張れるような状態ではなかった。江田三郎も社会党から追放され、成功しなかった。社会党を支配したのは教条的マルクス主義の社会主義協会派です。構造改革という政治路線はイタリア共産党が主張した先進国型の漸進主義的社会主義戦略だったのですが、受け入れられなかった。そういう意味で、胸張って神奈川で構造改革を進めたとは言い切れなかったことは事実ですね。

☆ドイツの州大臣も構造改革を評価
－16～20年続いた長洲「構造改革政権」－

久保　構造改革政権だったのではないかということについて、一言付け加えておきます。友好提携のためドイツのバーデンビュルテンベルグ州を訪問した時、同州の経済大臣にお会いした。向こうは議院内閣制ですから州の大臣は州議会の議員で、日本のような役人（部長、局長）ではなく政治家です。私が大臣に神奈川県の「頭脳センター構想」、神奈川サイエンスパークづくりなどを説明すると、これを聞いていた経済大臣が「それはまさに　Structural Reform ではないか」、つまり**構造改革政策**ではないか

と言ったのです。なるほど、これが構造改革政策だと、逆に教えられたことがありました。

あるとき調べたのですが、当時神奈川の人口は830万でしたが、これより人口の少ない国連加盟国が100以上あった。ＧＤＰは3000億ドルでしたが、神奈川と人口も国内総生産もほぼ同じなのはオーストリアでした。そのオーストリアでは7～80年代にクライスキー首相の社会党政権が16年間続いて、福祉等様々な成果を上げたことを、新聞の小さな記事で読んだ。私はこの記事に注目し、日本でもそのぐらいのことやってみたいなと思った。国レベルではできなかったがオーストリア規模の神奈川ではやったわけですね。

本日参加している趙佑鎮君（多摩大学）から、当時、「神奈川の県内総生産は韓国のＧＤＰより多い。それだけ神奈川県は重要な県です」と言われた記憶があります。横浜総領事だった趙君のお父さんと親しく、そういう議論をしたことが思い出されます。そういう意味で、神奈川での長洲県政の実践は、大きなことだったのだと思います。**16年間（久保の県在籍期間）、20年間（長洲さんの知事在任期間）構造改革政権が続いた**ことは非常に大きなことだったと思います。あまり評価されていませんし、引き継がれてもいないのが問題なのですが。

☆ドイツ・バーデンビュルテンベルグ州との交流
－ストラクチャル・リフォームと評価―

井上良一　「民際外交」の話が出ましたが、ドイツの州と提携関係にあったと思いますが、産業政策について参考になることはあったのでしょうか。

久保　ドイツのバーデンビュルテンベルグ州とはよく話し合いをしました。この州は、ドイツで中小企業の州と呼ばれるほど中小企業が盛んなところです。ベンツの発祥の地であり、ツエッペリンという飛行船の発祥の地です。とくに、レベルの高い中小企業が集積している。話し合いのなかでは、産業構造の問題にはお互い強い関心を持っていた。川崎についても彼らは非常に勉強していて、川崎臨海部は世界最強の工業地域ではないか、と評価していました。神奈川サイドから、バーデンビュルテンベルグ州から直接学ぶものはなかった。サイエンスパークもたくさんはなかった。レ

ベルの高い中小企業は参考になりましたが。この前に紹介しましたが、「頭脳センター構想」について、まさに「ストラクチャル・リフォーム」（構造改革）だ、と評価し、「われわれも受け入れる」と神奈川を高く評価してくれました。

☆「民際外交」評価してアメリカ招待－米マンスフィールド大使－

原田 久保さんは、1982年5月1ヶ月、駐日アメリカ大使のマンスフィールドさんの招待で、アメリカのリサーチ・トライアングル・パークを視察し、サイエンスパーク建設の参考になったと書いています。また、スタンフォード大学も視察しております。なぜ、招待されたのでしょうか。

久保 当時のマンスフィールド駐日大使（民主党系）が私を指名して、アメリカ視察60日間の招待状を出してくれました。大使が長洲さんの「民際外交」を高く評価し、代わりに補佐官である私を招待してくれたのです。友人の初岡昌一郎さん（PTTI東京事務所長）と親しかった米大使館のイマーマン参事官らが推薦してくれたようです。でも、2ヶ月も県庁を空けるわけにいきませんので、長洲さんと相談して2週間ならOKだと返事をした。するとアメリカ大使館から「アメリカは日本の25倍の面積があります。2週間ではとても足りません」と怒られました。それで、1ヶ月間で妥協しアメリカに行った。この招待制度は50歳までが対象だったので51歳の私は特例だったようだ。

　長洲さんが「民際外交」について、下田で開かれた日米賢人会議で講演したことが、この招待のきっかけになったようですが、あの頃外務省は「外交は国の専権事項だ。地方は「外交」などいう言葉を使うべきでない」と厳重注意が来た。県議会も「民際外交」なんて税金の無駄遣いだ、と批判していた。ところが、マンスフィールド大使は日米賢人会議での長洲さんがスピーチした「民際外交」を非常に高く評価し、ニューヨークタイムズに「日本にニューリーダーが現われた、彼の主張はPeople to people Diplomacyだ」というエッセイを書いてくれた。それをジャパンタイムズが紹介してくれ、大新聞も記事にしてくれた。

　すると、なんと外務省の態度がガラッと変わった。外務省の広報課長がやってきて「民際外交が盛んなところほど国の外交もうまくいきます。こ

れからも民際外交を大いに進めてください」と言ってきた。外務省はこんなにアメリカに弱いのかと思った。「民際外交」のエッセイの下書きは私が書いたと思われているが、これは長洲さんのオリジナルです。長洲さんは英語も得意ですから、恐らく英語で話したのではないでしょうか。

第4章

頭脳センター構想からKSP建設へ

―戦後初の＜発明の事業化＝KSPモデル＞創造―

久保 孝雄

　未来への戦いの1つの大きな政策＝構造改革政策が、頭脳センター構想からKSPモデルの構築に至る産業政策でした。

1　長洲知事が頭脳センター構想を発案

　「頭脳センター構想」は1978年の知事の月例談話で提起されました。大よそ、次のような経緯だったのではないでしょうか。長洲選挙にあたって、神奈川県の経済産業分析もいろいろやりました。重厚長大産業が京浜地区で崩れ始めたのは、政府の工場3法（工業制限等3法）、つまり、首都圏から工場を地方や海外へ追い出すという国の政策が出てきたことが作用していたと思います。そういう情勢のなかで、雇用問題も当然出てきていた。

　この変化に対して県はどう対応すべきかはかなり深刻な問題だった。そうした議論のなかで、長洲さんは「産業構造を高度化」して、「頭脳型、知識型」に変えていくという考えを提起した。今までの労働集約型の産業構造から転換しないと神奈川は生き残れない、と。長洲さんはかなり早くからそう考え、生き残り策として「神奈川を日本とアジアの研究開発のセンターにする」という考えにたどり着いたと思います。私もその過程の議論にはいろいろ参加しましたが、「頭脳センター構想」としてまとめ上げたのは長洲さんのオリジナルだと思います。

　もちろんその過程で、長洲さんは経済界との懇談に加えて、専修大学の中村秀一郎教授とか元東工大学長の斎藤進六教授とかいろいろな学者・研究者と議論しています。そういう中で考え方が煮詰まってきて、「頭脳センター構想」というアイディアにたどり着いたと思います。要するに、力のある大企業が多く、技術者、研究者が多い神奈川の地の利を生かして、「日本とア

ジアの研究開発の拠点にしていくという構想」としてまとめたわけですね。

> （注）工場3法・・・工場等制限法（大規模工場・大学新設・増設の制限、首都圏は1959年、近畿圏は1964年制定。2002年7月廃止）、工業再配置促進法（工業集積の低い地方への工場移転に補助金支援、1972年制定、2006年廃止）、工場立地法（大規模工場新設・増設の面積制限と環境確保義務、1973年制定、規制緩和へて現在まで存続）。1970年代から首都圏は、工場建設制限と工場移転促進地域。

2　イギリス労働党政権を参考に「科学に強い」革新政権を！
　　―知事就任前から主張―

★「科学」の観点の重視・導入

　この「頭脳センター構想」のアイディアが出てきた根底・基礎には、「科学」の考え方を行政の事業・組織に導入したことにあります。『プロジェクト100』によれば、「科学技術政策」のプロジェクトが「産業政策」よりも前にスタートしています。1977年11月に「県試験研究会議」、「県試験研究連絡協議会」が設置され、県の試験研究機関の再編議論がスタートします。翌1978年5月に、「科学技術懇話会」を発足させ、その直後に、「頭脳センター構想」が提起されます。

　長洲さんが出馬時に提示した「新神奈川宣言」では、その「5つの原則」の第3に「科学的な県政」が掲げられ、「政治に知性を、行政に科学を」の考えのもとに、「短期・中期・長期のビジョン」を立てることが必要であり、「県政全体の科学的な再検討」を試みる、と明示しています。そのために、職員の専門能力を高め、外部の専門家・学者・文化人の協力も仰ぎたいとしています。

　つまり、「頭脳センター構想」のアイデアは、「県政全般の科学的な再検討」の一環として提示され、しかもそれは、戦後の地方政治における（国政でも）初めての提起であったと思います。その意味で、「頭脳センター構想」は極めて大きな、かつ重要な提起であったと思います。

★イギリス労働党政権の科学技術政策を評価

　長洲さんのこうした発想は、1960年代に政権の座に就き、長洲さんの知事就任時にも再登板していたイギリス労働党のウイルソン政権の科学技術政策

に大きな関心を持っていたところから生まれたと思います。ハロルド・ウイルソン労働党党首は、1963年10月の党大会で、「イギリス労働党と科学革命」という基本政策声明を行い、労働党として初めて「科学」の視点を政治に導入した。そして、翌1964年10月の総選挙で勝利し、政権の座に就き、科学政策・科学振興の政策を展開した。長洲さんは、その労働党の政策に強く関心を示し、「日本の革新政権の弱みは科学が分かってないこと、科学について何の政策もないこと」だと、知事になる前から言っていた。長洲さんは知事になってからも、「科学に強くならないと革新政権は保たない」という考え方を強く持っていました。それでいろいろ調べたら、神奈川県職員には自然科学系の1000人の研究者がいるではないか、その活用が重要だ、単なる試験場ではなく研究開発ができる機関に変える必要があるという発想に至った。頭脳型・知識集約型産業構造への認識もここから出てきたと思います。

> （注）イギリス労働党のウイルソン内閣（ハロルド・ウイルソン党首・首相、第1次内閣：1964年10月～1970年6月、第2次内閣1974年3月～1976年4月）は、第2次世界大戦後の労働党政権としては、アトリー内閣（1945年7月～1951年10月、石炭・鉄道・通信等重要基幹産業の国有化を行う）に次ぐ、2番目の内閣であった。ウイルソン内閣は、「社会主義を科学に、科学を社会主義に」を合言葉に、国家の研究資金を従来の高額軍事費から非軍事分野に転換して新しい産業を興すことをめざした。技術省を新設し（1964～1970年）、産業における研究開発に注力した。電子計算機等先端機械・通信分野の研究開発契約（委託）を大学・国立研究所等と結び、新産業育成をめざした。参考資料：古瀬征輔「ウイルソンの「科学革命と社会主義」論と1964年総選挙」（愛知県立大学外国語学部紀要第36号）

3　ＫＳＰ建設プロジェクト推進を阻む壁を乗り越える！

　ＫＳＰ建設プロジェクトは、次の経過で進みました。＜頭脳センター構想の提起（長洲知事、1978年5月）→頭脳センター構想に関する提言（神奈川県総合産業政策委員会、1980年10月）→アメリカ・リサーチトライアングル・パーク視察（久保孝雄、1982年5月）→かながわ総合産業政策提言（県総合産業政策委員会、1982年12月）→サイエンスパーク構想（ＫＳＰ構想）決議・提言（ＲＡＤＯＣ呼びかけの研究開発型企業全国交流大会、1984年6月）→土地問題決着（溝の口の現在地を飛島建設が買収・確保、1984年12月）→ＫＳＰ構想の実施設計（かながわサイエンスパーク構想調査報告書、1986年3月）→株式会社ケイエス

ピー設立（民活法第１号認定、1986年12月）→研究開発ラボ＝神奈川科学技術アカデミーＫＡＳＴ（1989年７月）、計測ラボ＝神奈川高度技術支援財団ＫＴＦ（1989年10月）設立＞

　私は、この過程全体は承知していましたが、プロジェクトの進行上で、非常に苦労したのは、次の諸点です。

★県庁内の組織の壁－知事特命で久保がＫＳＰプロジェクト担当に－

　県庁内の組織、人事面に大きな壁がありました。ＫＳＰプロジェクトは、周知のように「頭脳センター構想」に始まる産業政策に属する政策ですので、担当は当然商工部になります。

　当時の商工部長Ｏさんは都立大出身で上級職採用の優秀な人材でした。知事も期待して商工部長にしたのですが、その彼が夜、私の自宅へ何度も来て「ＫＳＰ建設はやめて下さい。議会に当たりましたが総スカンです。大体、サイエンススパークとは何か、僕もよく説明できない。ＫＳＰ建設に反対です。どうしてもやるというのならＫＳＰ担当から外してください」と直訴しに来た。当時、神奈川サイエンスパークの運営会社、株式会社ケイエスピーに県と川崎と国が合同で出資するということになって、出資金（５億円）の議案を議会に提出しようとしていたわけです。私は、これは長洲県政の戦略的プロジェクトだ、止めるわけにはいかないと説明しましたが、理解してもらえない。そこで、それなら商工部長の辞表を出しなさいと迫った。すると彼は「商工部長なんて滅多になれない、やめません」と駄々をこねるわけです。これほど粘るのはどうやら保守系会派のバックアップがあるようだと分かりました。

　それで長洲さんに相談したら、「まあしょうがない。今商工部長をやめさせるわけにはいかないから、知事特命でＫＳＰ担当は久保君にやってもらいたい」ということになった。商工部担当の髙瀬副知事もいたのですが、それも飛ばして私にお鉢が回ってきた。川崎市の責任者は小松企画調整局長でした。実際は事務方がいろいろ詰めた案を国も含めた代表者会議で決めていくことになるのですが、私は全く門外漢だったので長洲さんに不安を述べると、「一番大事なのはコンセプトだよ。コンセプトは久保君がよくわかっているのだから、その立場でやってくれればいい」ということになった。

★KSPの建設用地問題
－政商・小佐野とリクルート・江副に振り回される－

　KSP担当になって一番困ったのは、用地の問題ですね。商工部長の抵抗と関係があるのかどうかは分からないが、この5.5haの元池貝鉄工溝の口工場の跡地は、三井不動産が取得し、提供してくれる予定だった。「これからサイエンスパークは日本全国にできていくだろう、そのモデルケースが神奈川サイエンスパークであり、これに携わることによってサイエンスパーク建設のノウハウを得ることができる」というのが三井不動産の立場だった。私たちも三井不動産なら信用できるだろうと考えていた。

　ところがある日、突然、このプロジェクトから降りると言ってきた。KSP建設は突如危機に陥ったわけです。土地代だけで35億円ですから、これをカバーできる民間企業はそういるわけはない。もう亡くなりましたが、馬場昭夫君などが先頭に立って、懸命に代わりの企業を探したわけです。

　そんな時、川崎市の伊藤三郎市長から大事な話があるので至急川崎市役所に来てくれとの電話があった。さっそく駆けつけて「市長さん、何でしょうか」と聞いても、「ここで話す話じゃない、東京に行けばわかる」ということで、車で東京に同行することになった。小松さんも別の車で一緒に東京に向かった。着いた先はなんと神楽坂の高級料亭です。

　案内された広間は宴会の準備ができていた。玄関の方が騒がしくなり、やがて襖が開いて入ってきたのは写真で見たことのある小佐野賢治（国際興業グループ総帥、右翼、政商、ロッキード事件関与）です。それを囲むように黒い背広の屈強なお兄さんたちが10数人ドヤドヤと入ってきて小佐野の両側に座った。相当な威圧感です。小佐野は「市長さん、今日、溝の口の土地を見てきましたよ。いいとこですねぇ。広さも十分、駅にも近いし、ぜひマンションを建てさせてください。神奈川サイエンスパーク半分、マンション半分でどうでしょうか」と言う。伊藤市長は「うーん半分こねぇ。なかなかいい案ですねぇ」と言う。小佐野は「久保さんは知事の名代でしょ、知事に代わって決断してくださいよ」と私に迫った。伊藤市長は「いいアイディアだと思いますが、サイエンスパークは県が言い出した事業ですから県がどうするかですねぇ」と私に振ってきた。

私は「こんな話はここで今初めて聞いた。今日は知事の名代でもなんでもない。知事は何も知らない。至急来いと言われたので来ただけだ。半分ではサイエンスパークはできません」と反論した。するとお兄さんたちが紫の風呂敷包みを私たち３人の後ろに配った。私は驚いて小松さんに「すぐトイレで中味をチェックしてくれ」と頼んだ。渋々別室に立った小松さんは「中味は虎屋の羊羹だけですよ」と答えてくれた。

　この神楽坂料亭での一件は、伊藤市長が私を使って断らせたのか、本当に半分でいいと思ったのか、よく分かりませんが、おそらく私を使って断らせたのではないかと思います。小佐野を知っているある人から「あのお兄さんたちから嫌がらせがあるかもしれませんので気をつけて下さい」と言われしばらく警戒しましたが何もなかった。

　しかし、土地問題は宙に浮いたままで本当に困りました。しばらくして馬場君が「リクルートの江副社長がやってもいい」と言ってきましたと報告に来た。「条件は」と問うと「銀座のリクルート本社に長洲知事が来て、江副社長に頭を下げて頼み込み、その写真をリクルートのＰＲ誌に載せさせてほしい」というものだった。私は「とんでもない。江副が何様か知らないが大神奈川の知事が江副に頭を下げさせるなんてことはできない」と即座に拒否した。その後勃発した「リクルート事件」を考えると、この咄嗟の判断が正しかったことがわかります。

★飛島建設副社長の決断でＫＳＰ用地・建設問題が決着

　当時の藤波官房長官の辞任など政界を巻き込んだ「リクルート事件」（1886年６月発覚の未上場株値上がりを見越した譲渡・贈収賄事件）には川崎市の小松局長も絡んでおり、1億円の株値上がり益を得たと報道され、解雇された。盟友を失い大打撃だった。もしあの時リクルートの江副の話に乗っていたらＫＳＰ建設はおじゃんになったと思う。

　そういう危ない橋を何度も渡った末、最後にやっと飛島建設が登場してくれた。飛島建設の四手井さんという人が就任したばかりの若い副社長の飛島章さんにＫＳＰ事業を紹介し、社長就任後の最初の新規事業にしてはどうかと進言した。新社長がこれに乗ってＫＳＰ事業に参画することになり、土地問題も建設業者の問題も最終的に解決した（1985年３月飛島建設決算役員

会）。

　私は馬場君と２人であまり飲めない酒を酌み交わし、久しぶりに酔っ払いました。商工部長問題で特命担当になり、三井不動産に煮え湯を飲まされ、小佐野や江副の誘いを全部断って頑張り抜いた。今思うとよくぞ難関を乗り越えてきたなと思います。

＜質疑応答＞
☆国の産業政策の先を走った「頭脳センター構想」＝長洲県政の産業政策
大矢野修　いくつか質問があります。１つは、「頭脳センター構想」と川崎臨海部の再生はどうリンクしていたのか、という点です。私は、川崎市に入ったのは1988年ですので、1980年代前半のことは現場では知らない。お聞きしたかったのは、神奈川県の長洲県政の産業政策と川崎の臨海部の再生の関係ですね。川崎臨海部の再生の動きの中心の研究者・学者は専修大学の正村公宏さんで、補佐役が国民経済研究協会の石川一雄（主任研究員）さん、川崎市の側は市長の伊藤三郎、助役の小松さん。

　２つ目は、今の話のサイエンスパーク建設という政策について、当時の通産省はこういう産業構造の転換を先取りした形で次に政策的にどう展開するかという点については明らかに遅れていたということです。長洲さんとかその周辺の学者グループの方が先に動き出した、と理解してよいか、という点です。

久保　最初の点について、正村さんが川崎市の産業政策づくりの中心になったのは、長洲さんが伊藤市長に推薦したからです。正村さんは県の産業政策づくりで活躍してくれていましたので、川崎も同じような委員会を作りたいと長洲さんに相談があったので、推薦したわけです。長洲さんは、伊藤市長との関係もあったとは思いますが、川崎を大変重視していました。それで自分が信頼する学者である正村さんを推薦した。そういう経緯があります。そういう意味で、県の産業政策と川崎・臨海部再生はリンクしていたと思います。

　２つ目の産業政策をめぐる県と国との関係についてですが、通産省は、戦後の高度成長を牽引したのは我々の産業政策だったと絶対的自信を持っていた。ところが、アメリカは日本の産業政策を強く批判していた。産業

振興のために国が強力に支援した、これは邪道だ、民間に任せるべきだ、というわけです。だけど、通産省は成功体験から自信過剰になり、その後の変化に対応が遅れてしまった。確かに、製造業の自動車や電機産業の大成功で経済大国になった。しかし、いつの間にか次のフェーズに移ってしまった。脱工業化、知識経済化、知識集約型経済へ移行した。ソフトバンクの孫正義は「日本の衰退の根本原因は、第4次産業革命に乗り遅れたからだ」と言っていますが、まさにその通りですね。それで、日本の経済の衰退が始まった。神奈川が次のフェーズを見越して「頭脳センター構想」やサイエンスパーク建設を言い出した時、通産省の産業政策担当の局長（棚橋さん）は、神奈川からいろいろ情報を取り、最後には「ＫＳＰ事業を国の事業にしてくれないか」といってきた。次の産業政策への転換が遅れて神奈川に先を越されて、国の退勢挽回のためにそう言ったのではないかと思う。私は「ＫＳＰ事業は神奈川の戦略プロジェクトですから」と説明して断りました。そして、ＫＳＰ事業を民活法第1号に指定することを強く要請し、合意したわけです。

☆「松圭理論」は脱工業化・知識集約型経済への移行に対応できず

大矢野　もう1つ、松下圭一さんの議論との関連について。先ほど久保さんが言われた、農村型社会から工業化社会あるいは都市型社会への変化と同時に、脱工業化社会化が同時並行で進行している状況について、今のデジタル社会から見た時、格差社会が出てきている。この松下さんはこの状況をどう見ていたのでしょうか、お聞きしたい。

久保　松下圭一理論についてですが、農業社会から都市型社会、農業社会から工業社会への移行についての課題は非常にクリアに分析してくれたし、私は非常にそれに学んだ。ですが、神奈川や川崎で長年働いた私の実感から言えば、70年代後半から80年代初めには脱工業化の過程がすでに始まっていた、と思います。日本全体はともかく、少なくとも京浜工業地帯を持つ神奈川の場合は、脱工業化・知識技術集約型経済に入っていった。重厚長大産業が没落して京浜工業地帯では遊休地が続出し、京浜工業地帯はなくなるのではないかと言われるほどになった。松圭さんは、そういう現実をよく見ていなかったのではないか。そのため、長洲県政に対する正確な

評価ができなかったと私は見ています。

私がＫＳＰの社長時代に、松下さんはＫＳＰを見に来て、すごく感動し高く評価してくれた。「ＫＳＰは産業政策、科学技術政策、都市計画、環境政策を総合した見事なプロジェクトで、長洲県政の最高傑作で歴史に残る事業だ」とすごく褒めてくれた。しかし、残念ながらそれを論文に書かないまま死去してしまった。彼が最後に出した本を送ってもらいましたが、長洲県政については一行しか書いてない。しかも、文化行政のことだけです。長洲県政の全体像は何も触れていない。がっかりしました。

☆リサーチ・トライアングル・パーク視察－工業団地から研究所団地へ－
原田 1982年5月に、アメリカ訪問で、リサーチ・トライアングル・パークを視察し、その後スタンフォード大学も訪問しています。リサーチパークの報告はどのようにしたのでしょうか。
久保 東海岸から西海岸まで30日かけて視察しました。平尾光司（元長期信用銀行副頭取、専修大学教授）さんが「アメリカに行ったら、リサーチ・トライアングル・パークをぜひ視察して下さい。参考になりますよ」とアドバイスしてくれました。それでワシントンで1週間視察、交流した後ノースカロライナ州のリサーチ・トライアングル・パークに行きました。ここにはローリー、ダーラム、チャペルヒルという3つの都市があり、アメリカで一番博士号取得者の比率が高いところで、高学歴の研究者・技術者が多い地域だそうです。このパークを見学しましたが、広大な深い森の中にアメリカを代表する企業の研究所がありました。ＩＢＭとかＧＭとかの研究開発センターが森の中に点々と並んでいる。私はこれを見て「日本はまだ工業団地づくりで騒いでいるが、アメリカはもう研究開発センターを集積する時代なのだ。日本もこれから研究開発センター団地の時代になる」と思った。しかし、日本では広大なパークの中に研究所を誘致するのは難しい。日本では狭いところに集積するしかない、大きなパークの中にインテリジェントビルを創り、ここに研究開発機能を集積すればいいのではないかと思った。それを長洲さんにも進言した。そこにインキュベート機能とか研究開発機能等を統合すれば、日本らしいサイエンスパークができるのではないか、単なる研究所ビルではなく、イノベーション・センターを

創れるのではないかと進言したわけです。

　それから、スタンフォード大学に行き、エマーソン教授に会いました。エマーソンさんはマンスフィールド大使のもとで公使だった方です。横浜に時々来てくれて、長洲さんとも親しく会話をかわし、私も何度か同席しました。久しぶりにお会いするのでとくにサイエンスパークの話はしませんでした。スタンフォード大学は初めてですが、敷地の中に飛行場まであるのに驚きました。有名なフーバー研究所にはロシア革命のビラまで収蔵されていると聞きました。スケールの大きい大学ですね。エマーソンさんの話で印象に残っているのは「日本人はモノを考える時じっと動かないが、私たちは森や林の中を歩きながら考えます」と言っていたことです。

☆サイエンスパーク、文部省基準でない大学院＝ＫＡＳＴは誰の発案か？

三好秀人　アカデミックな質問ではないのですが、1984年ごろから県の工業試験場などの再編が始まるのですが、増田さんや志茂さんなどの若手職員のエネルギーが長洲県政を支えたのでしょうか。そのエネルギーで今でも頑張っている。

久保　県の職員労働組合は共産党系が強かったのですが、工業試験場は社会党系が強く、拠点だった。私はＫＳＰの社長の時、KSPに併設された県工試の技術者を主体としたＫＴＦ（神奈川高度技術支援財団）の理事長も兼務していたので、親しく付き合っていました。改組された産業技術総合研究所も含めて、彼らが協力してくれたので「頭脳センター構想」は順調に展開できたと思います。

原田　頭脳センター構想の具体化・事業化に向かうなかで、1984年のＲＡＤＯＣが呼びかけた全国交流大会で、ＫＳＰに直接つながる＜総合科学技術団地＝サイエンスパーク＞が提起されます。上記のように、1982年に久保さんがアメリカ視察の時には、まだ、＜リサーチパーク＞だった。＜サイエンスパーク＞は誰が言い出したのでしょうか。

久保　当時は、協力者の学者がいっぱいいた。その１人、東京理科大学教授の権田金治さんは、国の科学技術政策が専門ですが、地域の科学技術政策にも強い関心を持っていた。サイエンスパークにも詳しく、積極的に発言していたと思います。様々な専門家、学者の交流のなかで、サイエンス

パークという言葉が広まったのではないか。時期的には、ＲＡＤＯＣの全国交流大会があり、そこで決議された「提言」を持って、ＲＡＤＯＣ会長の井上潔・井上ジャパックス研究所社長から、長洲知事に対して「サイエンスパーク」建設が提案された。ここから正式に、サイエンスパーク建設が具体化に動き出します。

原田 もう１つ、それとの関係で言うと、「頭脳センター構想に関する提言」（1980年10月）に載っていますが、「文科省基準の大学ではない大学院大学」を検討すべきという考え方も出ています。そういう発想は、やはり、長洲さんから出てきたのでしょうか。そこから、ＫＳＰモデルを構成するＫＡＳＴ＝神奈川科学技術アカデミーが創造されます。

久保 文科省基準によらない大学院大学の構想は、斎藤進六さんでしょう。斎藤先生は材料科学の権威で、当時（1977年）は東京工業大学学長でして、後に（1983年）、長岡技術科学大学学長に就任します。彼は、日本の大学の実態が非常によく分かっていて、日本の大学にないものを作らないとダメだと、長洲知事に進言したと思います。斉藤さんの長洲さんへの信頼感も非常に強かった。斎藤さんは長洲さんがいたから、ＫＡＳＴはできたのだと言っていました。斎藤さんは1989年のＫＡＳＴ＝神奈川科学技術アカデミーの設立に参加し、初代理事長に就任しました。私はＫＳＰの社長とＫＴＦの理事長を兼ねていましたので、斎藤先生とお茶を飲みながらよく懇談しましたから「かながわサイエンスパーク」の三本柱の連携は大変スムースでした。

☆ＫＳＰモデルの国際的普及―ソ連のサイエンスパーク―

原田 ＫＳＰモデルは日本の戦後初の画期的な事業だと思います。日本では、戦前の理研モデルを継承したものですが、ＫＳＰが出来たとき、現在までですが理研モデルは全然問題になってない。つまり、全くゼロからＫＳＰモデルはできた、あるいは創造されたわけです。それがどういう経緯でできたのか、私は知りたい。公表されている一応の経過はわかりますが、誰がどういうアイディアを出し、どういう議論がなされてできたのか、はまだよくわからない。とくに研究開発機能ＫＡＳＴは当時の日本の大学には欠如した機能ですから。馬場さんは最後は知事の決断でＫＡＳＴ

新設が決まったとのこと。研究開発機能がないサイエンスパークはないわけですから、久保さんがアメリカでヒントを得てきたのか、久保さんの報告がどこまで共有されたのかを知りたかったわけです。

久保 一言で言えば知識経済の時代は、科学技術と産業の距離が短かくなり、直結し始めたということでしょうね。この間、元国民経済研究協会の理事長、会長だった竹中一雄さんに久しぶり会ったのですが、竹中さんは、昔モスクワに行った時、郊外にあるサイエンスパークを見学させてもらった。その時サイエンスパークの責任者が「これは神奈川サイエンスパークをモデルにして作った」と言っていたというのです。「研究成果の事業化に関心がある」と言っていました。

竹中さんに言われて思い出しましたが、ＫＳＰ社長の時ロシアに招ばれてモスクワ郊外のゼレノグラード（緑の都市の意味）で「サイエンスパークとは何か、どういう機能が必要か、インキュベートとは何か、スタートアップ企業をどう発掘するか、技術シーズを生み出す研究開発機能をどう創るか」といったテーマで講演したことがあります。ゼレノグラードは冷戦時代には秘密都市で、ここで軍事技術や兵器の研究、開発をやっていた。外国人は一切オフリミットだったが、今やっと外国人を迎えることができるようになった。久保さんは第一号だと言われました。会場には100人ぐらいの研究者、技術者がいました。彼らはＫＳＰに併設されたＫＡＳＴ（神奈川科学技術アカデミー）とＫＴＦ（神奈川高度技術支援財団）に強い関心を示しました。

この講演はその後、ＫＳＰの写真を表紙に載せたパンフレットになり、軍需から民需への転換を模索する研究者、技術者たちを刺激したようです。今ではロシアにもいくつもサイエンスパークがあるようで、私のところにロシア語のニュースを送ってきています。この時のロシア語のパンフレット、ＫＳＰにも何冊かあったのですが、もうないようですね。私も数部持っていたんですがなくなってしまった。記念すべきパンフレットですね。

☆**アジア・サイエンスパーク協会ーＫＳＰで生まれ、韓国が育ててくれたー**
久保 ＫＳＰ建設を計画した頃、欧米にはすでに数百のサイエンスパークが

ありました。日本ではＫＳＰが最初です。アジアは遅れていました。そこでまず日本を含めアジアに拡大しようと、1997年12月、ＫＳＰの呼びかけで「東アジア・サイエンスパーク交流会議」（日本、中国、韓国、台湾の8サイエンスパーク参加、於・ＫＳＰ）を開催しました。この時韓国から参加した金泳鎬教授－彼は後に金大中大統領のもとで経済産業大臣を務め、「テクノパーク建設」に関する特別立法を作り、韓国におけるサイエンスパークの生みの親になった人ですが－の提案で「東アジア・サイエンスパーク協会」を結成することになりました。そして2000年9月瀋陽で開かれた第4回会議で「東」を外し「アジア・サイエンスパーク協会・Asian Science Park Association＝ＡＳＰＡが発足し、私が創立者ということで初代会長に選出されました。

　ＡＳＰＡはその後も拡大し、現在は豪州やサウジアラビア、イランなどにも拡大し、30カ国、100以上の会員がいるようですが、ここまで拡大したのは常設事務局を担ってくれた韓国のおかげです。ＡＳＰＡは日本で生まれましたが育ててくれたのは韓国です。

　私の後にＡＳＰＡ会長になった韓国慶北大学教授イ・ジョンヒョン（李鐘玄）さんは「サイエンスパークをつくれという指示をうけ、世界中を見て歩き、どこに行ってもよく分からなかったが、ＫＳＰに来て久保さんの話を聞いて、サイエンスパークとは何か、どう作ればいいかがよくわかった」と言ってくれた。嬉しかったですね。これを機に2人はまさに刎頸の友になりました。ＡＳＰＡを大きく発展させたのも彼の功績が大きい。テクノパークの数も韓国の方が日本よりずっと多い。

　中国ははじめ日韓より遅れていましたが、今ではアジアはもちろん世界一のサイエンスパーク（高新技術産業開発園区）大国になっていますし、北京大学、清華大学などの大学発ベンチャーも数多く、この中には世界的大企業に発展した企業もたくさんあります。

原田　日本は、ＫＳＰをこれだけ苦労して作りながら、テクノポリス政策に見るように、日本政府はＫＳＰモデルを全国に普及・拡大させようとはしなかった。韓国との圧倒的違いですね。

趙　佑鎮　2つだけ申します。1つは「グローカル」（GlobalとLocalを合わせて合成後）という考え方、言葉です。今の話にも繋がっています。大学

での人材育成も今はグローカルです。グローカルを思想的に、そして実践的に最初に推進したのは長洲さんであり、久保さんだったと思います。このストーリーは絶対に残さなければならないと思います。私は多摩大学の学長室長も努めていますが、本学の寺島実郎学長もグローカル人材育成を強調しています。さきほどのアジア・サイエンスパーク協会の李先生は神奈川サイエンスパークが分かりやすかったといいましたが、それは久保さんの思想性の中にグローカルをきちんと組み込まれていたからだと思います。

　２つ目にぜひ申し上げたいのは、最近の地方分権運動や政治の体たらくは、韓国も日本も同じだということ。こういう時、昔だったら地方政治家、例えば知事の中からニュー・リーダーが登場するものですが、最近は全く登場していません。長洲知事のような３つの資質を持った（丸山教授があげた政治家の３条件＝イデオロギー、リアリズム、パーソナリティ）人がいない。何が言いたいかというと、原田先生の本に見るように、地方のリーダー、地方分権のリーダーが新たに登場する原点をもう一回確認する必要があると思います。

＜付記＞丸山眞男東大教授は1975年４月23日、長洲知事の就任の日に横浜に来られ、懇談した際、政治家の３条件を示され「長洲君は３つをすべて持っている。ぜひ成功して欲しい」と激励してくれた。

第5章

組織改革の展開
―人を活かし、時代ニーズに対応した組織再編・新設―

久保 孝雄

原田 長洲県政の構造改革の政策面を支えたのは、組織改革ですね。その特徴は、＜人を活かし、時代・地域ニーズの変化に対応した組織再編・新設＞であった、と言えるのではないでしょうか。

1 重視した職員の専門能力養成

「新神奈川宣言」で明示された「人間都市」づくりの観点は、まず、県庁職員の専門能力養成・政策形成として開始されます。知事就任の翌年1976年には、職員の大学院派遣研修、職員の自主研究活動支援、職員海外派遣研修がスタートします。

＜研修から研究へ＞の専門能力養成の改革は、研究チーム制度スタート（1977年）、第1回職員研究大会開催（1978年）、「自治体学研究」創刊（1979年）、公務研修所を「自治総合研究センター」に改称（1980年）、自治体学会設立（1986年）と次々と新たな事業展開が進められました。全国的にも、自主研究交流、自治体政策交流も展開される。

こうした職員の専門能力開発の拡大・発展が、新たな政策展開、組織再編・新設の推進力となり、長洲県政の分権政策・組織を支える核となったのではないでしょうか。構造改革を支える人材を育成した、と言えます。

2 行財政システム改革－財政危機克服から組織改革へ－

「人を活かす」観点から、長洲県政の「行財政システム改革」が展開されます。知事就任直後は、県の財政危機対策に忙殺されます。1975年に「2年間トンネル論」を打ち出し、1975～1976年度の2年間にわたり、全庁あげて財政危機克服に取り組みます。

同時に、組織改革も開始されます。1975年から県庁内の職員提案制度の充実が開始され、県民や地域の首長との討論会や懇談会（県民討論会、地域別首長懇談会、県・横浜・川崎3首長懇談会等）もスタートします。地方の時代シンポジウムや首都圏首長との連携などはその延長上に展開された事業です。

　時代ニーズの変化に対応した県組織改革は、継続して展開されます。1976年の国際交流課・基地対策課の新設、地方課の市町村課への改称を嚆矢に、翌1977年には企画機能の強化（企画部の純化・強化）を図るとともに、県民部・環境部の新設、地区行政センターへの権限移譲・機能強化が始まる。以後、企画機能の強化に伴う各部での「政策課」の設置、新しい部の再編・新設、現場の権限拡大、市町村への権限移譲が継続的に行われます。

　その際、事業と組織改革との時間差もあったことに注意しておく必要があります。例えば、情報公開制度は1983年にスタートしますが、1977年の「県民参加システム研究プロジェクトチーム」設置に始まり、1980年の「情報公開準備室」設置を経ています。ＫＳＰ建設は1978年の「頭脳センター構想」提起に始まり、1982年の「総合産業政策」提言、1984年のＲＡＤＯＣ提言などを経て、1986年に株式会社ケイエスピー設立・産業政策課新設を経て、1989年にようやくＫＳＰ建設に至る。10年超の長い期間を要した。そのモデルを構成するＫＡＳＴ設置に関係する科学技術政策分野の組織は、1977年の県試験研究会議・県試験研究連絡会議に始まり、1988年の県科学技術会議発足、1989年ＫＡＳＴ設立を経て、1990年に企画部内に「科学技術政策室」設置という長いプロセスを踏んでいます。それだけ、難しい事業でした。

3　専門人材（学者・研究者等）との連携
―長洲県政のブレーンをいかに迎えたか―

　長洲県政は、こうした組織改革と関連して、外部の専門人材（学者・研究者等）と連携して（委員会、協議会等の活用）事業展開を図りました。長洲県政が有能な人材＝ブレーンをいかに大事にしたかについてのエピソードを紹介しておきます。

　1つは、中村秀一郎専修大学教授です。中村教授は長洲県政の前の保守系の津田県政の産業、経済問題に関わっていた学者ですが、長洲さんから長洲県政に関わってくれるよう説得せよ、との「指示」があり、渋谷区の自宅を

訪ねた。私の仕事の第一号だった。私は、「長洲さんのブレーンになってほしい」と頼んだところ中村教授は「昨日まで津田さんのブレーンで、今日から津田さんに対抗した長洲さんのブレーンというわけにはいかない」と抵抗しました。私は「長洲さんと同じ経済思想持っているでしょう。今まで保守県政に協力したのは仮りの姿で、これからが本当の仕事ですよ」と言って説得した。中村教授は、「分かった。明日、津田さんに挨拶に行って、けじめつけてくる」ということになった。

　２つ目は、都留重人さん。都留さんはハーバード出身で一橋大学の学長もされ、戦後の「経済白書」第1号を書いた有名人でしたが、有楽町にあった事務所を訪ね「神奈川県の総合計画審議会の会長をお願いしたい」と頼んだ。最初は乗り気ではなかったのを、長洲さんと都留さんは一橋大で関係深いでしょう、一橋出身の長洲知事にぜひ力を貸してくださいと言って説き伏せた。都留さんは上機嫌になり「僕の名前をどう読むかね」と言って、政治的には「都に留まる重要人物」だ、と言って笑った。「文字通り東京都知事ですね」と言ったら「そういうこと言われた時代もあるよ」と言って引き受けてくれた。

　もう一つ大きかったのは、当時自治省の財政課長だった石原信雄さん（長く務めた官房副長官で有名）のアドバイス。神奈川県の未曾有の財政危機をどうするか。知事の予算査定が始まるまえ、誰に言われたか忘れましたが自治省の石原課長に会っておいた方がいいということになって自治省に会いに行った。よく会ってくれたと思います。石原さんは「私の先輩がこの間まで知事だったけど、神奈川県の財政は高度成長期に贅肉をつけすぎている、贅肉落としからやった方がいい。財政危機は使いようだ、危機だから色々やりにくいことをやれる」と、教えてくれ、その後も折にふれてアドバイスしてくれた。長洲さんも同じ考えだった。そこで、東洋一を誇るリハビリテーションセンターや子ども医療センターはじめ過度な補助金等を削ったりして財政再建への道筋をつけた。石原さんとパイプがつながったことも大きかった。

＜質疑応答＞
☆「県庁を政策官庁にする！」

第 5 章　組織改革の展開

原田　井上良一さんが指摘しているように、長洲県政は各部に「政策課」をつくり職員の提案制度とあわせて、課題を解決していくという新システムを創った。次の岡崎県政で政策課は廃止されてしまいますが、大蔵省出身の知事らしいことをやりましたね。長洲県政は、県庁の組織構造を変えようとしたわけで、これはすごいことです。政策イノベーションを支えた組織イノベーションだったと思います。その組織改革についてお伺いします。

久保　長洲さんは、「県庁を政策官庁にする」という基本理念を持ち、具体化したと思います。「企画部」を重視し、「政策官庁」としての県の中枢機能を担わせること、そして、各部に「政策課」を作る。そして、新しい社会状況・県民ニーズに合わせて、組織を変えていった。

　当時は、部の数まで法律で決められていて、神奈川県の場合は10〜12の部に決められ、局は設置してはいけないことになっていた。横浜、川崎の政令指定都市には局制度があったのに県には局がない。当時県の組織のなかで最も古く力を持っていたのは民生部です。明治以来の古いネーミングですが、長洲さんはこれを福祉部に変え、県民生活を担当する県民部、さらの環境部も創った。この組織改革は改革委員会を設置して進めた。長洲県政のこうした組織改革は、国からの縦割りで組織化されていた県の組織構造を大きく改革したわけで、以後、全国に広がることになった。長洲県政は全国に先駆けて、国の都合ではなく住民ニーズに対応した組織構造への改革を行ったのです。

　1つおもしろいエピソードを紹介しましょう。県の部長会議で何人かの部長が「本省では・・・」と発言した。長洲さんは怒って「これからは、本省では、と絶対に言うな」と厳重注意をした。当時は組織が国の省庁にになって全部縦割りでできていて、部長にも国の出先意識があったと言うことです。

☆「職員研修」から職員による「自治体の課題の研究」へ

大矢野　職員研修所を研究部に変えたのは、どういう経緯で行われたのでしょうか。「研修」を「研究」に変えるという改革は全国の自治体に広まったと思います。長洲県政はその口火を切ったと思います。

久保　研修所は、地方公務員たるべきものの持つべき知識、心得、礼儀作法などをを教える「公務研修所」だった。長洲さんは、そうではなく地方自治の課題を研究する「研究所」にするべきだとして、「公務研修所」を「地方自治研究センター」に変えた。私は、これは立派な改革だと思います。その後、この流れ（「研修」から「研究」へ）は、全国に広がりますね。さきほどの「政策課」や「市町村課」もそうです。

☆**長洲県政（構造改革政権）と分権改革を柱にした総括・評価を！**
原田　最後に１つ。私は長洲県政の成果が後の地方分権改革にどう組み込まれているのかという点に大きな関心があります。今まで、調べた文献レベルでは、そもそも、長洲県政の全体的評価がなされていない。分権改革は国と地方の機能分担がメインになっており、長洲県政の「地方・住民自治の構造改革」の精神・政策・制度は全く受け継がれていない、と思う。構造改革政権としての長洲県政の総括・評価が不可欠だと思います。

久保　長洲県政をきちんと評価するには、自治体の行財政論だけでなく政治、経済とか産業、科学技術などがわかる人でなければできないですね。普通の自治体学者は、今の地方制度を前提として地方自治体の行財政や広報、せいぜい市民参加などしかやっていない。しかも大半が市町村レベルの話です。都道府県論が少ない。ほとんどないと言ってもいい。長洲県政の全体像をきちんと受け止めて評価できる地方自治体学者はまだいないんじゃないでしょうか。

　長洲政権の特長の１つは、県政改革を絶えず国政改革への展望とリンクさせながら推進したことです。人事や政策での国からの自立、情報公開、産業政策、民際外交などはその一環です。

　風光明媚な葉山町の倒産したゴルフ場跡地に国際、民際、学術・文化交流拠点としての「湘南国際村」を作ったのも長洲さんの「地域に根ざし、世界に開く」という理念の具体化です。この構想づくりには都留さん、大来さん、佐橋さんなどが参加してくれました。総合研究大学院大学や地球環境戦略研究機関などが立地しています。私もハーバード大の日本研究センターのブランチ誘致に動いたことがあります。不発でしたが。

原田　地方自治70周年で総務省が記念論文を募集して、ホームページに掲載

しています。その中で「地方分権を真に進めるために」という題で、読売新聞論説委員長の田中隆之さんが、日本の憲法制定時にアメリカＧＨＱ側から提出された最初の案（これはボツになった）から検討すべきと主張しています。「現行憲法では、地方自治については４条しかなく、「地方自治の本旨」が規定されていない、「分権」も明確ではない」と。この指摘あたりも含めて、長洲県政（構造改革政権）と分権改革を柱にした総括・評価が不可欠だと思います。

(注) 田中隆之「地方分権を真に進めるために」（総務省「地方自治法施行70周年記念自治論文集」、総務省Webサイト掲載）。ＧＨＱ側提出の最初の案（地方行政の小委員会原案）は、地方自治体（都道府県、市、町、村）は、＜課税・徴税権、地方警察の設置・維持権、憲法・国会制定の法律と矛盾しない範囲のその他の統治権限、さらに、地方自治体の首長・議員の公選＞が提案されている（高柳賢三他編著『日本国憲法制定の過程Ⅰ―連合国総司令部側の記録による―』239頁、有斐閣、1972年11月）

第 II 部
KSPモデルの創生と展開

A = KSP（かながわサイエンスパーク）全景
B = イノベーションセンター東棟
C = イノベーションセンター西棟
＝ R&Dビジネスパーク

1992年7月2日　平成の両陛下、KSPご視察の際、説明する長洲知事と久保社長

第19回ASPA（アジア・サイエンスパーク協会）総会（2015年11月、於・KSPP）

第 I 章

ＫＳＰを軌道に乗せるまで

久保　孝雄

1　ＫＳＰ社長就任の背景－自民、久保副知事再任を拒否

　私は1991年6月にＫＳＰ（株式会社ケイエスピー）第4代の、常勤としては初の社長に就任しました。まず当時の背景から申し上げます。長洲知事は1991年4月の5期目の知事選挙も200万票の大量得票を得て、圧勝しました。しかし、万歳一色の雰囲気はなく、レイムダック化を避けながら長洲県政の総仕上げをどう進めるかということで、5期目の課題は非常に重く大きかった。

　第一副知事の宮森さんは、かなり早くから第一会派の自民党に対して「長洲5選の支持と久保副知事の再任」を求めて熱心に根回しをしていたようですが、「長洲知事の任期は5期に限る」という条件で了解するが、「久保副知事再任は絶対認められない」ということで話し合いは不調に終わっていた。宮森さんは真面目で嘘をつけない人なので、根回しの途中では私の部屋に1日おきに来て話し合いの状況を報告してくれました。ところが、ある日からぱったり来なくなった。廊下で会っても顔を背けるようになったので、不調に終わったことがすぐ分かりました。県議会議員選挙で長洲与党第一党の社会党が大きく議席を減らしたことも大きく影響したと思います。

　長洲県政5期目の最大の課題は、次はないと見られていたことから、レイムダック化を避けながら、長洲県政の総仕上げをどうやるかが最大の課題だった。これに対して自民党は長洲県政の継続を阻止し、県政を元の保守県政の軌道に戻すことを目標とし、そのためには久保副知事の再任は絶対に阻止するということで、足並みをそろえていた。交渉にあたった宮森さんには、次の知事候補にしてもいい、というようなこともちらつかせたようです。

　一方、長洲知事にとっては、5期目は総仕上げの時期で新しい政策展開は

第1章　ＫＳＰを軌道に乗せるまで

考えられないので、久保を副知事としてそばに置いておくことよりも、総仕上げの課題の解決、とくに創立５年目で危機に陥っていた長洲県政最大のプロジェクトであるＫＳＰを軌道に乗せるという仕事に起用することを優先したいと考えていたようです。

　ＫＳＰのトップは創立以来初代社長が岡崎嘉平太全日空会長、２代目が飛島建設社長の飛島　章、３代目が長洲知事で、いずれも名誉職でした。社長が３代続けて名誉職社長で責任体制が曖昧の中、副社長でＫＳＰ生みの親、「特許の神様」と言われ、インキュベータの責任者も兼ねていた井上ジャパックスの井上　潔社長のワンマン体制ができていた。経営の実務は専務で開発銀行から派遣のＡ氏、常務は安田生命のＢ氏が担っていた。社員の大半も出資企業からの出向社員で、ＫＳＰへの帰属意識は薄かった。

　Ａさんについては、雑誌「現代の理論」のパーティーで、たまたま同じテーブルにいた経済学者の宇沢弘文さんと名刺交換した時、「ＫＳＰの社長ですか、開銀からＡさんが行っているでしょう」と言われたので、「専務ですよ」と答えると、宇沢さんは「開銀は第３セクターにＡ君のような人しか出さないんですね。彼は本店では昇進できない人だった」と言っていた。

　こうした経営体制の下で、副社長が責任者を兼ねていたインキュベータが赤字を垂れ流し続けて出資企業や議会から不満が高まっていた。長洲知事の責任を問う声や、プロの経営者を出資企業から迎えるべきだという声も高まってきていた。しかし、こうした厳しい状況の中でも長洲知事は社長を民間に渡す気はなかった。県の責任でＫＳＰを軌道に乗せるということを長洲５期目の最重要課題として位置づけていた。この課題のために久保の副知事再任よりもKSP再建に起用することを考えていた。

２　ＫＳＰ社長就任へ知事命令下る−「社長はコンセプトを体現できる人」

　長洲県政５期目に入ってまもなく、1991年の5月中旬、知事に呼ばれて知事室に入った。長洲さんはいきなり「５期目の最大の課題はＫＳＰを軌道に乗せ、成果を上げることだ。民間からも常勤社長をつけないと企業として一人前とは見られないと言ってきている。ついては久保君にＫＳＰ社長をお願いしたい」と言われた。私は一瞬戸惑った。「貸借対照表の見方もわからない、経営にはズブの素人の私にはできそうもありません。ＫＳＰが危機にあ

ること、これを軌道に乗せることが5期目最大の課題であることはその通りですが、それだけに私には任務が大きすぎます。考えてくれということならお断りしたい。しかし、命令ならお受けするしかないと思います」と答えた。長洲さんは少し沈んだ声で「色々考えたけどこれは命令です」と言われ、「KSPは普通の会社じゃない。産業構造高度化を目指すキープロジェクトで、県主導の第3セクターであり、コンセプトが命だ。コンセプトを理解し、体現できる人でなければKSPの社長は務まらない。このコンセプトを作ってきたのは僕と君だ。我々には責任があるんだよ」と続けられた。私は「責任がある」の言葉に観念し、命令を受諾し、波高き第3の人生へのスタートを決意したわけです。結果において、この知事の決断は正しかったのではないでしょうか。

副知事退任式の後、知事の呼びかけで、日本で最初のサイエンスパークの立ち上げに向かう私を励ます会が横浜市内で開かれ、県庁内外から、特にRADOC系企業などから200名以上の人たちが参加してくれた。私は記念に少年時代からの詩歌集『はるかなる青春（はる）』を私家版で作って配り、日本で最初のサイエンスパークの立ち上げに向かう決意を語りました。

3　常勤社長第1号に就任して
―責任体制確立、コンセプト重視、新社風づくり―

歴代の著名な名誉社長に代わって、常勤だが無名の素人社長に就任した私は、全社員に大体次のように訴えた。

第1に、責任体制を明確にする。これまで非常勤社長で責任の所在が曖昧だったが、今日からは私が全責任を負うことを明確にした。

第2に、KSPは全国で例のないベンチャー企業を産み、育て、活躍させることが目標のユニークな会社であり、不動産賃貸業になってはならない（そのために「KSPコミュニティ」という別会社が作られている）。このコンセプトを貫徹することがKSPの使命であり存在意義である。

第3に、KSPは国・県・川崎市からの公的資金が入っている第3セクターであり、利潤追求の私企業ではなく、公的目標を追求する官民共同の会社である。しかし、3セクにはメリットと同時に社員がバラバラで腰掛け意識が強く結束力に欠けるデメリットがある。こうした弱点を抑えながら新し

い3セクのカルチャーを作っていきたい。そのため20数名程度の社員しかいないのだから、セクショナリズムを排し、ネットワークを組み、マルチ・フラット・オープンをモットーに新しい社風を作っていこう、と訴えました。

4　インキュベータの改革

　ＫＳＰのコンセプトを貫徹するには、日本初のインキュベータを機能させ、ベンチャー企業育成の実績を上げなければならないのは明らかで、ＫＳＰ改革の第1の課題は、5年間成果なしで赤字続きのインキュベータをどう改革するかだと考えました。

★インキュベータ責任者の交替へ

　しかし、実際には意外と難しい課題だということもわかった。責任者の副社長は、インキュベータは短時間には成果が出るものではなく、赤字は設立者である県が補填すべきだという考えだった。この考え方は正論ではあるが、県には議会のチェックもあり、県からの補助金には限界がある。しかも5年経っても成果がなく、インキュベータの運営にもいくつかの問題点が出てきていた。

　何しろ「特許の神様」と言われ、ＫＳＰの生みの親の1人でもある副社長（井上ジャパックスの井上潔社長）が責任者だったので、インキュベータ事業には誰も口出しができず、全てお任せのワンマン運営だった。これを改革するのは困難だと考えられていた。ある日、副社長と雑談していたら「久保さんの詩集を読みましたよ。実にくだらん詩集ですね。久保さんは詩人のようだが、詩人には経営はできませんよ。必ず失敗しますよ。長洲さんもとんだ人を社長にしたものですね」と挑発してきた。ここから口論になり「インキュベータの赤字垂れ流しで、ＫＳＰは経営危機です。「特許の神様」も経営は苦手のようですね」と返すと、「インキュベータは赤字垂れ流しでいいんです。それを補助金で埋め合わせるのが長洲さんの仕事なんだ。これからも赤字を出していきますよ」と強硬だった。

　私は「インキュベータ事業で収益を出せとは言わないが、貴重な公的資金を使うのだから、アントレプレナーを指導、助言してリスクを少なくする責任はあるはずだ。アントレプレナーに奇人、変人がいてもいいが、補助金で

女遊びをしたり、マイホーム資金に流用したりすることは許されない。それも成功のための肥やしだという理屈は、少なくとも公的資金の入っている3セクでは通用しませんよ」と反論した。こんなやりとりで激論を交わした後、私は思いきって、インキュベータの責任者の交代を促し、受諾に追い込んだ。KSP建設までの過程を考えると、彼は恩人の1人であり、断腸の思いだったが、KSP生き残りのためと決断した。しかし、他方、みんな腫れ物に触るようにしていた「特許の神様」を解任したので、社員の間に社長への求心力、信頼感が一挙に出てきたようにも感じました。

★インキュベートの仕組みづくり

そこで、後任を誰にするか迷ったが、NKK(日本鋼管)からの出向社員で、技術者だったH君に責任者を依頼し、いくつかの改革のポイントを指示した。

まず、スタートアップルームへの入居希望者の選考基準を明確にすること、技術開発計画、経営計画、資金計画を必ず作らせること、技術偏重ではなく人間的要素も含む総合評価にすること、そのためプレゼンテーションを義務付けること、このプレゼンテーションには経営幹部が全員参加すること、こういう方向でインキベート事業を改革してくれるよう指示した。

併せて、インキベート事業を理論化、体系化すること、特に新しい職種であるインキュベーション・マネージャーの資質、要件や業務内容、育成方法等について理論化するよう依頼した。

彼はその後、毎日のようにインキュベートルームにアントレプレナーを訪ねて指導、助言に精を出し、軌道に乗り始めた。しかし、そのうち特定企業に肩入れし出し、現場から不満の声があがったので、私はインキュベート事業に情実を挟んではならないと厳重注意したことがありました。

しばらくして論文を書いて持ってきたので、点検してみたが、内容も浅薄である上、日本語としての文章がなってなかったのでいろいろ手を入れた。ところが、彼はそれが不満で「素人の社長がなぜ私の文章を修正するのか。私は自信を持って書いたのです」と言われた。彼は一応国立大を出ているので、論文は書けるものと思っていたが、文章が論文の体をなしていなかったのには驚いた。しかし、彼はこの論文に自信があったのか、これを通産省に

持ち込み、担当者に認められたようだ。その後、彼は通産省に抱えこまれ、サイエンスパークやインキュベータ作りの全国オルグに出されたがうまくいかなかったようです。

★3組織連携で「KSPシステム」構築へ

　そんなある時、川崎市職員の小泉幸洋さんがシリコンバレーから帰ってきて報告に来てくれた。いろいろ参考になる話があったが、今も記憶に残っていることがある。それは、シリコンバレーには「バーバラおばさん」というキーパーソンがいるということだった。

　その時の話かどうかは、記憶は定かでないのですが、彼女は大学で心理学を専攻した人で、経営問題や技術問題はズブの素人だった。メンタルな悩みの相談は自分でやるが、それ以外の問題ではもっぱらオリエンテーションをやったが、このオリエンテーションが素晴らしかったという。経営問題や技術問題についてそれぞれのベテランを分野ごとに紹介した。それがアントレプレナーにとって大変貴重で適切だったようだ。それで「バーバラおばさん」はシリコンバレーで不可欠の人ということで大変有名になった。そういう話を伺いました。

　そこで、私は思いました。KSPには「バーバラおばさん」はいないけれども、それに代わるものとしてKAST（神奈川科学技術アカデミー）、KTF（神奈川高度技術支援財団）、KSP（かながわサイエンスパークの運営会社、インキュベート担当）の3組織で「KSPシステム」を作ってあるではないか。経営や資金の問題はKSP、研究開発や技術・特許問題はKASTとKTFが担う。この組織の連携がうまく機能すれば、「バーバラおばさん」以上の役割を果たすことができるのではないか、と考えてKSPシステムを担う3組織の連携を進めることがKSP成功の鍵だと考えた。私はKSP社長とKTF理事長を兼ねていたので、KAST理事長である斎藤進六先生や専務の額田健吉さん（東レリサーチの出身）とは頻繁に懇談を重ね、3組織の連携を密にするよう努力した。額田さんとは話が合い、彼は私を「偉大なアマチュアだ。科学はアマチュアだが科学技術政策のポイントはしっかり押さえている」と言ってくれた。斎藤進六、額田、私の3人はしょっちゅう会い、3組織の連携を図りました。

★プロパーによる体制構築へ－インキュベータ推進に志茂氏採用－

　もう一つ心を砕いた課題があった。それは人事問題です。幹部社員はすべて出資企業からの出向者で、社長に人事権は一切なかった。彼らは２年くらいで交代していくので、社長の意向よりも本社の意向で動くことが多かった。要するに社長の人事権など皆無の状態で、社長の意向は通りにくく、社員は烏合の衆のように思えた。そこでいくつかの出資企業に出向者の人事についての事前協議を申し入れたが、相手にされなかった。そこで、社長の意向が通じるようにするにはプロパー社員を増やし、幹部に育てていくことが大事ではないかと考え、社員の公募に踏み切ることにした。

　ここで、県の職員でありながら県の人事異動ではなく、私が強引に社員に採用した志茂　武君の話をしておきたい。元労働事務官で県に出向中、県職員に転換して川崎行政センター副所長になっていた平井静子さんがＫＳＰに挨拶に来て、「私初めて出先に行ったのですが、出先にも結構優秀な人がいますよ」という話をした。どんな人がいるのですかと聞いたら、志茂君の話が出た。彼は川崎市内の中小企業から非常に厚く信頼されていて、彼が中国に出張することになった時には、100人以上が集って、盛大な壮行会を開いていた。こんな職員は滅多にいないですよと言う訳です。

　そこで、私はこの話に飛びついて、県の商工部と人事課に志茂　武君をＫＳＰのインキュベータに採用したいと申し入れた。ところが、商工部も人事課も剣もホロロだった。「彼（志茂君）は仕事をほったらかして成田闘争に参加したり、札付きの不良職員だ。ＫＳＰのような花形職場に行かせるわけにはいかない」と強く反発された。私は「今ＫＳＰは危機にある。とくにインキュベータは危機だ。強化するには企業から信頼の厚い人をインキュベータに入れないとインキュベータ事業が成果を出せない」と粘った。しかし県は全く首を縦に振らない。では、知事に頼むしかない、と言うと「知事まで上げられると困りますよ」と言うので、だったら認めろ、とやり合い、半ば恫喝しながら、やっと実現した。志茂君を呼んでからＫＳＰに中小企業の経営者やＲＡＤＯＣ系の企業なども出入りするようになって、インキュベータ事業が軌道に乗り、活性化するという効果を生んだ（彼はこの時の実績で、のち横浜国大に招聘されている）。

他方で、職員を公募したところ、なんと10倍以上の申込があった。書類選考と小論文で3倍に絞って面接し、数名を採用した。別途、馬場昭男専務（県から出向）の推薦で、東京銀行出身の飯沼　契君を採用した。彼は、英語、中国語に堪能で、北京大使館の調査員も経験していた。馬場君が中国出張の時、飯沼君に通訳を頼んだのが縁で、ＫＳＰに関心を示したので推薦したとのことです。

　こうしてＫＳＰの活動は順調に回り始め、当時（平成）の両陛下の視察、アマコスト米大使、英国大使、ＡＳＥＡＮ大使団（10人）、メリーランド州知事、遼寧省省長、京畿道知事などの来訪、国内・海外からの視察団の急増（年間2000人）、KSP主催・誘致の各種イベントなどで最盛期は年間20万以上30万近い人が集まった。内外から社長である私への講演依頼も急増し、名古屋、京都、大阪、福岡、韓国（ソウル、大邱）中国（瀋陽、大連、上海）台湾（新竹）に何度も行った。ＫＳＰは日本とアジアのサイエンスパーク運動のリーダーになり、これが1997年の「アジアサイエンスパーク協会（ＡＳＰＡ）創立の基盤になった。

5　投資事業組合結成へ―「トンビに油揚げ論」で投資事業組合設立へ―

　懸案のインキュベータ事業も、徐々に軌道に乗り、上場を目指す企業が生まれてきた。これを目指して、都内からベンチャーキャピタル（ＶＣ）が次々にＫＳＰに出入りするようになってきた。

　当時ＫＳＰが育成したベンチャー企業で注目したのは３Ｄ技術（３次元立体造形技術）の草分け企業で、大手自動車メーカー３社に食い込み、スタート時は従業員数名、売上高年間3,000万円程度だった某企業が数年で従業員200名、売上高100億円を超える企業に急成長したことだ。社長のＹさんは通産省の委員に選ばれたり、朝日新聞土曜版の「フロントランナー」欄に大きく紹介されたりして「時の人」になった。時々食堂で会って励ましたりしていたのですが、だんだん態度が大きくなり、ある時手狭になったということで、お礼の挨拶もなく新宿の高層ビルに２フロア借りて引っ越してしまった。京都大学の有名教授に特別室を用意したり、「我が世の春」を謳歌する風情で、いくら説得しても上場には応じず独善的な経営を続け、やがて挫折してしまった。この事件はベンチャー企業の栄光と挫折、それを左右した経

営者の人間的器の問題を鮮やかに示した。

　そんな時、清水　周さんから「投資組合を作ってＫＳＰが育てたベンチャー企業に上場を促し、株式投資をすべきだ。そうしないとベンチャーキャピタルがどんどん入り込み、トンビに油揚げの甘い汁を吸われてしまいますよ」という提案が出された。馬場専務もこれに乗り、私の部屋に来て投資組合を作りたいと提案、私も話を聞いて即座に賛成し、第１号投資事業組合を10億円規模で設立することを決めた。ところが、これに対して、大口出資者である開発銀行とこれに説得された県の商工部が猛烈に反対してきた。

　私は抗議と説得のため、県の商工部長に会いに行ったが、長洲知事退任（1995年４月）後の県庁の雰囲気の急変ぶりに驚いた。昔財政課で資料のコピー等で飛び回っていた人が商工部長になっていたが態度が大きくなり、偉そうに反対論をぶった。要するに、経済、経営の素人の久保に投資組合は無理だ、という一点張りだった。

　投資組合は取締役会でも議論になったが、私は清水さんの言う「トンビに油揚論」を展開し、それが功を奏して、取締役会では多数で可決された。セコムの飯田社長の熱い応援もあり、1号投資組合は長洲退任2年後の1997年の1月に10億円規模（途中辞退社があり8億円）でスタートし、大きな成果を産んだ。現在は６号投資組合までいっているようで、これがＫＳＰの経営を大きく支えているのが現状だと思います。県の商工部や開発銀行の主張に屈し、投資組合を諦めていたら、ＫＳＰの経営は今どうなっていただろうか。

　話は戻りますが、社長である私の身辺にも長洲退任の影響が現れてきた。県から専務で来ていた人が私に話す言葉遣いも態度も様変わりに変わったのには驚いた。これまで非常に丁寧に話していた彼が、「・・じゃねえのかよ」とか、「・・じゃん」とか、そういう言葉で私に話しかけてきた。私はびっくりしました。要するに、彼は長洲側近である久保に反抗することが後任の岡崎知事への忠誠の証になると考えていたようです。

　社会党は何人かの革新系候補がいたのにも関わらず、これを抑え、岩垂代議士（社会党左派）と親しかった岡崎環境庁次官（元大蔵省）を口説いて知事候補にし、自民党も相乗りして知事になった。社会党の手前一応長洲県政の継承を謳っていたが、実際は長洲県政継承のカケラもなかった。反対に各部にあった「政策課」を廃止し、「政策は国」に戻すなど、長洲県政がやって

きたことを１つ１つひっくり返していった。社会党は「元大蔵官僚が候補になってくれた」と大喜びで、なんの抵抗もしなかった。左派が主流の社会党の実態はこんなものだった。私を候補にしようとしていた長洲後援会の責任者（木村敬元横須賀市助役）は憤慨し落胆していた（私はもともとその気はなく長洲さんにも話してあった）。知事の方針に沿って県庁の雰囲気もがらりと変わってしまった。権力に合わせる役人の変身ぶりを目の当たりにして私は愕然とした。岡崎知事から私は何度も煮え湯を飲まされました。私たちも政権交代をやりましたが、保守県政の中心にいた人に対してそんな失礼なことは一切しなかった。前知事をＴＶ神奈川の社長に迎えたり礼を尽くしました。もう思い出したくもないです。

＜質疑応答＞
★久保体制を支えるメンバー
原田　久保さんが社長になって久保体制を支えるメンバーはどうなったのでしょうか。いつの時点でできたのでしょうか。
久保　私が社長になるときに自信がないみたいなことを言ったので、長洲さんは馬場昭男君（横浜国大経済）を専務でつけてくれました。強力なサポートをしてくれました。私は社員と日常的に話しているわけではありませんので彼が社員とのコミュニケーションの主役でした。彼は県からの派遣でしたので信頼されてもいました。
原田　清水　周さんは何時からＫＳＰに入ったのでしょうか。
清水　周　ＫＳＰの最初からです。久保さんが社長で赴任する前から、ジャパックスの井上社長が副社長でしたので。インキュベート業務を担当していました。
原田　志茂さんは、井上さんが辞めた後に入り、インキュベータの責任者になったのでしょうか。
久保　井上さんがインキュベートの責任者を辞めた後に入った。インキュベータの責任者になったはずです。

★インキュベート－初期の井上時代は技術偏重－
原田　井上時代のインキュベートは赤字垂れ流しとのことですが、彼が辞め

た後のインキュベートはどう変わったのでしょうか。

久保 井上さんのワンマンコントロールで、すべて井上さんにお任せするということで評価も技術偏重でしたが、それを基準を作ってシステム化しました。いわば「お殿様」の趣味からビジネスに変えたのです。

原田 技術重視といっても、ＫＡＳＴとＫＴＦと連携していたわけですから、ＫＡＳＴの技術を事業化したのではないのですか。

清水 いやいや。最初はジャパックス研究所が持っていた技術・特許を使っていたけど、なかなかうまくいかなかった。持ち込んだ本人のインテリジェンスする技術でやっていた。

原田 でも、その起業家はどうやって集めたのですか。ベンチャー起業家になりたい人は、井上さんの時は、どうやって集めたのですか。

久保 井上さんは特許の神様って言われるほど、彼１人で、1000件の特許を持っていた。その特許をＫＳＰにどんどん提供してくれたんです。

清水 井上さんの周りには、その特許を使って起業したい人たちがいっぱいいたのです。

そういう井上さんの弟子みたいな人たちがインキュベートにチャレンジした。井上さんに非常に近い弟子たちが最初のアントレプレーナーになったのです。

原田 了解しました。5年間で何人くらい起業したのでしょうか。

清水 10社くらいだったのではないか。あまり成長した企業はなかった。

★インキュベート改革－起業家選抜基準等策定－

原田 井上さんがインキュベートの責任者だった時は、ジャパックスの井上さんの取り巻きの人たちをベンチャー企業に育てようとしたわけですね。

そうすると、井上さんの技術偏重からガラッと変えて、公募で起業家を応募するという方式に変えたわけですが、そういう発想はどこから出てきたのでしょうか。また、公募はうまくいったのでしょうか。

久保 清水さんも含めて、馬場君やみんなの意見を聞いて、社長の方針として明確にしたわけです。起業家は公募にすることにし、インキュベートルームに入りたい起業家に申し込んでもらうことにした。実は募集しなくても毎月何人かの申し込みはありました。ＫＳＰのことは神奈川新聞にも

日経新聞にもしょっちゅう起業家育成の記事が出ていました。それが広報になったのではないでしょうか。ＫＳＰの知名度は結構あったのだと思います。月5、6件の申し込みがあったので、選考基準を明らかにして選考過程を明確にするということが必要になった。井上さんと関係ない人たちが次々に来るようになった。

　それで選考基準・採用基準を作って、プレゼンテーションをやって、それでみんなで審査しようということになってきたわけです。私は経歴に社長在任8年間で117社のベンチャー企業を育てたと書いています。

★「ＫＳＰシステム」は検証が必要

原田　「ＫＳＰモデル」は、ＫＡＳＴがあり、その成果の技術シーズを事業化する点がポイントですね。ＫＡＳＴでの研究開発を知財の特許にし、特許を活用したベンチャー企業を育成するという点が一番の特徴なわけです。それがなければ、ＫＳＰはインキュベータだけになる。ＫＡＳＴとインキュベーションの関係を明らかにしておく必要があると思います。

久保　「ＫＳＰシステム」は、立派な組織だったと思います。しかし、十分に機能したかというと、していなかったのではないかと思いますね。文部省令によらない大学院大学は可能なのかという問題も提起していると思います。もちろんＫＡＳＴが生んだ技術でインキュベートされた企業はあるわけです。光触媒はどうだったでしょうか。

　ＫＡＳＴ、ＫＴＦ、ＫＳＰの3組織の連携によってベンチャーが続々生まれたという実績はあまりないのではないのかなと思う。そういう意味で「ＫＳＰシステム」は成功したのかどうか、検証してみないといけないと思いますね。その弱点があるから、ＫＡＳＴもＫＴＦも潰されちゃったのではないでしょうか。

原田　そういう意味では、私は、かつて、ＫＡＳＴを大学院大学院にすることを提言したことがあります。でも、そうはならなかった。川崎市のｉＣＯＮＭプロジェクトにも同じことが言えると思いますね。

　戦前の理研（これは拙著参照）は、財団で最初は研究費が不足していた。赤字なので、特許を売ろうとしたが当時の日本の企業は特許を買わなかった。それで、理研は自ら事業化、つまり、ベンチャー企業を立ち上げて事

業展開し、赤字を解消した。この理研の教訓をしっかりと、活かす必要があると思います。

久保 これは非常に難しい課題だと思う。研究開発には金がかかる。インキュベータにも金がかかる。これを赤字を出しちゃいけない。儲けろとどこまで言えるのか、これが非常に問題だと思う。行政はリスクの高い事業をストレートにはできないので、第3セクターを作った。公と民のメリットを生かそうとしたが、ここをどう解決するか非常に大きな問題だと思う。某電気メーカーの研究所長と話したことがありますが、研究開発は基本的には「千三つ」で1000のうち3つぐらいしか事業化しない、リスクは親企業が負担するしかない、と言っていました。もちろん1つでも2つでも事業化に成功すれば大きな成果を生む訳で、そこが目標なのですが。

★投資組合からのリターンの使途

原田 投資組合を創るとき、セコムの飯田社長が非常に好意的だったというのは、これはどういうことだったのですか。

久保 セコムの飯田社長が1億円出資を了解してくれていました。最終決定してもらうため挨拶に行ったのです。飯田さんは「ＫＳＰはとてもいい事業をやっていますね、1億円でいいのですか」と言ってくれた。私は喉から手が出るほど増額をお願いしたかったが、清水さんはいい顔をしない。私も遠慮してしまったが、おかげで1号投資組合は成功しましたね。

原田 私は、投資によるリターンは、戦前の理研が行ったように、まさに研究開発費にあてるべきだと思います。そういう資金循環をつくることが重要だと思います。3セクで、投資で利益が出ても、納税する必要などないと思います。そうでないと「ＫＳＰモデル」は完結しないと思いますね。

久保 それはその通りと思いますが今の税制では難しい。また収支バランス重視の自治体財政も大きな壁です。この辺をどう変えていくか考えないといけない。

★日本ではなぜサイエンスパークは成長・拡大しないのか

久保 もう一つ、私が考える大きな問題は、アジアでサイエンスパーク運動の先頭に立ったのがＫＳＰだったのに、今はアジアで最も遅れてしまって

いることです。韓国には20も30もテクノパークができているし、中国は日本より遅れていたが大学発も含め何百もの大型サイエンスパークができている。そこから世界的大企業がいくつも生まれている。日本はまさに「先発後進国」になってしまった。この落差は一体何なのか。サイエンスパークについても「失われた40年」と言える。これが日本の現実です。

　私がやった仕事で今も立派に残っているのはアジアサイエンスパーク協会（ＡＳＰＡ）です。1997年にＫＳＰの提唱で開かれた日中韓台の8つのサイエンスパークの交流会（ＫＳＰで開催）で創立されましたからもう27年経ちます。事務局は韓国の大邱にあり、慶尚北道が財政支援しているようです。私は2000年9月の第4回東アジアサイエンスパーク会議（於・中国・瀋陽市）で、アジアサイエンスパーク協会（ＡＳＰＡ）の初代会長に選ばれましたが、当時は歓迎のアドバルーンが空に舞い高揚した瀋陽の会場の雰囲気を思い出します。北朝鮮の代表にも挨拶された記憶があります。あのまま南北和解が進んでいたらと残念でなりません。

　現在は、終身名誉会長です。今も定期的にメールが送られてきていますが、今はベトナム、マレーシア、シンガポールなど東南アジアからオーストラリア、サウジ、レバノン、イラン、さらにロシアのウラジオストック、モンゴルなどにも広がり、会員も150くらいになっており、毎年各国持ち回りで年次大会を開いています。国連の諮問機関にもなっているようです。色々な仕事の中でもＡＳＰＡ結成はいい仕事だったと思います。ロシアのサイエンスパークからは、週3回くらいロシア語のメールがきています。

原田　例えば、インキュベータですが、私も新潟で仕事して分かりましたが、インキュベータの施設は結構できているが、入居するベンチャーや会社がない、それを支援する組織もなくなっている。地域間の格差はすごく、福岡などごく一部で進んでいるだけですね。ほとんどダメなところが圧倒的に多いですね。

　ただ、大学発ベンチャーはようやく、上昇・拡大してきていますね。拙著では、最後に、地域の総力をあげてベンチャー創業からベンチャー簇業へと、書きました。

　先ほど、久保さんがＡＳＰＡの初代会長に選ばれたと言われましたが、

その会議の時に久保さんが行った基調講演を久保さんからいただいております。＜知識経済時代を推進するサイエンスパークの時代＞の到来を強調している講演です。アジアはその方向で成長・発展しましたが、日本はそうなりませんでした。久保さんの卓見を記憶にとどめ、皆さんに見ていただきたいと思い、以下、全文を紹介させていただきます。

・・・・・・・・・・・・・・・・・・・・・・・・・・

＜資料：ＡＳＰＡ初代会長就任時大会での基調講演＞

ＩＴ革命、知識経済時代の
サイエンスパークの役割

― 第4回東アジアサイエンスパーク会議（2000年9月15～16日、於・瀋陽市）―

久保　孝雄
川崎市産業振興財団理事長
前ＫＳＰ（神奈川科技園）社長

　第4回東アジア・サイエンスパーク会議は極めて重要な時期に開かれた。今や、東アジア諸国は97年の経済危機から急速に回復し、まだ多くの課題を抱えながらも新たな成長の軌道に乗りつつある。特に中国は元の切り下げを回避しながら引き続き高い経済成長を持続し、東アジア経済の回復にも大きく貢献してきた。

　東アジア諸国の経済危機からの急速な回復は、世界経済の安定と発展に大きく貢献しており、今や中国を含む東アジア経済を抜きにしては、２１世紀の世界経済の展望を語ることはできなくなっている。
　また、今回の経済危機からの回復を通して、東アジア諸国の経済的相互依存はより拡大し、深化してきた。例えば、日本と東アジア諸国との貿易関係は1999年に入って急速な回復を見たが、その背景にはこの間の貿易と投資の

実績に示されているように、日本と東アジアの国際分業を通した相互依存関係の深化があった。現在、日本経済は10年近い長期低迷からようやく脱却の兆しを見せているが、これも東アジア経済の回復に負うところが大きい。そして、日本経済の回復が東アジア経済の成長に貢献することは言うまでもない。

　もうひとつ重要なことは、21世紀に向かってますますそのインパクトを強めつつあるＩＴ（情報技術）革命において、東アジアがハード、ソフトの両面で重要な役割を果たし始めたこと、むしろ世界のＩＴ革命を推進、加速し、世界経済のＩＴ化を牽（けん）引する役割を果たしていることである。中国はすでにパソコンやＩＴ機器の世界最大の生産基地になっているだけでなく、ソフトウエア開発でも急速な成長を遂げ始めている。
　中国の携帯電話の利用者は７千万人に達し、日本を上回ったほか、インターネット人口も2004年までには世界最大になり、世界一のネット市場が誕生すると見られている。ＮＩＥＳ、ＡＳＥＡＮ諸国のＩＴ化も急速に進展しつつあり、まさにＩＴ革命による「新しいアジアの奇跡」が起こる可能性が生まれている。

　1990年代後半から先進国で始まったＩＴ（情報技術）による産業革命は、社会の知識・情報化、経済のニューエコノミー化を進めているが、それは同時に知識経済（Knowledge-based Economy）化の進展でもある。従って、21世紀の産業活動は工業社会の時代に比べ、はるかに強く知的創造活動に依拠するようになり、知的創造のための社会的インフラである大学、研究所、研究開発型企業、さらに、これらを集積したサイエンスパークや研究シーズの産業化を図るインキュベータの役割が飛躍的に高まっていくと思われる。1980年代初め、欧米で始まったサイエンスパーク運動が、1990年代に入って世界各地に広がってきた背景はここにある。
　21世紀の知識経済の時代は、おそらく科学技術が新しい産業を生み、文化が経済を振興する時代になる。米欧はもとより中国、韓国などの大学では、人材育成と並んで産業育成を大学の主要なミッションの１つにしており、日本の大学も規制緩和の結果、漸くこの２～３年産学連携に本格的に取り組み

始めた。また、これまでは経済発展の余剰によって文化が栄えるというのが経済理論の常識だったが、21世紀に大きく飛躍すると思われるマルチメディア産業などを見ると、まさに文化が経済を振興することを如実に示しており、パラダイムの転換が起こりつつある。

> （注）日本におけるマルチメディア産業の市場予測をみると、1995年の29兆円が2010年には125兆円に、うち文化的創造力によるコンテント・ビジネスは、同じ期間に10兆円から70兆円に伸びると見られている。

このように、21世紀が知識経済の時代になり、科学技術やそれを生み出す大学や研究機関が新しい企業、産業を創りだすインキュベータの役割を果たす時代になることを展望すると、中小企業、ベンチャー企業を始めこれからの企業活動は、知的創造のための社会インフラである大学、研究所などと何らかの形でネットワークしないと新しい展望が拓けなくなる。とりわけ、これらの知的創造機能やビジネス・サポート機能の集積拠点であるサイエンスパークやインキュベータとネットワークしていくことが重要な経営戦略とならざるをえない。

ところで、サイエンスパーク、インキュベータのいずれも、東アジアではまだ生まれて日の浅い事業であり、当然、共通の問題や課題が多いことも事実で、情報交流、経験交流が極めて有効である。従ってそのためのネットワーク化を図ることは重要な課題であり、今回の第4回東アジアサイエンスパーク会議を主催された瀋陽市人民政府、瀋陽高新技術産業開発区の皆さんに、改めて敬意を表したい。

1997年、ＫＳＰにおいて日本、中国、韓国、台湾の8サイエンスパークの代表が集まり、「東アジア・サイエンスパーク交流会議」が開かれたが、これを受けて、翌年韓国で開かれた第2回会議で「東アジア・サイエンスパーク協会」が正式に結成され、昨年、台湾の新竹で第3回会議が開かれ、今回、瀋陽で第4回会議が開かれた。回を重ねるにつれて参加者が増え、今年の会議では日本、中国、韓国、台湾のほか、ＡＳＥＡＮ諸国、アメリカ、カナダ、オーストラリア、さらにＥＵや北欧諸国など23カ国・地域のサイエン

スパークの代表者が参加しており、常設事務局の設置や、将来の北朝鮮、インド、極東ロシアなどの参加も視野に入れて「アジア・サイエンスパーク協会」への発展的改組も検討されている。僅か3年間に驚くべき成長を遂げており、まさにIT革命時代を象徴する成長速度である。

東アジアで拡大、深化しつつある経済的相互依存は、東アジアの経済発展に大きく貢献しているが、21世紀の知識経済時代を展望すると科学技術の世界でも東アジア規模で相互協力、相互補完のネットワークを構築していくことが重要な課題になる。知識経済時代に最も重要な資源となる知的資源、頭脳資源をどのようにして豊かに蓄積し、開発し、産業化していくのか、まさに東アジアの力量が問われるのはこれからである。東アジアサイエンスパーク会議の誕生と発展は、こうした課題への大きな挑戦でもある。

すでに台湾・新竹と米国・シリコンバレーの間には国境を越えたテクノ・コミュニテイーが形成され、超国家起業家たちが活躍していると言われている（アナリー・サクセニアン「転換期の東アジアと日本企業」）。元々シリコンバレー成功の要因の1つはインド人、台湾を含む中国人たちの活躍であり、国境を越えた人材のネットワークである。多くのアジア人がシリコンバレーから本国に帰り、次々にベンチャーを起こし、IT革命の推進者になっている。

南北首脳会談の成功によって朝鮮半島に新しい情勢が生まれ、冷戦構造の最後の壁が崩れつつある。アジアに新しい風が吹き始めている。アジアの長い間の夢である「アジア共通の家＝Asian Common House」建設への可能性が芽生えつつある。体制や経済的発展段階の違いなどから、その実現は簡単ではないが、多様な努力の集積によってそれは可能になる。国境を越えたサイエンスパークのネットワークが将来の「アジア共通の家」のための礎石の1つになることを、心から希望する。

東アジアサイエンスパークのネットワークが目指すべきテクノ・アジアは、同時にシビル・アジアでなければならない。なぜなら、市民は科学技術

に対する大きな期待と同時に大きな不安を抱いているからである。科学技術のオリエンテーションのためには市民参加が必要であり、市民ニーズによる科学技術の評価と制御が必要である。

　また、ＩＴ革命に関連して言えば、東アジアではデジタル・デバイドの問題が深刻である。例えば、「ＩＴ革命の最先端」を誇るインドが深刻な社会格差を抱えていることはこの問題の困難さを示しているが、すべてのアジア諸国が、程度の差はあれ同じ問題を抱えており、対応を誤ると大きな社会的亀裂を生むことになる。この点でも経験と情報の交流が重要である。

　最後に、私が現在、理事長を務めている川崎市産業振興財団は、日本最大の重化学工業都市の１つである川崎市の委託を受け、大学を核とする新しいタイプのサイエンスパーク「新川崎・創造のもり＝City of Kawasaki Business and Universities collaboration center」の建設に取り組んでおり、すでに第１期分として慶応義塾大学が開設したＫ２（スクエア）タウンキャンパスが、去る７月３日にオープンした。川崎市としては北部のマイコンシティ、中部のＫＳＰ、南部の「創造のもり＝ＫＢＵ」、さらに市内に立地する、大学にも匹敵する研究開発能力を持つ企業研究所（20～30）、研究開発型企業をネットワークしながら、100年の歴史を持つ日本最大の工業都市の１つ・川崎市を21世紀型のサイエンスシティに脱皮させ、工業社会型の産業・都市構造を、知識経済時代の産業・都市構造に転換していく大事業に取り組んでいる。今後も皆さんの経験に学びながら、アジアサイエンスパークのネットワークのなかで積極的な役割を果たしていきたい。

第2章

ＫＳＰインキュベート事業の17年
―実績と課題―

株式会社ケイエスピー 取締役 　志茂 武

1 ＫＳＰインキュベート事業の沿革

　（株）ケイエスピーによるインキュベート事業は、我が国におけるインキュベータの先駆としての期待を担い、ＫＳＰ（かながわサイエンスパーク）完成より2年前、1987年10月池貝鉄工の旧建物を利用し開始される。以来、試行錯誤を繰り返し現在に至るが、その経過を整理する意味から、以下、変遷を3期に分け概観する。

(1) 第1期インキュベート
　　―濃厚支援から段階的支援へ―（１９８７年～１９９６年）

　当初、実施したのが「インキュベートＡ」事業。個人を対象に3年間の期限で部屋を提供し、社長の給料以外の室料、光熱費、人件費、開発費等を当社が事業開発委託費として負担。これらの資金は県からの無利子の制度融資13億円を充てる。投入資金は、対象者が法人化し事業の成果が出た段階で、成果使用料として回収するシステムである。資金提供、経営支援のほか、里親制度（起業をバックアップする中堅企業の選任）、イノキュレート（他社の知財を利用しての創業）と言ったユニークな試みもされた。入居審査も厳重に行われたが、これら厳重審査、濃厚支援として当初7件（プロジェクト）の支援を行ったが、その結果は予定通りの成果があげられない。その後は、支援を1億円以内と限定し、融資も取り入れるほか、対象企業も既法人化企業にも拡大し、5件の支援を行う。この結果、融資金は回収し、成長する企業も出るが、総じて所期の成果をあげられず、〝試行〟としてのインキュベートＡ事業は、12件で休止する。これら試行の損失は大きく、当社の累積損失最大時7億円弱のほとんどがこれに起因した。この総括は種々ある。技術評価偏

重、事業評価の不足、審査体制の不備等であるが原因の特定は難しい。しかし、技術開発から始めて事業に立ち上げていく事の困難さを味わうと共に、試行の中で多くの学習をした。（注1）

インキュベートAを総括し、力点を移したのが「インキュベートB（スタートアップ支援）事業」である。この事業は、KSPオープンと同時に開始する。スタートアップルーム（37及び75㎡の独立した部屋）を5年間、低価格、敷金無しで貸与し、経営・技術支援等を行う。インキュベートAが事業開始前にその事業の可能性を評価し、開発資金を援助するのに対し、創業・開発資金は自前で調達してもらい、その後の事業進展や、市場での評価を見ながら必要な支援を行う。一部企業には、融資、投資等の資金支援も行う。従来の「濃厚支援」に対して、「段階的支援」への転換である。

スタートアップ支援を行う中で、94年12月常設展示場の一部をパーティションで間仕切りしたシェアードオフィスを開設する。12～23㎡の小部屋で、貸与期間も1年とし、入居審査もより簡易とする。このねらいは、従来のスタートアップルームの賃料が創業企業にとって負担となっている事、また創業の実験、経営トレーニングの場と位置付けた事による。この試みは効果をあげ、入居希望も多いことから、徐々に増設を行い、現在では28室まで拡大している。この結果、成長に従いより大きな部屋に移動するKSPインキュベータの基本パターンが完成し、成長に応じた各種の支援も行われる。

(2) 第2期インキュベート
―創業支援から成長支援へ―（１９９７年～２００３年5月）

95年度の決算は、不動産バブル崩壊の波を受け、4期連続の黒字基調から一転し、大幅な赤字を記録する。賃料収入で固定費を賄うと言う当初システムの崩壊の中で、10周年を期し「第2の創業」を旗印に、全社あげての社内体制再構築を行う。人員削減、年俸制導入、グループ制導入、そして新規事業開始等である。その基本は「コスト・事業採算を意識した事業の取組み」である。（注2）

インキュベート事業の検討も行われる。インキュベートAの赤字流失は止ったものの、元来リスキーな創業支援でどう採算を取るかである。この結果実施されたのが成長支援事業である。97年1月出資金8億円を集め「KSP

1号投資事業組合」が設立され本格的に始動する。創業支援の次段階の支援で、具体的には創業企業で成長が見込まれる企業に対し、株式投資、社債引受け及び資本政策立案等の公開に至る経営支援である。支援対象も入居企業外へと拡大された。

この背景は、10年のインキュベート支援の中で成長し公開を目指す企業が出現している事、及びこれまでＫＳＰが築いてきたネットワークの中から寄せられる成長支援ニーズへの対応である。事業開始のため人材の拡充も行ったが、短期間に立上げ出来たのは、「第2の創業」の中で制度化された「ＫＳＰアソシエイツ（客員社員）」の支援に依る所が大きい。

成長支援に加え、交流事業として実施していた教育事業を、起業家育成の観点からインキュベート事業に取り込む。この結果第2期インキュベート事業は、「創業支援」、「成長支援」、「起業家育成」の3本柱のトータル支援事業として確立される。

99年4月には、ソフト支援を強化するため外部の企業と提携し有償のサービスを行う「ビジネスサポートセンター」を開設する。また「シェアードオフィス」、「スタートアップルーム」の拡張に努めるとともに、卒業企業のニーズに対応して、「ポストインキュベート事業」にも取組む。2000年には、ＫＳＰの全館は100％埋まり、インキュベータは76社で満室となり、入居待機社は10社を超えた。

この様な情勢を受け、01年1月、川崎市から新川崎地区でＫＳＰのブランチとしての「新産業創造センター計画」の提案がされ検討がなされる。当社が事業主体となり、川崎市、地域振興整備公団等の出資により建設する計画であったが、神奈川県等の慎重意見が強く断念せざるを得ず、最終的には市単独の事業として実施される。

(3) **第3期インキュベート**
　　―飛躍に向けての模索―（２００３年６月〜）

03年6月、初の専従民間人社長が誕生する。新任の山田長満社長は、民間での創業支援経験を基に「ベンチャー創出1000社構想」を掲げ、創出のための裾野拡大に注力する。03年12月、創業前支援策として、無料でスペースを提供し構想策定を支援する「ＫＳＰ夢オフィス」を開設する。課題であっ

たインキュベータのブランチ設置は、04年11月ＪＦＥ都市開発（株）と提携し、川崎臨海部の「テクノハブイノベーション川崎（ＴＨＩＮＫ）」の中核施設内に「ＫＳＰ―Think」をオープンする。ＴＨＩＮＫは、川崎市が民間と協力し推進する「アジア起業家村構想（アジア諸国のベンチャーを誘致しての日本進出、交流の拠点を目指す構想）」の一翼を担い、アジア企業の入居や研究開発型企業以外にも門戸を開く予定。賃料もＫＳＰの半値となっている。

04年4月、課題の「ＫＳＰ第2号投資事業有限責任組合」を、出資額6.1億円で立上げる。03年9月には、ＫＳＰインキュベータ初の株式公開企業が実現し、04年に入ると更に2社が公開する。この内出資企業は2社で、キャピタルゲインも得る。更にここ1～2年内に数社の公開が見込まれる。ＫＳＰの自立に向けた歩みが実現しようとしており、次の飛躍に向けた検討を始めている。

2　ＫＳＰインキュベート事業の現状
(1) 支援の基本方針

現在の支援メニューは、「創業支援」、「成長支援」、「企業家育成」の三本柱から成り立つ。支援の基本方針としては、次の三点が挙げられる。

第1は、「単なる場所提供のインキュベータではなく、支援中心のハンズオン型を目指す」である。我が国の多くのインキュベータがＩＭ（インキュベーション・マネージャー）置かない「場所貸し」と言われているのに対し、ＫＳＰインキュベータは7名のＩＭを中心に、施設・情報支援等のサポート人員を擁している。

第2は、「ファンドを有するインキュベータ」。創業支援のみでなく、企業家育成、公開までの成長支援というトータルな支援を行うインキュベータである。

第3は、「早期のサクセスストーリー実現を目指す」である。ＫＳＰの設立理念には「起業家精神に富む風土の醸成」を謳っているが、そのためには成功モデル（起業）を数多く輩出することだと思う。それがＫＳＰのブランドイメージを高める道ともなる。

（2）創業支援

　ＫＳＰの創業支援の特長は、「企業の成長に応じたスペースの提供と支援」にあると言える。標準的成長段階に従い説明する。

　①「ＫＳＰ夢オフィス」
　最初のステージである。以前はＫＳＰで創業を希望する人と個別に面談していたが、03年12月、シェアードオフィスの一室を利用し衝立でスペースを区切りオープン。1年を期限に無償で使用させる。定員は13名。担当ＩＭが決められ、構想策定に協力。時には外部アドバイザーも相談にのる。入居者は創業前が条件で、主に夜間、休日に利用。数ヵ月のリサーチ、ビジネスプランの検討を経て、自信が得られると創業に踏み出す。

　②「シェアードオフィス」
　創業後の最初のステージ。パーティションで間仕切りをした小スペース。現在、12、15、20、25、33、43㎡の部屋28室がある。このねらいは、経営トレーニング、創業の試行である。以前は、8㎡の小さい部屋もあったが、統合、拡張した。基本的にＫＳＰインキュベータは、ＳＯＨＯ的個人事業を意図しておらず、成長を目標としている。入居期限は、原則1年で、最長3年。賃料その他の入居条件は、（図表1）のとおりで、敷金、保証金を必要としない。

　③「スタートアップルーム」
　インキュベータの中心施設で、独立した部屋。当初は、37と75㎡の2種類であったが、その後入居希望者の増加に対応し、他のオーナーの協力を得て、増設を繰り返す。現在では、37、45、51、75、90、95、150㎡の部屋56室がある。複数の部屋使用も認め、最大225㎡とする。入居条件は、（図表1）のとおりで、敷金は無いが、原状回復費用としての保証金を使用面積に応じて預かる。

　④「ＫＳＰ－Ｔｈｉｎｋ」
　ＫＳＰ初のブランチとして、04年11月オープン。「ＫＳＰ－Ｔｈｉｎｋ」は、全て独立したスタートアップルーム仕様で、33、42、65、79、83、108㎡等の部屋24室がある。賃料等の入居条件は（図表1）のとおりで、敷金は無いが保証金はある。京浜臨海部に位置し、交通アクセスの点でＫＳＰに若干

劣る事から、賃料の水準はＫＳＰの半額程度になっている。ＫＳＰの賃料が高すぎると言う批判に、対応する面もある。前述の様に、「ＫＳＰ―Think」はアジア起業家村構想の一環でもあり、対象業種は限定しない。入居募集中の段階でありまだ空室も多く、現在5社が入居中、ブランチ運営と言う今後のＫＳＰインキュベータ拡大戦略の試金石ともなる事業で、注目される。

名　　称	シェアードオフィス	スタートアップルーム	ＫＳＰ―Think
対　象　者	これから事業を開始しようとする個人、又は創業間もない法人	これから事業を開始しようとする個人、又は創業間もない法人（設立5年未満程度）	
物　　件	12㎡～43㎡のパーテーションで仕切った小スペース	37㎡～75㎡の独立した部屋（最大225㎡）	33㎡～108㎡の独立した部屋
利　用　期　間	契約期間は1年都市、最長3年まで更新可能	契約期間は原則5年（最長、通算8年）	契約期間は2年、最長5年まで更新可能
敷金・保証金	不要	敷金不要・保証金1スパン（75㎡）当り500,000円（退去時の原状回復工事費用）	敷金不要・保証金は25万～50万円（退去時の原状回復工事費用）
賃　　料	5,250円／月㎡（使用料3,150円／月㎡　共益費2,100円／月㎡）	5,460円／月㎡（使用料3,360円／月㎡　共益費2,100円／月㎡）	2,705円／月㎡（共益費込み）契約は坪単価8,925円／月

図表1　ＫＳＰインキュベータ入居条件

⑤創業支援の内容

以上の様な各ステージの入居企業に対し、担当ＩＭが決められる。担当は、ステージが変わっても一貫してその企業の世話をする。ＩＭは入居者の成長段階、状況に応じた支援を自分の判断で行う事から、その結果については真価が問われると言える。対応出来ない事項は、後述の「ビジネスサポートセンター」に登録された外部の提携企業を活用する。この場合は有償支援となるが、県からの委託事業として無償で行う場合もある。「ＫＳＰアソシエイツ」の協力による支援も行われる。その他、ＫＳＰの支援の特長として、インターネットの活用がある。当社は、95年末からインターネットプロバイダ事業を開始している。入居企業のＬＡＮ構築を含むインターネット接続、システム運用代行、コンテンツ制作等のサイト構築の支援である。ネッ

ト上での支援サービス提供やネットを通じたインフォメーションサービスにも注力している。（参照http://www.ksp.or.jp）

（3）成長支援

　創業支援を行う中で、成長の見込まれる企業を対象に行う事業を「成長支援事業」と呼ぶ。支援姿勢の面では創業支援と明確な区分はない。但し、支援メニューの面では、「ポストインキュベート」、「ビジネスサポートセンター」及び「投資事業」を成長支援事業と位置付けている。

　①ポストインキュベート

　ＫＳＰインキュベータは、8年を入居の期限としている。期限満了を卒業と呼び、卒業企業でＫＳＰ残留希望企業には、西棟の他オーナー所有床及びＲ＆Ｄ棟への移転を勧める。現在も10社が残留している。但し、そのスペースは、西棟はほぼ満杯で、Ｒ＆Ｄ棟も小部屋は少なく、500、800㎡の大規模スペースが中心で、Ｒ＆Ｄ棟の小部屋の間仕切りが検討課題となっている。賃料は相場値段で、他に10～12ヵ月の敷金が必要となる。また更新契約は可能。これらを「ポストインキュベート」と名づけている。欧米のＳＰでは卒業企業が「アンカー企業」として、残留している例は多い。ＫＳＰでもこれまで4社が、500㎡を超えて成長しているが、内3社は更に成長し都内に移転している。その原因に賃料、人材確保難等が挙げられている。これらの課題を含め「ポストインキュベート事業」は、ＫＳＰだけでなく地域経済振興の観点からも大きな課題と言える。

　②ビジネスサポートセンター

　ビジネスサポートセンターは、99年4月開始する。外部ネットワーク活用による入居企業の成長支援の総称である。支援は原則として有料。あらゆるニーズに対応するワンストップサービスである。ねらいは、創業期の経営者に優先業務に専念させると共に、外部の専門家の活用を図るため、外部登録企業と契約を締結し、コストパフォーマンスの高い支援提供に努める。入居企業への周知、ニーズ把握を行い、最適の斡旋に努め、成約に至ると若干のフィーが入る仕組みである。現在の登録企業は、80社弱。サービスメニューは、次のとおり、多岐に亘っている。

会社設立、人材派遣・紹介・募集支援、研修、社会保険手続き代行・就業規則作成、記帳サービス・経理事務代行・税務申告、補助金申請支援、技術相談・コンサル、経営相談、資本政策策定、事業計画策定・株式公開支援、特許相談・出願支援、法律相談、資金調達支援、ＶＣ紹介、営業支援、翻訳、パンフレット作成・印刷、情報化支援、コンテンツ作成、電話秘書代行、オフィス家具斡旋、事務用品斡旋、不動産紹介、会議室貸出し、ＯＡ機器の貸出し等々のあらゆるサービスである。

この一部は、当社の固有の業務として行っている。現在、最も重視しているのが、人材確保支援。企業の成長を左右するのは人材問題である。そのため多くの人材紹介・派遣会社と提携し、特にネットによる人材募集に注力している。当社でも「ＫＳＰリクルートウェブ」を行うほか、共同での新卒採用、技術系学生対象のインターンシップ等も行っている。

次いでは資金調達支援。過去には運転資金の融資を行ったが、現在は国、自治体の制度融資が充実して来ているほか、最近は金融機関でもプロパー資金の無担保融資を積極的に行っており、その利用斡旋が中心。当社の資金支援の中心は、投資事業。更に、営業支援にも注力している。国、県の支援を受け、全国のインキュベータ10箇所と共同で、「ビジネス・インキュベータ・ジャパン」の活動を行う。内容は、入居ベンチャー企業と大手・中堅企業とのマッチング推進である。展示会への共同出展、マッチング商談会、ウェブサイト構築等を行っている。（参照：htts://www.bi-japan.com）

③投資支援

成長支援業務の中心は投資支援。当初は、投資と言うよりインキュベート支援の一環で、自己勘定で行っていた。一件当りの金額も100万円〜数100万円の少額で、会社設立時の出資金が多かった。その後、「第二の創業」を契機に、インキュベート事業の採算、更には当社の収益事業の柱を目指して、97年1月「ＫＳＰ第1号投資事業組合（1号組合）」を設立した。当初の出資金は、8億円であったが、現在は7億円。これまで25社に対し投資をした。投資企業は、ＫＳＰインキュベータ入居16社及びＫＳＰ関連企業。

1号組合は民法上の組合で、当社が業務執行組合員を担う。ものづくり系企業への投資が主で、金額は1社あたり2〜3000万円。投資ステージは殆どがアーリー。ファインディング、事前審査は、事業部内で行うが、市場リサー

チ、技術評価は外部識者の意見を参考にする。最終決定は、ＫＴＦ、ＫＡＳＴ、社内役員及びＩＭで構成する投資委員会で行う。投資パフォーマンスは、対象がものづくり系のアーリーであること等から、予定よりも遅れ気味であったが、03年9月から投資企業の内2社の株式公開が実現。更にここ1～2年で5～6社程度を見込んでいる。

1号組合の出資金消化により新たな組合の設立が課題となっていたが、04年3月に「ＫＳＰ第2号投資事業有限責任組合（2号組合）」を設立する。投資事業有限責任組合法に基づく組合で、出資金は6.1億円。中小企業基盤整備機構の出資支援制度を利用し、機構から2.7億円の出資を受けている。組合の基本的枠組みは、1号組合とほぼ同じである。但し、投資委員会には従来のメンバーのほか、公開ベンチャー企業の経営者を加えている。2号組合は、設立以来10ヵ月で10社への投資を行う。

投資事業は、ＫＳＰインキュベータの最大の特長である。全国の公的インキュベータでファンドを有するのは、多分ＫＳＰのみである。インキュベート支援における投資事業の意義は、次のとおりである。

第1に、企業の資金調達面でのエクイティ調達の導入である。従来の融資中心の資金調達は、創業時企業の成長のダイナミズムを阻害すると言える。

第2に、支援企業の経営への関与である。出資により担当ＩＭは株主総会、取締役会等に非常勤取締役又はオブザーバーとして参加し、重要事項の意思決定に参画が可能となる。

第3に、投資資金受け入れには、事業計画、資本政策等の長期的戦略策定が必須で、企業の成長にとり、この過程が重要である。創業期企業でも、将来の成長を目指すにはこれらが欠かせない。

ＫＳＰの投資事業は、ファンドの規模、投資額からも限界はある。しかし、自己勘定での初期出資、アーリー段階での組合投資、成長段階での提携ＶＣ斡旋等の組み合わせにより、大きな成果をあげている。同時に、投資事業導入により、当社の自立への展望を開けた意義は大きい。

（4）企業家育成

事業の中心は「ＫＳＰベンチャースクール」。04年度で13回を終了し、卒業生367名を数える。前身は、ＲＡＤＯＣ（神奈川県研究開発型企業連絡会

議）が開催した「神奈川経営者育成塾」。ＫＳＰオープン後、運営が移管され、事業採算の点で対象を考慮し、「ＫＳＰ新事業マネジメントスクール」として開催する。初代学長は、中村秀一郎多摩大学教授、学長（当時）。途中で名称変更され現在に至る。年1回、6ヵ月の期間で、金（宿泊）土曜日を中心に26日間、全200時間を超える長期の研修。受講料70万円。カリキュラムは、新事業立上げのための戦略（構想、マーケティング、財務、研究開発、組織、人事、知財等）及びスキルの学習と、自らのビジネスプラン作成より成る。我が国初の、ビジネスプラン作成をカリキュラムの柱に据えたスクールと言われる。また、企業家型人材の育成を目指し、アントレプレナーシップの獲得に力点を置く。インキュベート事業の柱の意味はここにある。

現在の講師陣は、学長柳孝一（早稲田大学大学院教授）、コーディネーター竹内倫樹（ソシオテック研究所会長）を中心に、ゲストスピーカーを含め、実践重視の陣容である。受講生は、アントレプレナー、大企業新規事業担当、中小企業後継者、起業家志望者等で、全国から参加している。スクールのもう一つの特長は、学習の場のみでなく、新事業の立ち上げを目指している事。そのため、卒業後の企業支援、スペース提供、資金支援等を積極的に行っている。作成ビジネスプランによりＫＳＰインキュベータに入居した例も数多く、ビジネスプランにより株式公開を実現した例も3件を数える。

スクール以外の企業家育成事業としては、入居企業や県内のベンチャー企業を対象とした新入社員研修、各種マネジメント研修、株式公開企業経営者等による講演会、法律改正・各種助成制度説明会等の研修、セミナー、講演会等を随時開催している。

3　ＫＳＰインキュベート事業の優位性と支援モデル
(1) ＫＳＰインキュベータの優位性

これまで述べて来た様に、ＫＳＰインキュベートシステムは、17年に及ぶ試行錯誤の中で構築された来たと言える。ここでその優位性について、改めて整理すると以下の点が挙げられる。

①ミッションの確立

各インキュベータが何を目指すべきかの「ミッションステートメント」は大変重要と言える。幸いＫＳＰの誕生の背景として、当時の長洲一二

神奈川県知事の提唱する「頭脳センター構想」や伊藤三郎川崎市長の掲げる「メカトロポリス構想」と言った高い志や明確な問題意識があった。そしてＫＳＰインキュベータは、単なる創業支援でなく、「独創的かつ創造的な知の形態を生み出す「場」であるサイエンスパーク」の中で、「新しい産業の創出、新しい価値観を持った人間の創出、それらを取り巻く新しい風土の醸成等」の高い理念、志と言うミッションを持ち、誕生している。当事者として、常にこれらミッションを肝に銘じて取組んでいることである。（注3）

②ハードとしての優位性

ＫＳＰは、敷地面積55,000㎡、建物延べ床面積146,000㎡の大規模な施設で、外観的にも優れ、パークの呼称に相応しくオープンスペースも広く確保されている。施設内容としても研究室、オフィススペースを中心にホール、ギャラリー、会議室、研修室、ホテル、郵便局、銀行ＡＴＭ、コンビニ、商店街、ミュージアム、観測ラボ、技術情報プラザ等の各種の業務支援施設、交流支援施設及び生活利便施設等のインフラが完備されている。またイノベーションセンター東棟及びＲ＆Ｄ棟は首都圏で数少ない研究開発用建物構造で、床加重500～1,000ｋｇ/㎡と堅牢で、更にガス排気、排水面からもクリーンルーム設置ニーズに対応している。

③ソフトサービス面での優位性

ハード施設の優位性と共に、ＫＳＰは7名の専従ＩＭを中心に施設・情報支援の人員を擁し、入居企業の要望に応じ、ハンズオン型の各種ソフトサービスを行っており、これがＫＳＰインキュベータの特長と言える。支援システムとして、「夢オフィス」、「シェアードルーム」、「スタートアップルーム」、「ポストインキュベート」等の多様なスペースの提供にあわせた「段階的支援」は、優れた特長と言える。また創業支援のみに限定しない、投資支援を中心に次の段階の「成長支援」までも含む「創業から株式公開までのトータル支援」もＫＳＰの特長である。更には、「ＶＢスクール」を開催し、企業家育成をインキュベータの柱に置いている事である。

④ＫＴＦ、ＫＡＳＴの存在及びネットワーク活用のサービス提供

ＫＳＰの固有機能を分担する（財）神奈川高度技術支援財団（ＫＴＦ）及び（財）神奈川科学技術アカデミー（ＫＡＳＴ）による各種のサービス提供、

及びIMの支援を補完する外部の専門サービス企業利用の「ビジネスサポートセンター」や「KSPアソシエイツ」等の外部支援ネットワークによるサービス提供もKSPインキュベータの優位性として挙げられる。

⑤立地条件、先駆者としてのブランド力

ハード面での優位性及びソフト面でのこれまでの工夫、努力と共にKSPの立地場所としての優位性は紛れも無い事実として挙げられる。京浜地域の中心に位置し、周辺に我が国を代表する企業の研究所、母工場、及びこれらを支える研究開発、試作対応の多くの中小工場、そして多くの大学の存在、これらの環境こそ起業家を輩出し、起業を育む環境に他ならない。入居コンペ、有望シーズ・起業家の発掘努力もあるが、起業志望者の集積は立地条件の優位性によるところが大きい。また先駆的インキュベータとしてのブランド力も大きな優位性である。更に努力を重ね、サクセスストーリーを実現し、ハイテクVB創出拠点としてのブランド力向上に努めている。

(2) 到達点としての支援モデル

次いで、KSPインキュベータの集約として、試行錯誤の中で到達した支援モデル及び取組み中のモデルについて説明する。

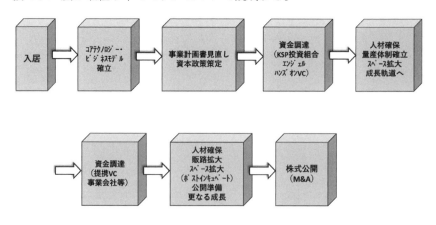

図表2　成長支援モデル

①成長支援モデル

（図表2）は、成功の支援モデルである。入居後、先ず取組むべきは、コア

テクノロジー、ビジネスモデルの確立である。当初の事業計画はあくまで机上の構想であり、実行してみると予想しない問題が生じる。ものづくりにおいては、特に難しい。この時期に先ず注力すべきはコアテクノロジーの確立で、その完成を待ち、事業計画の見直しを行い、時にはビジネスモデルの変更を行う。次いで新たな事業計画の下で、次の段階、成長への第一歩を踏み出す。当然の事だが、この時に資金が必要となる。資金調達は、出来れば融資でなく、資本市場からの調達を考える。勿論、外部からの出資を受けるためには、事業計画の将来性、優位性、株式公開の可能性が前提となる。外部からの出資を受ける際には、資本政策を策定し、経営者の長期的資本シェアの維持を考慮する必要がある。また事業の十分な成果が見えないアーリー段階で、出資するＶＣは限られる。この点で、ＫＳＰの呼び水的出資は意義が出てくる。初期段階での資金調達が実現すると、これら資金を基に人材確保や事業の拡大を進める。その結果として、成長が実現すると、更に多額の資金が必要となる。これに対応するのが、本格的ＶＣや事業会社で、ＫＳＰはその斡旋等に努めるわけである。これらを繰り返しながら順調に成長すると、株式公開等のサクセスストーリーが実現する。なお後半の段階になると、ＫＳＰはリードインベスターの役割を他のＶＣや証券会社等に委ねることとなる。

②ＫＳＰモデルからＫＳＰインキュベーションモデルへ

ＫＳＰのベンチャー企業支援機能は、中核3機関が機能分担をしながら目標を達成する仕組みとして発足する。ＫＳＰの全体計画の認定を受けた（株）ケイエスピーは、ビジネスインキュベーションを中心に交流事業、施設事業、（財）神奈川高度技術支援財団（ＫＴＦ）は、技術市場サービス事業、試験計測事業、（財）神奈川科学技術アカデミー（ＫＡＳＴ）は、研究事業、技術者教育事業、学術交流事業を担う。これら3機関の機能分担は、民活法により実施を義務付けられた事業のうち、事業採算に乗りにくい研究ラボ、計測ラボ等の運営を、県主導の公益法人として公的支援の下で運営すると言う意味があった。これら中核3機関が機能分担としながら相乗効果を発揮する―「ＫＡＳＴがシーズを生み、（株）ケイエスピーがインキュベートし、ＫＴＦが技術支援する」―この連携モデルは、「ＫＳＰモデル（図表

3)」と呼ばれる。このモデルは、97年以来設立される韓国テクノパークを中心に、中国、台湾等の東アジア諸国のサイエンスパーク建設に当って、成功モデルとして注目された。

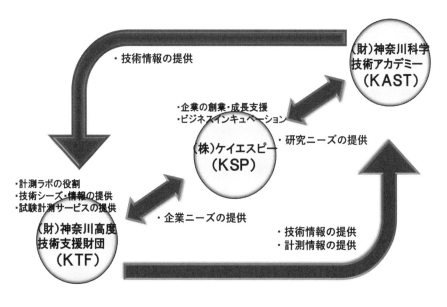

図表3　KSP中核3機関のネットワーク（KSPモデル）

　これら中核3機関は、各機関とも夫々は多くの実績をあげ、評価は定着しているが（KTF、KASTの成果は別項参照）、設立当初の目標である「21世紀日本を担うハイテクベンチャーのシステム的創出＝KSPモデル」の面では不十分と言える。その点では「KSPモデル」は理念的モデルと言え、それを前述「支援モデル」と統合し、具体的モデルとして進化させたのが、現在取組み中の「KSPインキュベーションモデル（図表4）」である。我々は、インキュベータ運営の中で、成長企業創出には、テクノロジー、ビジネスモデルの優位性が欠かせない事に気づきつつある。その面で、KAST、KTF関連シーズの技術水準は高く、成長の可能性も有ると考える。知の拠点である大学、そしてそのシーズに基づく創業が注目されている所以でもある。しかし、そのシーズを事業化するには多くの障害がある。企業家、事業計画、資金調達等である。これら解決の取組みが、このモデルと言えよう。

第2章　ＫＳＰインキュベート事業の17年

　具体的には、図のように、ＫＡＳＴの生み出した技術シーズ、ＫＴＦの扱う大学等の技術シーズの中から事業化につながるシーズを発掘し、研究者等の中から企業家候補を選び、ＫＳＰが協力し事業計画の策定支援を行う。その結果、創業に踏み出すと、ＫＳＰは会社設立を始め、各種の支援を行う。以後の支援は、前述「成長支援モデル」の手順に従う。このモデルの最大のポイントは、企業家の選定と言える。大学教授等に職を辞し企業家になることを期待するのは無理で、外部からのＣＥＯ招聘も過去の経験では失敗の可能性が高く、研究者等が対象としては最適と考える。対象者が創業に踏み切るかは、事業の将来展望、資金調達の可能性等に確信を持てるかであり、それらを含む事業計画の策定の可否がポイントとなり、そのことに協力する。このモデルに従い、現在ＫＡＳＴ発のＶＢを4社立上げ、当社は投資を含む幅広い支援をしている。この内、株式公開の近い企業も出つつあり、このモデルの推進に自信を持ちつつある。

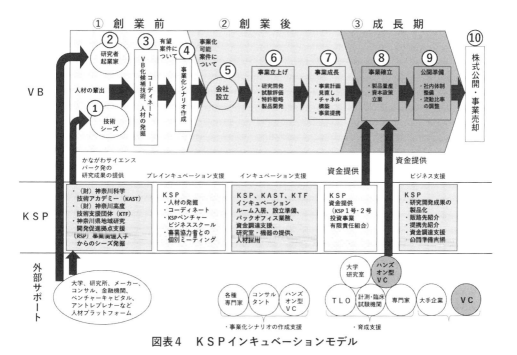

図表4　ＫＳＰインキュベーションモデル

4 KSPインキュベート事業の現段階での成果

　KSPインキュベート事業は、87年10月以来の長期に亘る試行錯誤の歴史及び我が国の先駆的インキュベータとして注目を受け開始した事もあり、その成果が問われて来たと言える。以下、改めて、定性的、定量的の両面からその成果について述べる。

(1) インキュベータとしての成長企業を生み出す仕組みを完成させたこと

　第一番目に挙げられることは、これまで縷々述べて来たように、試行錯誤の中で作り上げてきた、創業から成長までの支援の仕組みである。内容としては、創業前の構想策定支援に始まり、創業後の株式公開に至るまでの、成長段階に応じたソフト、ハードを含むトータルな支援システムである。特に、投資事業を中心とした成長支援、経営者育成を意図した企業家育成及び成長支援モデル、インキュベーションモデル等の各種モデルの確立は成果と言える。これら仕組みの優位性は、創業希望者の圧倒的不足、エンジェル・メンター・VC等の社会的創業支援基盤の脆弱な我が国の社会風土を補完する、我が国固有の仕組みとして構築されて来た事と言えよう。

(2) 多数の創業支援実績と成長企業輩出による地域経済への貢献

　インキュベータの事業開始から05年1月まで、17年4ヵ月間の創業支援実績は、卒業企業162社、現在入居59社の合計221社である。数の点では、我が国のインキュベータでは最大の実績をあげていると思う。なお、卒業企業とは、期限の到来及び他の理由で、インキュベータを退去した企業である。これら卒業企業162社の退去時基準の評価をすると、規模を拡大し成長した企業55社、廃業又は規模縮小企業53社、入居時と変化ない企業54社で、夫々3分の1である。最近、成長企業つまり規模拡大企業が若干増加しているが、その割合に大きな変化は無い。

　規模拡大企業を数多く輩出しているのが、KSPインキュベータの特長と言える。現在、把握しているだけで、従業員数100名超の企業は8社を数え、最大（グループ）で650名。年売上高で見ると、10億円以上が11社、最大で120億円である。最も成長し著名な企業は、（株）インクス（三次元CAD・試作金型）で、75㎡の創業初期から800㎡の成長初期まで支援をする。現在、

都内が中心であるが、登記上の本社はＫＳＰに残している。

　その他、成長を遂げて、著名な企業に（株）テクノメディカ（医療用検査装置）、（株）アップガレージ（自動車用中古部品販売）、（株）テンアートニ（システムインテグレーション）、（株）エフオーアイ（半導体製造装置）、（株）サキコーポレーション（プリント基板外観検査装置）、（株）メディアリンクス（放送通信用機器）及び（株）ミクロソフトウエア（システム開発）等がある。

　なかでもサキコーポレーション、メディアリンクスは、ＫＳＰインキュベータから生まれた成長モデル企業である。サキコーポレーション（秋山咲恵社長）は、94年、12㎡のシェアードオフィスで夫と二人で創業し、成長と共に7回の移転の末、600㎡を最後に、04年2月ＫＳＰを退去。都内の1,300㎡のオフィスに移っている。斯界の世界第一位を占め、急成長を続ける。メディアリンクス（林英一社長）も同時期に、16㎡のシェアードオフィスで創業し、同様に移転を重ね、現在は700㎡、近く500㎡の増床を行う。同社の非圧縮映像伝送装置は、アテネオリンピックでも採用されるなど評価は高く、着実な成長を遂げている。両社に対し、ＫＳＰはスペース提供は勿論、初期段階での事業計画作り、資金支援、人材確保、会計サービス等のほか、成長期での投資、人材確保、公開支援等の成長段階に応じた各種の支援を行ってきた。両社とも、株式公開は時間の問題である。

　上記の成長企業のほか、ＫＳＰインキュベータは、数多くのコアテクノロジー、ビジネスモデルに優れたベンチャー企業を輩出し、創業ベンチャーの集積拠点となっており、神奈川県、川崎市等主催のビジネスオーデションで常に上位賞を獲得するなど、地域のベンチャー風土醸成には、大きな貢献をしていると言える。

(3) 投資支援、企業家教育等による株式公開企業の実現

　ＫＳＰインキュベータ発の上記成長企業のうち、株式公開を実現した企業及びその市場は、（株）テクノメディカ（ＪＡＳＤＡＱ）、（株）アップガレージ（マザーズ）、（株）テンアートニ（マザーズ）の3社である。いずれも、ここ2年以内での実現で有り、更に今後1から2年で数社の公開が見込まれる。我が国のインキュベータの中で、複数社の株式公開企業を実現してい

るのは、ＫＳＰのみである。これはＫＳＰインキュベータが、創業支援に限定せずに、次の段階での支援である成長支援に投資事業を中心に意図的に取組んできたからに他ならない。

　因みに、これら投資事業のこれまでの実績を示すと、先ず、（株）ケイエスピーの運転資金活用の自己勘定投資は、10社に対し6,200万円の投資を行い、公開等により既に投資額以上の回収を実現している。更にＫＳＰ第1号投資事業組合は、25社に5億7,772万円の投資を実施し、2社の公開を実現するほか、今後更に数社の公開が確実視され、投資事業組合としても最終的には十分なパフォーマンス実現が期待されよう。また、昨年3月末組成のＫＳＰ第2号投資事業有限責任組合も、この10ヵ月で10社に1億9,515万円の投資をし、順調に推移している。以上の投資事業の合計は、45社（一部重複企業あり）に対し、8億3,487万円の投資実績となり、アーリー段階の呼び水的投資であることを考慮すると、ベンチャーの資金調達面での貢献は大変大きいと言える。

　また、株式公開企業実現実績の面で忘れてはならないのは、前述の企業家育成事業（教育・研修事業）におけるＫＳＰベンチャービジネススクール（旧名ＫＳＰマネジメントスクール）である。これらスクール受講の中で作成した事業計画（ビジネスプラン）の実践により株式公開を実現した企業に、インターネットセキュリティシステムズ（株）（ＪＡＳＤＡＱ）、ウインテスト（株）（マザーズ）等がある。

（4）雇用面及び税負担からの地域経済への貢献

　ＫＳＰインキュベート事業の最大の評価は、新たな企業の創出、成長による付加価値の創出である。付加価値額の推計は別の機会に譲るとして、雇用機会の創出面では以下のとおりである。ＫＳＰがこれまでに創業支援を行った企業は、前述のとおり221社。これら企業の雇用人員は、約3,000人と推定される。またＫＳＰ全体の就業者数は、現在、4,300人であり、ピーク時には4,500人を数えた。ＫＳＰ設立前の池貝鉄工溝の口工場は、300人程度の就業人員と言われており、ＫＳＰ設立により生み出された雇用機会は膨大な数であり、地域経済への貢献はその面でも大きい。

　更に税負担面での地域への貢献を述べる。（株）ケイエスピーの平成15年

度決算書（平成16年3月期）で見ると、租税公課（事業所税、固定資産税、都市計画税等）80百万円、所得課税（法人税、法人事業税、住民税）62百万円、合計1億4,200万円である。ＫＳＰ全体の租税公課（主に固定資産税、都市計画税）は、平成15年度で4億1,400万円と推定される。（株）ケイエスピーの設立以来の税負担額は、租税公課12億7千万円、所得課税2億6千万円、合計15億3千万円に達し、特に当社の場合は民活法の特例適用のため不動産取得税・新設事業所税の減額、固定資産税・都市計画税・事業所税の5年間減額及び当初の赤字決算と累損のため平成8年度決算まで所得課税が無かったにも拘らず、この様に多額の税負担をしている。更に、ＫＳＰ全体では租税公課だけを見ても78億円を超える税負担と推定され、ＫＳＰ設立による税負担面での貢献の大きさが立証出来る。

(5) 日本及び東アジアにおけるインキュベータ普及、啓発面での貢献

　ＫＳＰがインキュベーション事業を開始した当時は、その言葉すら一般的でなく、内容的にも全く五里霧中の状態で、前述のとおり多くの失敗と試行錯誤を繰り返し、現在に至っている。ここ数年は、国、自治体をあげてインキュベータ設置に取組みつつあるのは、ご存じのとおりである。現在では、全国に民間を含め300箇所以上のインキュベータが存在し、ビジネスインキュベーションの語も、常識語となっている。この様に我が国のインキュベーションの普及、啓発面で、先駆者であるＫＳＰインキュベータの果たした役割は大変大きい。

　また、国内に限らず海外、特に東アジア地域におけるインキュベータの普及に果たしたＫＳＰの役割も大きい。韓国、中国を中心に、海外からの視察団には、積極的に対応し、インキュベーションのノウハウの提供に努めた。韓国テクノパークを中心に中国高新技術産業開発区、台湾工業技術研究院（ＩＴＲＩ）等においては、ＫＳＰモデルが建設に当っての成功モデルとして活用された。当時、東アジア諸国では、海外からの企業誘致一辺倒の時代で、内発的地域振興策の一つとしてのインキュベータ設置の勧めは、興味を持って受け入れられた経験を有する。また97年、ＫＳＰがアジアのＳＰに呼びかけ開催した「東アジアサイエンスパーク交流会議」は、定例化され、その後、アジアサイエンスパーク協会（ＡＳＰＡ）として組織化され、本年11

月には第9回ＡＳＰＡ大会がＫＳＰで開催される予定で、アジアにおけるＳＰ運動、ビジネスインキュベーション運動の更なる飛躍が期待されている。但し、アジアにおける現在のＫＳＰインキュベータの状況は、「先発して後進の惧れ（久保孝雄、前ＡＳＰＡ会長、元（株）ケイエスピー社長）」の言のとおりで、現在では、韓国、中国、台湾の一部のインキュベータが、内容的にも先を歩んでいるのも事実と言える。

(6) インキュベータの自立的運営

　成果の最後として、ＫＳＰインキュベータが、株式会社として自立的運営を目指している事を挙げたい。日本の多くの公的インキュベータが自治体等の丸抱え的支援により維持、運営されているのに対し、当社は現在、全役職員がプロパーで、出向者は一人も無く、平成8年度以来8期連続して黒字決算を計上している。勿論、県、川崎市からの毎年の事業委託を受けると共に設立時の出資（両者で約10億円）や初期における多数の出向者等の支援があったことも事実である。しかし、沿革で述べたように、初期のインキュベート事業の失敗による累積損失も完全解消まではもう数年を要するものの、現在では、ほぼ自立した運営が出来ていると自負している。その基本は、「第2の創業」時以来、株式会社としての自立を目指し、事業採算を重要視した取組みを行って来たことである。創業支援と言う一見リスキーな事業を、事業の取組み方次第で公的支援無しに行い得ることを示している。

5　おわりに―ＫＳＰインキュベーション事業の課題と展望―

　以上、ＫＳＰインキュベーション事業の沿革、現状、そして現在の到達点等について述べてきた。将に試行錯誤の歩みであったが、当初の創業支援から成長支援、企業家育成を加えたトータル支援の枠組みを完成させ、支援メニューも豊富となり、支援モデルも固まりつつある。その結果、ようやく他に誇れる成果も出つつあると自負している。

　しかし、多くの課題を抱えていることも事実であり、最後にそれら課題の指摘と、解決方策、展望について触れる。

(1) 支援面での課題

インキュベーション支援体制の形は整いつつあるが、内容としては、まだまだ不十分と言える。特にＩＭのプロデュース能力が問われる。元来ＩＭの機能はコーディネートである。担当企業のニーズや発展段階に応じた最適支援体制を外部ネットワークの力も活用しながら構築する事が期待されているが、現実には支援体制、受け入れ態勢、企業側の資金負担能力等々の問題があり一朝一夕には行かない。基本的には、ＩＭと企業の間の信頼関係構築に懸かると言えるが、永遠の課題でもある。

(2) 投資事業における課題

　投資事業がＫＳＰインキュベータを特長付ける事業である事は、異論がない。但し、専門ＶＣと比較すれば評価能力、支援体制、資金量等まだまだ不十分と言える。現在のアーリーステージを対象とした少額の呼び水的投資の意義は認めるものの、投資企業に対して主導権を握るには限界がある。数十億円規模の新たなファンド設立が期待されるところである。その実現のためには、現状の第1号、第2号投資組合の投資パフォーマンス如何に懸かっており、投資企業の公開実現に向け、全力投球する必要がある。

(3) 日本の風土面での課題

　日本のベンチャー企業の創業環境、競争環境は大変厳しく、政府や自治体の規制緩和や支援策等の拡充にも拘らず、創業希望者の数は決定的に不足している。インキュベータとしても成長の可能性のある起業家をどう集められるかが鍵と言える。入居コンペ、有望起業家の発掘、意図的創業支援等の努力を更に強めると共に、ＫＳＰからサクセスストーリーを数多く生み出し、「日本のハイテクベンチャーのメッカ」としてのブランド力向上に更に注力する必要がある。

(4) 経営面での課題と展望

　バブル経済下、借入金依存で建設されたＫＳＰは、その後バブル経済崩壊後の地価下落の影響を受け、テナント料依存の当初収益モデルが破綻する。これに対応し、リストラと共に情報事業、投資事業、シンクタンク事業等の新たな収益事業を開始し、年々、累損、借入金を減少しつつあるものの、不

動産事業に代わる柱の事業を見出しえない状況である。しかも、ベンチャーブームの中で、民間インキュベータや低資産の公的インキュベータも急増しており、ＫＳＰの賃料の相対的高さが目立ち始めている。これに対して、より一層のサービス向上を図ると共に低価格のブランチＫＳＰ―Ｔｈｉｎｋの開設や大学インキュベータとの提携による新たな事業拡大のプロジェクトにも着手を始めたところである。また現在、最も期待できるのは、投資事業におけるキャピタルゲインの確保である。ここ1年から2年の数社の株式公開によるキャピタルゲインには大いに期待しており、これによる累積損失の解消は勿論、1号投資組合のパフォーマンス向上の実績をもって、数十億円規模の新たなファンド設立を実現し、当社の新しい地平を切り開きたいと考えている。

(5) 組織面での課題

　当社は、県、川崎市、日本政策投資銀行の公共セクター及び46社の民間企業の出資する第3セクターの会社である。いわゆる官民共同プロジェクトであり、官民の夫々の利点の発揮と言う語は、一見魅力的であるが、運営面で民間の力が発揮される事は少ない。確かに初期の資金集め、建設時には、民間の参加は大きな役割を果たすが、以後の運営には民間はあまり関心は無く、筆頭株主（各11.5％の持ち株比率）の県、川崎市の主導で人事、その他の重要事項は決定される。特に、第3セクター故に、時の首長や議会に対する配慮、政治的力学の存在は、大変厄介な問題と言える。これを象徴する問題に、ＫＳＰのブランチ建設をめぐる問題があったが、個人的には、当社のインキュベータ拡大の好機を逸したと今でも残念に思う。

　第3セクターと言うだけで、公共性と収益性の並存が当たり前と考えられがちであるが、私は、社会的に意義があるインキュベート事業を株式会社として市場経済の論理で徹底する事が、先ず地域社会からの付託に応える事だと考える。公益性に配慮するばかりに、経営が、甘えの構造、採算性を度外視する姿勢になりがちであることを、常に反省する必要がある。我々が目指すべきは、インキュベータとしての自立、行政からの自立、更にはインキュベータとしてのサクセスストーリーの実現であるが、その道筋は十分に描き得ない現状にある。

(注1):試行インキュベートAの経過については、(株)ケイエスピー発行「ベンチャー創造の歩み―KSPインキュベータ白書―」1994年、に詳しい。
(注2):「第二の創業」の取組みの経過、内容については、久保孝雄/原田誠司/新産業政策研究所編著「知識経済とサイエンスパーク」(日本評論社、2001年)、参照のこと。
(注3):KSP構想は、(財)先端加工機械技術振興協会「かながわサイエンスパーク構想調査報告書」1986年、参照のこと。

(出所)本稿は、新産業政策研究所研究年報『新産業政策研究かわさき』第3号(財団法人川崎市産業振興財団新産業政策研究所、2005年3月、同研究所長・久保孝雄)に掲載された。

第3章

神奈川科学技術アカデミー／KASTの15年

(財) 神奈川科学技術アカデミー 顧問　　額田 健吉
(財) 神奈川科学技術アカデミー 常務理事　馬場 昭男

1　KAST誕生前史
●総合産業政策で提起

　神奈川県政の歴史において、科学技術アカデミーの名称が始めて登場するのは、1983年1月、神奈川県総合産業政策委員会（座長　中村秀一郎専修大学教授（当時））が長洲神奈川県知事（当時）に提言した「かながわの総合産業政策」の中である。ここで、「総合」とは第1に、第一次、第二次、第三次という産業分類の突破であり、第2に、科学技術、エネルギー、雇用に加え福祉や環境など他の政策分野との総合であり、第3に、とくに県土づくり政策との総合化で、県内各地域へ政策展開を図るという趣旨であった。
　科学技術アカデミーについて、「提言」は次のように記述している。

「提言3　資源や環境の制約を克服し、新しい産業構造に向けて「頭脳型、高付加価値型」への転換
　(1) 略
　(2) 科学技術アカデミー設置の推進
　次代の技術開発を担う研究者、技術者を養成するため、科学技術アカデミーの設置を推進する。これは、従来の教育制度、研修制度にとらわれず、特定の校舎や固定した教授陣を持たない組織とし、最新の教育機器の活用やセミナー、シンポジウムの学習方式を取り入れた機動性のある教育を行う。」

「かながわの総合産業政策」は全部で32のプロジェクトを提言しているが、中村座長の、実現すべきプロジェクトの優先順位という配慮もあって、10の重点施策として、プロジェクトを再掲し、科学技術アカデミーについては、改めて、次のように述べている。

「重点施策3. 職業人のための教育研修システムの開発
　（前略）科学技術アカデミーは、大学卒レベルの職業人の創造性開発に寄与するような新しい教育機関である。企画運営委員会がカリキュラムを決め、講師を選定し、事務局が視聴覚機材への講義の収録及び配布にあたる。地元のテレビ局の協力を得ることもできよう。なお、セミナー、シンポジウムについては、他の機関と協力して集合教育を行う。これはＩＮＳ時代の未来型教育につながる試みである。」

　このように、科学技術アカデミーは「未来型の社会人再教育機関」として神奈川県産業政策の主要プロジェクトとして姿を現したのである。

　当時の神奈川県当局（商工部）は、しかしながら、既に中小企業技術者研修機関として（社）神奈川県工業技術研修センターを所管していたので、この提言の扱いに困惑し苦慮することになった。県当局は、同社団法人を改組して科学技術アカデミーにすることを委員会に提案したが、委員会メンバーの主力を占めていたベンチャー系企業社長から強い反発を受けてしまった。ベンチャー系企業は、中小企業基本法上は中小企業であったが、所謂下請け企業と異なり、自ら商品企画を行い、生産（ＯＥＭを含む）し、販売している点で、特定分野について大企業と互角の競争を行っていたため、人材の確保・養成が経営上の大きな課題であった。シーズメイキングな商品開発も念頭においていたベンチャー系企業にとって、職業訓練的イメージの強い同社団では納得がいかず、大学院レベルの科学的知見が吸収できる未来型教育機関である科学技術アカデミーを強く求めたものと思われる。
　しかし、県商工部（当時）としては、この問題を打開する目途がたたず、総合産業政策委員会からの提言は凍結せざるを得ない状況になってしまい、科学技術アカデミーが県政に再登場するには、県の科学技術政策の展開を待

たなければならなかった。

●科学技術政策で位置づけ

　神奈川県政における「科学技術行政」は、1978年5月、知事の勉強会として「神奈川県科学技術懇話会（メンバーとして前記中村秀一郎教授、権田金治東京電気大学教授、牧野昇三菱総合研究所長（当時）等が参加）」が設置されたことが転換点になっている。懇話会では、科学技術の現状と課題、将来展望、科学技術の光と影、科学技術者の倫理、科学技術と地域社会、科学技術と産業社会等々の幅広い議論がもたれた。知事は、懇話会での議論を踏まえて、神奈川の科学技術政策と産業政策の総合ビジョンである「頭脳センター構想」を正式に提起したのである。その後、科学技術行政の窓口となった企画部計画室科学技術班（当時）を事務局として、県立試験研究機関（以下「県試」）の相互連携や民間との共同研究等々のシステム改革、ソフトエネルギーモデル都市構想の推進と並んで、科学技術政策と産業政策の接点である「サイエンスパーク構想」についても議論を深めていた。

　1985年7月、県試の再編整備問題を契機に、県の科学技術行政の全体像を具体的に描くため、神奈川県科学技術政策委員会（委員長　齋藤進六前長岡技術科学大学学長、副委員長　中村秀一郎専修大学教授（当時））が発足した。同委員会は、2年余の議論を経て、1987年10月、「神奈川県科学技術推進のための基本方策について（地域からの知的創造をめざして）」と題して、知事に次の5つの提言を行っている。

「1.　神奈川県科学技術会議（仮称）の設置
　2.　県科学技術行政の総合性の確立
　3.　県試験研究機関の再編と研究機能の強化
　4.　（財）神奈川科学技術振興機構（仮称）の設立
　5.　神奈川サイエンスコンプレックス構想の推進」

　提言の「4.　（財）神奈川科学技術振興機構（仮称）」こそ、現在の（財）神奈川科学技術アカデミー／ＫＡＳＴが、神奈川県政に再登場した時の名称である。提言は、同機構について、次のように述べている。

「提言4．（財）神奈川科学技術振興機構（仮称）の設立
　地方における科学技術政策の確立は、その地方にとって県民生活の充実の面あるいは産業の発展にとって不可欠な手段となってきている。
　もとよりこれらの政策は、行政のみで確立されるものではなく、その地方の民間活力の結集によるところが大きく、特に神奈川県にあっては、優良農民漁業家や研究開発型企業の存在が多くみられることから、創造性ある研究への支援や異業種交流等他分野との知的交流の促進及び高度で実践的な教育による人材育成面に寄せる関心が高まっている。
　このことから、科学技術基盤の充実を図ることを目的とした「（財）神奈川科学技術振興機構（仮称）」を設立し、次の事業を実施していく必要がある。
① 　教育事業　［神奈川科学技術アカデミー（仮称）］
　　創造性豊かで高度な研究・技術人材の育成
② 　研究開発促進及び研究助成事業
　　研究開発の促進並びに産学公の有機的連携に基づく共同研究及び創造的研究の助成
③ 　交流、情報及び文化支援事業
　　国際科学技術交流の支援、研究者・技術者に対する研究交流及び情報の支援、並びに科学技術に係る文化事業の支援」

　提言は、（財）神奈川科学技術振興機構の概念図として、同機構を樹木に見立て、主樹に「教育」を置き、1本の枝樹に「研究開発促進」「研究開発助成」を、他の枝樹に「国際技術交流支援」「情報交流・文化交流」を位置付け、樹木の根を支える社会的主体として「公的研究機関」「大学」「行政」「民間研究所」「企業」を想定し、水遣りを行いつつ、「基金」を造成していく姿を描いている。

　神奈川県科学技術政策委員会の副委員長であった中村秀一郎専修大学教授（当時）は、同機構について、よく、次のように説明をしていた。余談ながら、中村教授は、口頭説明の段階では、「（財）神奈川科学技術振興機構」

という名称は使わず、「(財)神奈川科学技術アカデミー」という名称を使用していた。

「これ(神奈川科学技術アカデミー)は、現在の日本にはまだ存在していない大学院大学です。この大学は、土地や校舎等の固定資産をもたない、また、固定的研究者、固定的教育者を有しない流動的研究者、流動的教育者及び社会人研究者・技術者で構成されるところに特色があり、Virtual Graduate Universityとでもいうべきものです。」「学校法人として提言しなかったのは、現行の大学設置基準では、固定資産のない流動的人事システムの組織では大学法人として文部省(当時)から認可されないことが明白でしたし、また、知事の強い意向もあったので、財団法人として提言したのです。設置基準が変わっていれば、学校法人として提言したかもしれません。」

● KSPモデルで具体化

　当時、県立工科大学を設立すべきとの内外の有力な意見もあり、「神奈川科学技術アカデミー構想」はその意見との刷り合わせも求められていた。しかし、長洲知事には「大学設置基準に沿った組織には賛成できない。学校法人ではなく、違う形の大学院レベルの高等研究・教育機関を考えたい。研究も教育も専門家(教授等)の終身雇用は避けるべきだ。」という強い信念があった。当時、東京工業大学学長を退任され、長岡技術科学大学学長に就任されていて、設立予定の財団法人神奈川科学技術アカデミー(Kanagawa Academy of Science & Technology Foundation／KAST)の初代理事長就任を内諾され、当面神奈川県顧問の立場で知事へアドバイスされていた齋藤進六先生も「それで、いきましょう。」と賛意を示され、以後、齋藤、中村両先生をはじめ多くの学識者と、科学技術庁(当時)の神奈川県出向者や県庁スタッフとの共同作品として、流動性の高い研究・教育体制を基本コンセプトとする新たな「財団法人」の設立に向けた設計と設立準備が進められることになった。

　一方、神奈川県・川崎市と民間企業の共同作業体である「かながわサイエンスパーク構想調査研究会」が調査研究成果を取りまとめた「かながわサイエンスパーク構想調査報告書」は、サイエンスパークが求める諸機能(特に

「ラボ」機能）の具体化を、創設される（株）ＫＳＰに委ねていた。

1988年末に設立された、民活法に基づく第3セクター（株）ＫＳＰは、自らの主要事業であるビジネスインキュベーター事業については個人起業家を重点的に支援するＡ方式、創業直後の企業を支援するＢ方式にわけてインキュベーションシステムを設計していたが、前記「報告書」が（株）ＫＳＰに求めていた「ラボ機能の整備」は困難かつ厄介な課題であった。

「ＫＳＰ計測ラボ」については、民間計測ラボを誘致する動きも一時期検討したが、神奈川県工業所川崎支所を母体とする「神奈川高度技術支援財団／ＫＴＦ」の設立が急速に伸展したので、「測定ラボ」をＫＴＦが担うことは、関係者間で内々の了解ができていた。

「ＫＳＰ研究ラボ」については、ＫＡＳＴ設立の時期が特定できない段階であり、（株）ＫＳＰとしては、やむを得ず、科学技術庁（当時）／ＪＳＴによるＥＲＡＴＯプロジェクトの誘致や各大学のサテライトラボの誘致とかの検討が進められた時期もあった。しかし、県トップの三位一体システム（ＫＳＰモデル）への強い指示があり、最終的に、ＫＡＳＴが「ＫＳＰ研究ラボ」を担うことが決定した。方針が決定され、ＫＡＳＴ設立準備スタッフは急ピッチの作業が求められたのである。

その後各地で設立された民活法に基づく第3セクター株式会社は自ら「ラボ整備」を行う事態になって、その運営に困惑している事例をみるにつけ、また、アジア諸地域のサイエンスパークづくりにおいて、「ＫＳＰモデル」が参照される状況を鑑みるにつけ、改めて「ＫＳＰモデル」の先見性・先進性が明らかになったと思われる。

「かながわサイエンスパーク構想」の実現に奔走した中村先生やＲＡＤＯＣ（神奈川県研究開発型企業連絡会議；Research And Development Oriented Company）メンバーの熱意は、県トップの強い支持を受けて、産業政策・科学技術政策の出口を「研究開発型企業・ベンチャービジネスの誕生におくＫＳＰモデル」が、多くの関係者の様々な熱意・協力・努力・労苦によって企画段階から5～6年後の1989年に誕生したのである。

2　ＫＡＳＴの誕生

1989年（平成元年）6月のＫＡＳＴ発足時における齋藤初代理事長、長洲知

事のコメントは、第1に、「国」ではなく「地方」が科学技術振興に取組むことの歴史的社会的意義を強調している。当時は、地方自治法の改正があった現在と違い、科学技術振興は「国」の仕事とする理解が多数派であったことが想起される。第2に、科学技術振興と知的資源の集積こそ次世代の地域社会をつくる原動力であるとしてＫＡＳＴ設立の意義に触れている。

ＫＡＳＴ設立を報じるマスコミが、ＫＡＳＴ誕生を、「県立大学院大学の設置」として理解し報道していたことが、興味深く感慨深い。

基本財産目標額を40億円（神奈川県出捐額35億円に川崎市及び民間企業の出捐合計5億円を仰ぐため設立準備スタッフが奔走したが目標にはやや欠ける38億5400万余円の基本財源で発足し1994年・平成6年度に至って目標額40億円が達成された。）とするＫＡＳＴは、既に述べたようにその基本思想は決まっていたが、設立決定後一年足らずの間にあらゆる具体的な計画を作り上げ、それを実行に移すことはかなり困難な仕事であった。この間のＫＡＳＴ関係者の努力は特筆に価すると思われる。

ＫＡＳＴは、理事会、評議員会に大学人とともに大手、中堅、ＲＡＤＯＣ企業等の参加を得るとともに「アドバイザリーボード」を設置し、ボードメンバーとして国内外のノーベル賞クラスの著名な科学者を結集した。

発足時のＫＡＳＴ事業は、①研究事業、②教育事業、③学術交流事業、④研究等助成事業の4本柱で構成されていた。

ＫＡＳＴ研究事業は、研究期間5年の基礎研究型研究室と同3年の応用研究型研究室の2タイプで構成され、現在に引き続く「時限性／公募性／若手研究者登用」の三原則に基づく「流動研究プロジェクト制度」が打ち出されている。創立の翌年度（1990年・平成2年）には、基礎研究型プロジェクト（5年型）として①浜口「極限計測」、②赤池「高機能分子認識薄膜」の2研究プロジェクトが、応用研究型研究プロジェクト（3年型）として、③飯田「セラミック・2サイクル・メタノールエンジン」の1研究プロジェクトがスタートしている。特記すべきは浜口研究室長自ら希望して東大を辞職しＫＡＳＴ専任研究リーダーに就任した事である。象牙の塔であった一流大学よりもＫＡＳＴの新しい流動制度の方に魅力を感じた研究者がＫＡＳＴ発足当時既に存在した事はＫＡＳＴの先見の明を如実に表す出来事であった。

教育事業は、講座定員20名、10講座を当面の目標に掲げていて、ＫＡＳＴ創立の翌年度（1990年・平成2年）には、材料分野で①材料システムコース、②高分子材料コース、③高分子機能材料コース、④積層ハイブリッド化材料コース、エレクトロニクス分野で⑤〜⑥超電導基礎の2コース、⑦〜⑧超電導応用の2コース、ライフサイエンス分野で⑨細胞培養コースの9講座が開講されている。

　学術交流事業は、創立の翌年度（1990年・平成2年）には、①第1回国際科学技術シンポジウム（21世紀への道―科学技術の果たす役割）、②第1回科学技術シンポジウム（次世代基盤技術の構築―生体模倣はどこまで可能か）、③第1回科学技術講演会（21世紀をめざす先端科学技術―半導体の先端科学技術）が開催されている。

　研究等助成事業では、若手研究者の創造的基礎研究に対する助成や学会等の開催に対する助成事業を行うことになっているが、とりわけ「研究者助成事業」については、助成を3段階で行う制度として設計され、2004年（平成4年度）から第1段階の研究者助成事業が開始されている。助成総額は1,000万円からはじまりピーク時には4,000万円にまで増額された。

3　ＫＡＳＴ１５年小史

　ここで、誕生から現在までのＫＡＳＴ15年小史を綴ってみよう。

1989年（平成元年）	7月	ＫＡＳＴ発足　初代理事長に齋藤進六東京工業大学名誉教授が就任
1990年（平成2年）	2月	特定公益増進法人の認定
	4月	研究プロジェクトの発足
	5月	教育講座の開講
	10月	科学技術庁フェローシップ制度の承認
	11月	文部省科学研究費補助金制度による研究機関の指定
1991年（平成3年）	4月	研究助成の開始
1993年（平成5年）	4月	成果展開事業の開始
	4月	海外研究室（米国コロンビア大学）の設置
1995年（平成7年）	4月	ＫＡＳＴ2代目理事長に長倉三郎総合研究大学院

　　　　　　　　　　　大学学長が就任
　　　　　　　　　8月　第1回ＫＡＳＴ青少年フェスティバル開催
1996年（平成8年）　4月　ＫＡＳＴホームページの開設
1998年（平成10年）　4月　光科学重点研究室の設置
　　　　　　　　　4月　「地域結集型共同研究事業（科学技術庁）」の開始
1999年（平成11年）10月　光触媒オープンラボ開設
2002年（平成14年）　4月　教育講座を海外（米国シリコンバレー）で開催
2003年（平成15年）　4月　ＫＡＳＴ3代目理事長に藤嶋昭東京大学大学院教授が就任
　　　　　　　　　8月　「都市エリア産学官連携促進事業（文部科学省）」の開始
2004年（平成16年）　7月　光触媒ミュージアムの開設

　ＫＡＳＴの歴史はトップである理事長の歴史でもある。

　初代の齋藤進六理事長は、日本の物理学アカデミーのリーダー格でもあり、同時にＫＡＳＴの設計者であり創設者でもあった。齋藤理事長の周辺には多くのメンター格・サポーター格の人材がいて、その一部はＫＡＳＴ企画委員会に結集し創業期ＫＡＳＴに骨格を与える様々な仕事を支援した。「地域に根差し世界へはばたく」の精神をもって、地方レベルでありながら世界水準の仕事をする科学技術振興機関を目指したＫＡＳＴにとって得難いリーダーであった。ＫＡＳＴの基本骨格の確立に昼夜専心した齋藤理事長は宿痾のため志半ばで逝去された。

　1995年（平成7年）4月、2代目理事長に、長倉三郎総合研究大学院大学学長が就任した。長倉理事長は、周知のように、日本の化学系アカデミーのリーダー格でもあり、その後日本学士院長にも就任される、日本科学技術界の重鎮である。同時に、長倉理事長は、ＫＡＳＴアドバイザリーボードメンバーとして、創業期ＫＡＳＴのコンセプトづくりにも関与していた。

　第2期長倉理事長時代のＫＡＳＴは、しかしながら、ＫＡＳＴを創設した神奈川県の急激な財政悪化が進みその対応に苦慮した時代でもあった。1999年（平成11年）、神奈川県からの助成金が急減する事態に対応するため、ＫＡＳＴは基本財産を一部取り崩しさらに金融機関からの借入も行って既に動

いていた研究プロジェクトを継続させたのである。その後、研究資金の外部調達が奨励される一方、創業期ＫＡＳＴの「華」ともいえる「国際科学技術シンポジウム」、「科学技術シンポジウム」、「科学技術講演会」は模様替えが迫られ、また、国内外のノーベル賞クラスの著名な科学者を結集していた「アドバイザリーボード会議」も休止に追い込まれた。しかし、そのような状況下でも、1998年（平成10年）4月、長倉ＫＡＳＴは光科学重点研究室（室長：藤嶋昭東大教授）を設置し、流動研究プロジェクト制度で研究期間が限定されているため解散する研究プロジェクトのうち、「光科学」分野で外部研究資金の調達が見込める特定の研究プロジェクトに限って、一定期間存続させる仕組みを整えたのである。さらに、同年同月、同研究室を受け皿とする、国家資金による「地域結集型共同研究事業」を開始することになった。「地域結集型共同研究事業」は、財政的に窮地におちいっていたＫＡＳＴの研究プロジェクトを、別の脈絡で蘇えさせるとともに、同事業が求める地域の研究機関（神奈川県内の大学や企業、県立試験研究機関等）との共同研究という新しい動きもＫＡＳＴにもたらしたのである。

　2003年（平成15年）4月、3代目理事長に、藤嶋昭東京大学大学院教授が就任した。藤嶋理事長は、光触媒原理（ホンダ・フジシマ効果）の発見者として知られ、同原理（酸化チタンが太陽光等と反応し防汚、防菌、防臭及び親水機能を発揮する原理）の産業化に挑戦する民間企業とのコラボレーションに先駆的に取り組んできた。また、1998年（平成10年）4月に発足したＫＡＳＴ光科学重点研究室の初代室長として、ＫＡＳＴの新たな展開にも関与してこられた。

　藤嶋ＫＡＳＴは、就任後直ちに、「ＫＳＰテクノプラザ／ＫＡＳＴ光触媒ミュージアム」を開設し、また、青少年の「理科ばなれ問題」に対応する「ＫＡＳＴ科学啓発書（比べるシリーズ）」の刊行などに取り組んでいる。

4　ＫＡＳＴ15年の成果

　この15年でＫＡＳＴの各事業が取り組んできた成果を以下要約しておこう。

（1）研究事業

　研究事業は、2004年度（平成16年度）までに、29の流動研究プロジェクト

	研究期間	流動研究プロジェクト
1	'90年度〜'94年度	浜口「極限分子計測」
2	'90年度〜'92年度	飯田「セラミック・2サイクル・メタノール・エンジン」
3	'90年度〜'94年度	赤池「高機能分子認識薄膜」
4	'91年度〜'93年度	奥野「化学物半導体結晶」
5	'91年度〜'93年度	加藤「ヒューマンプロテイン」
6	'91年度〜'93年度	内田「超磁性材」
7	'92年度〜'96年度	樋口「極限メカトロニクス」
8	'92年度〜'96年度	上山「ヒューマウス」
9	'93年度〜'97年度	マクダーモット「生体高分子機能」
10	'93年度〜'97年度	大津「フォトン制御」
11	'93年度〜'97年度	角尾「生体シグナル伝達」
12	'94年度〜'98年度	橋本「光機能変換材料」
13	'94年度〜'98年度	近藤「冬眠制御」
14	'95年度〜'97年度	小池「光超伝送」
15	'96年度〜'98年度	国分「三次元マイクロフォトニクス」
16	'97年度〜'01年度	緒方「タンパク機能制御」
17	'98年度〜'02年度	北森「インテグレーテッド・ケミストリー」
18	'98年度〜'02年度	腰原「光励起協力現象」
19	'98年度〜'00年度	斉木「光極微機能」
20	'99年度〜'03年度	宮島「幹細胞制御」
21	'99年度〜'03年度	大西「極限表面反応」
22	'99年度〜'01年度	宗片「光磁性半導体」
23	'01年度〜'04年度	山元「電子集積化学デバイス」
24	'01年度〜'06年度	伊藤「再生医療バイオリアクター」
25	'01年度〜'04年度	益田「ナノホールアレー」
26	'02年度〜'07年度	藤岡「フレキシブルデバイス」
27	'03年度〜'08年度	長谷川「ナノ光磁気デバイス」
28	'04年度〜'08年度	横山「高分子ナノメディカル」
29	'04年度〜'06年度	中島「ナノウェティング」

注1) 23、24、25、26、27の各研究プロジェクトは発足時期が年度後半のため、研究期間が1年度多くなっているようにみえるが、実質は同じ3年乃至5年である。

注2) 05年度から 30 年吉「光メカトロニクス」（'05年度から'07年度）研究プロジェクト、31 中村「バイオプリンティング」（'05年度から'07年度）研究プロジェクトが発足している。

が発足し終了している。分野別にみると、基礎科学・計測分野が7プロジェクト、材料・ナノテクノロジー分野が7プロジェクト、エレクトロニクス・情報技術分野が6プロジェクト、ライフサイエンス分野が9プロジェクトと

なっている。なお、29の流動研究プロジェクトの常勤研究員は延べ148名に達するが、研究プロジェクト終了後の転出先は、大学に76名（51%）、民間企業に41名（28%）、国公立研究所に31名（21%）となっている。

以下、流動研究プロジェクトリーダー・研究テーマ・研究期間等を掲載する。

次に、光科学重点研究室の2004年度（平成16年度）末の状況であるが、既述のように「神奈川県地域結集型研究事業」や「都市エリア産学連携促進事業」の受け皿／コア研究室機能を果しつつ、現在「光機能材料グループ」、「近接場光グループ」、「マイクロ化学グループ」、「光触媒グループ」の4グループで研究が進められている。

ＫＡＳＴ15年間の研究事業の成果（概要）は、2004年（平成16年）8月末現在、次のようになっている。

A．学術的貢献――論文・学会発表等の状況
　　口頭発表　　3040件（うち国際学会908件）
　　論文投稿等　803件（うち欧文誌　583件）
B．特許――出願、登録、実施許諾件数
　　出願件数　635件（うち外国出願53件）
　　登録件数　110件（うち外国登録30件）
　　実施許諾件数　25件
　　実施許諾率　25%
C．ＫＡＳＴベンチャーの創設――ＫＡＳＴ発ベンチャービジネス

研究プロジェクトが産み出したベンチャービジネス8社は下記のとおりである。

創業年月日	企業名	研究プロジェクト
'95年（平成7年）7月	（株）ネーテック	赤池「高機能分子認識薄膜」
'00年（平成12年）3月	フォトニクスネット（株）	重点研／小池グループ
'00年（平成12年）5月	Little Optic Inc.,	国分「三次元マイクロフォトニクス」
'01年（平成13年）5月	マイクロ化学技研（株）	北森「インテグレーテッド・ケミストリー」
'02年（平成14年）1月	（株）ナノコントロール	樋口「極限メカトロニクス」
'02年（平成14年）1月	（株）光コム研究所	大津「フォトン制御」
'04年（平成16年）3月	（株）リブテック	宮島「幹細胞制御」
'04年（平成16年）9月	（株）エフケム	重点研／光触媒グループ

(2) 教育事業

　教育事業は、ＫＡＳＴ創設の最も大きな契機となった事業で、社会人研究者・技術者向けに大学院レベルの未来型教育システムを見据えた人材育成を行うとともに社会人研究者・技術者の知的ネットワーク形成を目指すものである。ＫＡＳＴ教育講座の基本型は、その分野の第1人者に依頼して科目や講師陣を含む教育カリキュラムを編成するもので、既存の様々な垣根を超えた多様な講師陣が講義を行うことが特色になっている。1990年（平成2年）度の開講から現在までの15年間で、385コースの講座を開催し、講師総数は3,522名、受講者総数は8,535名、受講生派遣企業数は2,261社に及んでいる。

　教育分野と講座・コースの変遷は次のようになっている。

	材料	情報	機械	生命	環境	基盤	経営	計
'90	4	4	-	1	-	-	1	**10**
'91	4	5	2	3	-	1	1	**16**
'92	6	6	4	3	1	4	1	**25**
'93	6	7	5	5	1	4	2	**30**
'94	5	9	4	4	1	5	2	**30**
'95	5	6	5	6	2	4	2	**30**
'96	4	6	5	4	3	6	2	**30**
'97	5	5	7	4	3	5	1	**30**
'98	4	7	6	4	2	5	2	**30**
'99	3	5	2	6	4	3	2	**25**
'00	3	7	2	5	3	2	3	**25**
'01	4	5	3	7	1	2	3	**25**
'02	3	4	2	9	1	2	5	**26**
'03	3	3	3	9	2	2	3	**25**
'04	2	3	5	7	2	3	6	**28**
計	**61**	**82**	**55**	**77**	**26**	**48**	**36**	**385**

「情報通信分野」の講座開催回数が減少する一方「生命科学分野」、「経営（ＭＯＢ）分野」が増加し、「機械技術分野」は安定して講座が開催されている傾向がみられる。

(3) 学術交流事業

　学術交流事業は「研究助成事業」を中核として様々な情報提供事業等を実

第3章　神奈川科学技術アカデミー／ＫＡＳＴの15年

施している。研究助成事業は研究者に対し3段階で助成するもので、審査に合格すれば同一研究者に対し第1段階で50万円、第2段階で150万円、第3段階で300万円を助成する仕組みを採用している。同事業13年（91年～03年）の概要は次のとおりである。

　第1段階　応募者累計　　1,783件　採択件数 262件　採択率　14.7%
　第2段階　応募者累計　　　242件　採択件数　44件　採択率　18.2%
　第3段階　応募者累計　　　 46件　採択件数　14件　採択率　30.4%

　採択された研究分野（累計）は、医学74件、数物系工学及び生物・農学が各51件、化学46件、数物系科学40件となっている。採択された研究者の大部分は大学に所属しているが、一部は高等学校に所属している。研究成果の大部分（1,122件）は学会等での論文発表となっているが、一部（35件）は国の研究プロジェクト（33件）やＫＡＳＴの研究プロジェクト（2件）の採用に結実している。

　情報提供事業等については、前述のように初期には「国際科学技術シンポジウム」「科学技術シンポジウム」「科学技術講演会」を開催していたが、近時はＫＡＳＴ賛助会員向け「ＫＡＳＴフォーラム」（延べ参加者1,615名）や青少年向け「ＫＡＳＴ青少年科学技術フェスティバル」、「科学技術セミナー」を実施している。

　なお、1996年からＫＡＳＴホームページを開設しているが、そのアクセス件数は年々増加し、1999年度（平成11年度）の12,840件が2003年度（平成15年度）には57,947件となっており、同年度の1日当たりアクセス件数は158.8件となっている。

5　ＫＡＳＴとＫＴＦの統合

　2005年（平成17年）4月、（財）神奈川科学技術アカデミー／ＫＡＳＴ（藤嶋昭理事長）と（財）神奈川高度技術支援財団／ＫＴＦ（小野和彦理事長）は組織統合をした。1年前の松沢神奈川県知事の提案が実現したものである。

　両財団は、この15年、ＫＳＰ三位一体モデルと知られる「ビジネスインキュベーターＫＳＰ」を核とし「研究ラボＫＡＳＴ」、「測定ラボＫＴＦ」を両論とする「かながわサイエンスパーク」の発展に寄与しつつ、同時に、

独自の立場でＫＡＳＴは科学技術振興を、ＫＴＦは産業振興を担ってきた。その両財団がひとまずそれぞれの歴史を閉じ、新しい組織体として誕生したのである。統合にあたっては、ＫＡＳＴを存続法人、ＫＴＦを清算法人として統合の事務処理が行われ、新しい組織名は（財）神奈川科学技術アカデミー／ＫＡＳＴとなったが、実践的には新生ＫＡＳＴ／new ＫＡＳＴの誕生である。新組織はイノベーションセンター、教育情報センター、計測センター及び企画管理部門で構成され、今後具体的な事業展開の中で新機軸が打ち出されることが期待されている。

　「科学」と「産業」の間には、よく、「深い谷」、「万里の長城」があると言われる。new ＫＡＳＴが「技術」を軸にその谷や山を乗り越え、第2の創業に向けて、改めて、産学連携時代・技術融合時代・知識経済時代を切り開こうとする試みが始まろうとしている。

　　（出所）本稿は、新産業政策研究所研究年報『新産業政策研究かわさき』創刊号（財団法人川崎市産業振興財団新産業政策研究所、2003年3月、同研究所長・久保孝雄）に掲載された。

第4章

R＆Dの一つの提案
―ＫＡＳＴのTrial―

神奈川科学技術アカデミー 専務理事　**額田健吉**

1　日本の基礎研究

　現在の日本の最も重要、かつ緊急の問題は何かと聞かれたならば、演者は躊躇することなく「基礎研究の振興策」と答えたい。この極めて簡単明瞭な命題程種々の立場の人々によって縦横に論じられながら、見るべき有効な具体策が実施されていないものも珍しいであらう。

　ところで大学（理工系）の使命は研究と教育にあり、そのどちらが欠けても真の大学とは言い難いと思われる。そして大学に期待される研究は正に基礎的な科学（理系）および技術（工系）の分野に属する。然るに甚だ驚くべきことには、最近の種々の報告によれば[1]、日本の大学の環境悪化が急速に進み一流の基礎研究を遂行するに足る状況にないということである。要するに日本の将来を支える責任を持った、基礎研究の総本山である筈の大学の機能が崩壊寸前であるというまことにショッキングな話なのである。

　一方企業の研究はどういう状況であらうか。最近20年余りの間の経済の大発展により、企業の研究施設、人員の充実ぶりは世界中を瞠目させ恐怖心さえ抱かせている有様である[2]。応用的な技術開発能力の優秀さに関しては、かの誇り高いフランス人でさえ率直に認めている程である。そして遂には大学の研究環境との余りの乖離のため、日本の研究は基礎的であれ応用的であれ企業にまかせて、大学は学生の教育の専念した方がよいなどという俗論まで横行する始末である。企業の中にもこのような俗論に賛成する人がないでもないが、もし大学が研究機能を喪失したら真の研究者、技術者の卵を養成する能力も同時に失い、結局企業自体の研究遂行が不可能になることに思いをいたすべきである。演者の体験によれば、余程の例外を除いては企業の研究で最終的な利潤を（たとえ長期目標であっても）意識しないものはあり得な

い。即ち企業に対して真の基礎研究を期待することは元々無理な要求と言わざるを得ないのである。

　この憂慮すべき深刻な状況をいかにして打開してゆくか。大学の研究環境の抜本的改革のために日夜努力して居られる関係者の方々（少数ではあるが）の話を伺うと、明治維新以来100年の"inertia"（惰性）をもつ大学の巨大なシステムを早急に改めることは難事であり、予算措置など種々の前提条件を辛抱強く改善しながら大学の体質改善を徐々に行ってゆくのが現実の姿であるとのことである。冒頭述べたように基礎研究の総本山である大学の生まれ変わりの早期実現を切に祈るものであるが、他方大学と並行に、あるいは大学の研究機能を補完する形での種々の研究組織の充実が考えられている。既存の組織として、例えば総合研究大学院大学、理化学研究所、国公立研究所、新技術事業団創造科学推進事業などがあるが、（財）神奈川科学技術アカデミー（KAST）でも新しい研究組織のささやかなトライルが進行中なので、以下御紹介したいと思う。

2　サイエンスパーク・ブーム

　企業・大学・官公庁三者の地域的交流のより研究開発を推進させようとする、いわゆる"Science Complex"の概念が全世界に定着したのは最近20年間ぐらいのことである。大ていのcomplexでは中心に基礎研究情報の受、発信基地としての大学を置き、他の研究機関との連携を狙いとしている。演者は最近数ヶ年、欧米諸国および日本各地のscience complex（サイエンス・パーク）を見学する機会を得た。一例として、スエーデンのストックホルム郊外に建設されたKista Science Parkについて紹介する。エレクトロニクス、コンピュータ関連の企業研究所、大学はじめセンタービル、アパート、ショッピングゾーン等が完備した近代的研究都市であった。この研究都市の設立趣旨には、産・官・学の協調、交流の相乗効果による研究開発の効率的促進から始まって、学園都市建設による雇用の増加、インフラストラクチャー、交通網の整備、技術移転等への期待をうたっている。

　最近日本各地でもサイエンス・パークのブームが起こって居り計画中のものも含めその数は百を越すと言われている[3]。92年度科学技術白書のテーマは"科学技術の地域展開"であり、各都道府県、地方自治体がいかに熱心に

産・官・学を一体化した新しい研究技術開発システムの構築に熱意を持っているかがうかがい知れる。多くの計画の設立の趣旨・目的が殆ど同一の内容であり（欧米のものも含めて）、その意味ではそれぞれがあまり独創的なアイデアから生まれたものでないことも特記するに足ると思はれる。洋の東西を問わず、新しい時代の研究促進の方法論は余り変わりばえのしない似たりよったりのものといえよう。

サイエンス・パークの中核の、いわゆる〝センター・オブ・エクセレンス（COE）〟としては大学をはじめ国公立研究機関などいろいろの形態が考えられるが、その中で有力な候補は〝第3セクター方式〟[4]あるいはそれに近い研究組織が考えられ、運営如何によっては将来は大学の機能を補完する基礎研究機関になり得ると期待される。

3　R＆Dの一提案（KASTの実験）

財団法人神奈川科学技術アカデミー（KAST）は神奈川県35億円、民間企業5億円の出捐により平成元年（1989年）7月に設立された。設立の趣旨はパンフレットその他に述べられているが、演者は3年間実務にかかわって来た経験を踏まえ、つぎのように考えている。

「地域（神奈川県）に潜在的、かつ独立に実在する産・公・官・学のR＆D能力の連携を図ることにより、地域としての総合的な科学・技術の基盤を顕在化する。科学技術基盤の顕在化により、科学・技術情報の日本および世界に対する発信、受信基地としての地位を確保し、将来の波及効果として中小企業を含めた県内・外企業の振興と住民の生活向上を目指す。」

このような趣旨を具体化させる方法論としてKASTが取り上げたのが研究および教育事業であり、これを文部省流でない独自な方法で実施しようというものである。

元々神奈川県は京浜工業地帯の中心であり、戦後は重工業から比重がハイテク産業にシフトしたが、バイオインダストリーから製鉄業にいたるあらゆる製造業の事業所が林立している。県内の研究開発活動もきわめて活発で、研究者・技術者の総数は平成2年（1990年）には東京都を抜いて全国一となった（約32万人）。また、同年の県内研究費総額は約2兆円で全国の16％に達している。さらに、平成3年12月現在の民間研究機関数は745で全国1

位、大学・公的機関を含めると855となっている[5]。このように県の研究開発能力の集積度は全国一、二を争う大きさであり、ＫＡＳＴが作られた背景にはこのような地域的特殊性があるのである。

以下、ＫＡＳＴの研究・教育両事業について御紹介する。

★ＫＡＳＴの研究事業

ＫＡＳＴの研究事業は、新技術事業団の創造科学推進制度を手本とし、ＫＡＳＴ独自の形態をつくりあげた。研究テーマと研究リーダーは一般から公募し、外部の学識経験者からなる審査委員会による諮問を経て最終的には財団で決定する。研究テーマは科学、技術のどのような分野でも差し支えないが、独創的発想によるもの、研究成果が将来何らかの意味で産業に結びつくことが期待されるものに限定される。研究期間は５年と３年の二本建てで研究予算もそれぞれ異なっている。５年ものは、基礎的研究の要素が濃いもので、新しい原理、新しい方法論の創造、およびそれらをベースにした新しい物質、新しいシステム、新しい装置等の創造が期待される研究である。３年ものは５年ものに比べると開発もしくは試作的研究の要素が濃いものである。既存の原理、方法を組み合わせて新しい物質、システム、装置等を創り出す研究であり、企業の研究の大部分はこの範疇に属する。ただし、ＫＡＳＴの研究では短期間の工業化は必ずしも期待して居らず、これが企業の研究とは異なるところである。

研究リーダーは45歳までという年齢制限があるが、それは研究リーダーが若ければ研究員の年齢も若くなり、研究が大いに活性化するであらうという期待によるものである。研究計画の策定、予算の執行、チームの編成（人事）はすべてリーダーにまかせ、ＫＡＳＴはリーダーを事務的に援助するに止める。研究員は企業、大学、官・公立研究機関から公募すると同時に、リーダーと本人との直接交渉によって人材を獲得する方法もとられている。原則として神奈川県に事業所をもつ企業、研究機関を優先するが、門戸をその範囲に閉じている訳ではない。ＫＡＳＴの研究の質的向上のためには国際交流が必須の条件であり、そのため世界各国から研究者を招聘している。英、米、独、中国、韓国、旧ソ連の各国からすでに各研究室に研究員が派遣されている。論文発表、特許申請もリーダーの判断にゆだねているが、知的

所有権の帰属はＫＡＳＴと発明者の共有（1：1）と決められている。研究成果のevaluationについては、外部の権威から成る成果展開委員会で徹底的に検討を行い、産業への成果展開、技術移転等の計画をＫＡＳＴにおいて企画立案し、企業に諮って計画を実施する予定になっている。

　現在8つの研究チームが稼働しているが、その内訳は、物理化学（時間分解分子分光学）、機械工学（セラミック・メタノールエンジン）、バイオテクノロジー（高機能分子認識導膜、ヒュー・マウス）、遺伝子工学（ヒューマンプロテイン）、エレクトロニクス（発光ダイオード）、金属学（超磁性材料）、メカトロニクス（極限メカトロニクス）であり、かなりの広範な分野に亙っていてテーマのバランスは良いと思う。大学に比べると研究予算が格段に大きいこと、企業に比べると研究の自由度が遥かに大きいことと併せて、期間が限定されていることも一つの要因と考えられるが、どの研究チームもきわめて生き生きと活動して居り、大学にも企業にもない新しいタイプの研究システムが出来つつあると実感している。ＫＡＳＴの研究は原則として神奈川サイエンスパーク（ＫＳＰ、神奈川県主導で完成した日本ではじめてのscience complex）内で行うことになっているが、実験の内容によってはＫＳＰ内で行うことが出来ないものもあり、その場合は県内大学、企業等の施設を借用している。尚、研究チームは将来12チームまで伸ばす予定である。

★ＫＡＳＴの教育事業

　ＫＡＳＴの事業のもう一つの柱は教育事業である。欧・米においては社会人対象のいわゆるcontinuing educationの概念はひろく定着しているが、日本に於いては歴史は浅く未発達の段階である。技術革新のスピードが極めて激しい現在、企業内の研究者、技術者が新分野の学習を行うことが困難となりつつあり、超大企業に於いてすら広範囲の領域を社内教育等でカバーすることは不可能といわれている。ＫＡＳＴでは焦点を若年の企業内研究者にしぼりup-to-dateのテーマについて大学院レベルのカリキュラムを編成し教育を実施している。

　最近はセミナー専門業はじめ学会・協会等の各種セミナーが花盛りの観があるが、ＫＡＳＴの教育事業はこれらとは可成り異質のものである。1つのテーマに50〜70時間をかけ、内容も学界、業界の第一線のエキスパートによ

る斬新かつ高レベルの講義であり、質、量ともに従来の社会人教育の範疇を遥かに越えたものと自負している。講座数は初年度10、２年度15、３年度（平成４年）25で、将来50講座までにする予定である。講座の選び方は極めてflexibleであり、切り口にはこだわらず社会のneedsにマッチしたものを取り上げている。平成４年度で実施中のものを御参考までに列記する。新素材（アドバンストセラミック、一金属、高分子新素材、積層機能材料、複合材料）、エレクトロニクス（先端電子デバイス、イメージング工学、LSI-CAD）、超電導（応用超電導、交流超電導）、機械工学（CAD-CAM、メカトロニクス）、バイオテクノロジー（応用生物工学、バイオコンジュゲート物質）、地球環境（地球温暖化対策）、基礎技術（コンピュータによる科学技術計算、電気化学的手法の新しい応用、現代計測技術）、科学技術マネージメント（知的財団マネージメント）、バイオテクノロジー実習（遺伝子組み換え、細胞培養）。各講座とも人員は20名に限り、face-to-faceでの教育効果の向上を期待している。

　ＫＡＳＴの研究・教育事業を担当して３年を経過したが、多くの若い研究者、技術者（異分野の）が研究、教育を通じて真によい知己となったことは大きな収穫であった。若年研究者、技術者の異業種間ネットワークの構築は、将来、彼等が研究・技術開発を自ら担当し推進する際の大きなサポートとなると信ずる。

　　＜注＞
　1)　例えば、
　①　〝大学の破産〟日経ビジネス、1990、12月７日号、Ｐ７～18
　　　このレポートの内容があまりにドラスティックだったので、念のため複数の大学関係者の意見を聞いたが、レポートはすべて事実とのことであった。
　②　日本学術会議化研連提案書。日本の大学の化学実験室の１人あたりの面積が世界最低レベルであることを訴えている。
　2)　例えば、〝Made in America〟ＭＩＴ産業生産性調査委員会、1990，草思社
　3)　研究情報交流センターレポートＣＲＩ－６〝日本のサイエンスパーク1990年の現状〟東京工業大学研究情報交流センター
　4)　企業、大学、官公庁等が共同で出資し経営に参加する方式。株式会社、公益法人等種々の形態をとる。
　5)　平成４年度版神奈川県科学技術白書
　　　・・・・・・・・・・・・・・・・・・・・・・・・

・・・・・・・
本稿の相当部分は下記文献より転載した。
〝センター・オブ・エクセレンスの一つの「実験」〟額田健吉
Circular Letter ｖol 5、p．1、1991、（株）エッチ・オー・コンサルタンツ発行（横浜市港北区日吉本町1-18-22-4C）

＊本稿の出所・・・本稿は、研究・技術計画学会の『年次学術大会講演要旨集』（1992年10月22日）に掲載され、北陸先端科学技術大学院大学（ＪＡＩＳＴ）の「JAIST Repository」（https://depace.jaist.sc.jp/）で読むことが可能。原文は手書き文章であり、原田が原文に忠実に活字化した。ただし、次の2点は原文を変更した。
・見出しは原文の§を1，2，3に変更した。
・3の中見出しとして、「★ＫＡＳＴの研究事業」と「★ＫＡＳＴの教育事業」を付加した。

第Ⅱ部　ＫＳＰモデルの創生と展開

第5章

神奈川高度技術支援財団／ＫＴＦの15年

明治大学社会連携促進知財本部 知財マネージャー　　柴田 嘉郎
財団法人神奈川科学技術アカデミー 常務理事　　馬場 昭男

はじめに

　計測ラボのＫＴＦ、インキュベータのＫＳＰ、研究ラボのＫＡＳＴが三位一体で「かながわサイエンスパーク」を協働する「ＫＳＰモデル」は、2005年（平成17年）4月のＫＡＳＴ、ＫＴＦ両財団の統合に伴い「三位一体」が「二者一体」となり、歴史の節目を迎えることになった。両財団を統合する事務手続き上、存続財団はＫＡＳＴになりＫＴＦは清算財団となったが、この機会にＫＴＦ15年の歴史を振り返ってみたい。中小企業の技術力アップを目指して設立されたＫＴＦの誕生前史、時代の変化に伴う事業内容の変化、自立への努力で話を進め、ＫＴＦの実績と改革の方向をみておきたい。

1　ＫＴＦ誕生前史

　1985年（昭和60年）7月、神奈川県は、県試験研究機関（以下「県試」という。）の再編整備問題を契機に、県の科学技術行政の全体像を具体的に描くため、神奈川県科学技術政策委員会（委員長―齋藤進六前長岡技術科学大学学長、副委員長―中村秀一郎専修大学教授（当時））を発足させた。同委員会は、2年余の議論を経て、1987年（昭和62年）10月、「神奈川県科学技術推進のための基本方策について（地域からの知的創造をめざして）」と題して、知事に5つの提言を行った。
① 　神奈川県科学技術会議（仮称）の設置
② 　県科学技術行政の総合性の確立
③ 　県試験研究機関の再編と研究機能の強化
④ 　（財）神奈川科学技術振興機構（仮称）の設立

⑤　神奈川サイエンスコンプレクス構想の推進

　その"③県試験研究機関の再編と研究機能の強化"こそ、その後の県試再編整備の路線を大転換させた提言となった。実践論としては「試験場」から「研究所」へ、という旗印のもとに県試の再編整備の設計が行われることになったのである。その結果、具体的には、次のような再編整備が行われた。

　工業系試験研究機関については、「神奈川県工業試験所」、「同繊維工業試験場」、「同工芸指導所」及び「同家具指導センター」の四機関が「神奈川県産業技術総合研究所」に統合され、新しい施設は県央方面の企業集積・企業立地状況を配慮し、海老名市に建設されることになった。

　農業系試験研究機関については、「神奈川県農業総合研究所（旧）」、「同園芸試験場」及び「同蚕業センター」（廃止含み）を統合し、新たに「神奈川県農業総合研究所（新）」を発足させ、平塚市寺田縄から撤退し同市上吉沢に新研究所が建設されることになった。さらに、「同畜産試験場」は「同畜産研究所」に、「同水産試験場」は「同水産総合研究所」に名称変更の上、施設の再整備が行われた。

　なお、2005年（平成17年）4月、農業改良普及センターの合併に伴い、「神奈川県農業総合研究所」は「神奈川県農業技術センター」に、「神奈川県畜産研究所」は「神奈川県畜産技術センター」に、「神奈川県水産総合研究所」は「神奈川県水産技術センター」に名称変更されている。

　環境・衛生系試験研究機関については、「神奈川県公害センター」が「同環境研究センター」に再編の上、「衛生研究所」とともに、横浜を離れ湘南の地に新たに建設されることになった。

　当時の再編整備スローガンは、"試験所から研究所へ"というものだった。今、このことが正しかったか、上手く行ったかという議論がある。そのスローガンが、基本的方向としては、正しいとしても「研究と産業」、「研究と生産現場」換言すれば「科学と技術」を繋ぐ「論理と倫理」が十分に構築されないまま再編整備が進行してしまったという議論である。

　工業系試験研究機関の再編整備にあたっては、神奈川の地場産業として知られる「鎌倉彫り」の業界を技術・経営面で育成・指導にあたっていた「工芸指導所鎌倉支所」が廃止されている。「鎌倉彫り」の芸術的側面と産業的側面の調整にあたっていた同支所の廃止には、業界から当時の長洲知事が鎌

倉在住でありながら「鎌倉彫り」への理解が足りない、納得できないという強い反対の声があがったものである。

　工業系試験研究機関再編整備の目玉として「工業試験所川崎支所」が廃止されているが、これには伏線があった。先の提言に次の記述がある。

　「（前略）工業系試験研究機関の役割も地場産業や中小企業に対する技術支援だけでなく、科学技術の進歩、県内産業の技術革新動向を踏まえた特定研究分野において産業界に指導性を確保する方向へと脱皮していくことが求められている。しかしながら、工業系試験研究機関の設備機器の陳腐化と研究員の高齢化による研究活動の低下現象については、利用者から数多く指摘され、その充実強化が求められている。

　これらの状況を踏まえ、<u>工業系試験研究機関の果たしてきた試験・検査機能については、そのいくつかを民間試験研究機関や第3セクターに委ねる</u>など、機能面で軽量化し、余力を生み出し新しい特定研究分野に力を振り向けていく必要がある。（後略）」

　この記述（下線）こそ、（財）神奈川高度技術支援財団／ＫＴＦ誕生の根拠となった提言である。

　提言にこの文言を挿入することを強く主張したのは、神奈川県科学技術政策委員会の委員であった今は亡き権田金治東京電機大学教授（当時）であった。都道府県立工業系試験研究機関のことを、「公設試験研究機関」と表現し、略称して「公設試」と言うが、権田教授は「公設試」の明治期以来日本の産業技術の発展に貢献してきた歴史を高く評価していた。事実、クリントン政権時代のアメリカは日本産業の国際競争力の強さを、最終工業製品を構成する部品の品質優位に求め、その部品生産の担い手である日本の中小企業技術力の高さに着目し、それを支えてきた「公設試」こそ、日本の強い競争力の源泉であるとの認識のもとに日本調査を始めていた。さらに、「公設試」責任者の訪米をも求めていたのである。

＜閑話休題その1＞
　余談ながら、後述するようにその訪米団長は初代の神奈川県産業技術総合研究所長でもあった本稿の筆者の一人である柴田が指名されている。

権田教授は、その歴史的貢献を未来に繋ぐためにも、「公務員研究者」という身分ではない新しい「公的人格」のもとで、かつての「欧米技術の移転機関」から脱皮した「新技術創生の公設試」を展望し、そのために激しく変容する産業社会とのコラボレーションを真剣に行うべきだと強く主張していた。さらに、公務員研究者という身分では公務員法上の職務専念義務が他機関との柔軟なコラボレーションの障害になるとも考えていた。現時点では、独立行政法人という新たな公的人格を担える法人形態があるが、当時は、第3セクター、具体的には財団法人という民法法人しか公的人格を担保する法的形態がなかったのである。とはいえ、いきなり公設試全体を第3セクター化することは、1970年代の東京都の事例を除き前例もない上、研究職員の反発が強く混乱が引き起こされることが懸念された。そこで権田教授が着目したのが、工業試験所川崎支所であった。

　日本の公設試は何処の地域でも3本柱で仕事をしてきた。すなわち①研究、②技術指導、及び③試験計測の3業務であり、公設試の研究職員は一人一人が三位一体でこの3業務をこなすというのが不文律の建前になっていた。しかし、技術も産業も高度化するにつれ、同一人格でこの3業務をプロとしてこなしていくのは並大抵のことではない。工業試験所川崎支所は、ある時期の先覚者の発案により、試験・計測業務に特化した公設試になっていた。権田教授は、試験・計測業務は既に民間企業も参入している「市場」形成が展望できる分野であり顧客（利用企業）の要望に基づき迅速・親切・丁寧なサービスを行う上では、「県」よりも「財団」の方が適切な法人形態であると考えたのである。

＜閑話休題その2＞
　余談ながら、工業系試験研究機関の再編整備にあたっては、幾つかのエピソードがある。
　第1に、横浜市当局（当時）から、横浜市磯子区杉田にあった「工業試験所本所」の市外移転に強い拒絶反応が示され、再編整備に反対するわけではないが移転先は横浜市内（具体的には舞岡地区）にして欲しい、協力いただければ移転跡地の利用計画に全面的に協力する、という申し出があったことである。従前の工業試験所利用企業の多くが横浜市内企業であった事情もあ

り、この提案には一部の県関係者も県央移転方針を見直そうという動きを引き起こしたが、知事の強い指示で既定方針通り、海老名市への立地が急遽決定されたことである。

　第2に、再編整備後の新しい機関の名称を「産業技術総合研究所」とするにあたって類似名称を調査したところ、試験研究機関の再編整備で先行していた大阪府が新しい工業系試験研究機関の名称を産業技術総合研究所としていることが判明した。しかし、関東と関西では混乱はないだろうとの判断でその名称が採用されたが、その後、通産省工業技術院(当時)が、独立行政法人化の中で、(独)産業技術総合研究所と名称変更されることまでは予測できなかったのである。関東地域で「産総研」と言うと、どうしても国のそれを指す場合が多く関係者は苦労していると思われる。

2　ＫＴＦ誕生—もう一つの背景—

　「神奈川県科学技術政策委員会」の委員であり、地方の科学技術政策の論客でもあった権田教授の主張には、もう一つの背景があった。

　「同委員会」の提言が公表された1987年（昭和62年）に遡る4年前の1984年（昭和58年）、神奈川県研究開発型企業連絡会議（ＲＡＤＯＣ）は、神奈川県（商工部・当時）との連携のもと、300社余の研究開発型企業が参加する「研究開発型企業全国大会」を横浜で開催し、次の決議を採択した。

① 　研究開発型企業に関する振興法の早期設立
② 　研究開発型企業団地及び総合的科学技術団地（サイエンスパーク）の整備
③ 　スタートアップビルの整備
④ 　重要技術研究開発費補助金等に研究開発型企業枠の創成
⑤ 　研究開発型企業交流組織の整備

　この決議を契機に、「スタートアップビル」を含む「サイエンスパーク構想」の議論が民間ベースで急速に進行し、その成果を主たる民間企業数社が連名で、「かながわサイエンスパーク構想」として、神奈川県、川崎市及び通産省（当時）に提案していた。その後「かながわサイエンスパーク構想」に関心を寄せた民間企業及びこの事業の公共性を検討する神奈川県・川崎市は、構想内容を具体化しそのフィージビリティスタディを実施するため、マルチクライアント方式で（財）先端加工機械技術振興協会（故岡崎嘉平太理事

長）に共同委託し「かながわサイエンスパーク構想調査委員会（座長中村秀一郎専修大学教授・当時）」を結成していた。学界、産業界、行政から100人を超えるメンバーで構成された調査委員会において権田教授は報告書起草委員の中軸になっていた。

　欧米の先進事例調査も行った調査委員会は、1986年（昭和61年）、調査結果を「かながわサイエンスパーク構想調査報告書」としてとりまとめた。報告書は、表紙が赤色だったのでその後ＫＳＰ赤本と呼称され「かながわサイエンスパーク」のバイブル的存在になっているが、「サイエンスパーク」の創造拠点機能として「ビジネスインキュベータ」と「ラボ」の設置を提起した。詳細な説明は省略するが、研究開発型企業の研究開発支援を行う「ラボ」については、研究開発の各プロセスで発生する各種の計測・分析業務を支援する「測定ラボ」と個々のテーマに対応する「研究ラボ」の二つが提案されている。「測定ラボ」については、計測サービスを通して顧客企業に「提案」若しくは「コンサルティング」を行い、もって研究開発の効率化、高度化を支援するものとし、次の機能の整備を求めていた。

① 計測
　・高分解能の計測
　・目的にあわせたダイナミックな計測
　・計測機器の複合化、改造
　・計測機器の貸与
② コンサルティング及び分析
　・必要計測目的、内容の明確化
　・計測データ、計測目的の相関分析
　・相関分析に基づく提案
　・参考、類似データとの比較分析
　・ワークショップの運営
③ 情報蓄積
　・計測データの蓄積
　・比較、参照データの収集
　・計測・分析技術に関する自主研究
④ その他

・計測技術に関する教育
・研修プログラムの企画
・計測機器の展示・デモプログラムの企画

権田教授は、要するに、かながわサイエンスパークに不可欠な「測定ラボ」を、財団化（民営化）する工業試験所川崎支所が担うことを考えたのである。

3　ＫＴＦの誕生まで

1988年（昭和63年）、神奈川県科学技術政策委員会の提言を受けた神奈川県は商工部産業政策課（当時）内に、工業試験所川崎支所を母体とする財団の設立に向けた準備組織を設けた。財団の設立に向けてはいくつかの行政的課題があった。

第1に、絹布の精錬加工や染色（横浜スカーフ向け）及びコンクリートの圧縮試験を行っていた（財）産業化試験所（工業試験所本所、川崎支所に所在）がその歴史的使命を終えたので、これを廃止しその清算業務を新設財団が行う方針を受け、当該事務及び当該財団のプロパー職員（3名）を円滑に新財団に引継ぐ課題である。

第2に、神奈川県工業試験所川崎支所に所属する研究者にとって、（財）神奈川高度技術支援財団／ＫＴＦへの異動は青天の霹靂であり、工業試験所川崎支所から（財）神奈川高度技術支援財団／ＫＴＦへの出向を指示されたので強い拒絶反応が起きたのである。この問題を解決するために、当時、工業試験所本所（杉田）の関係スタッフが中心となって川崎支所の研究者に必死の説得を行った。努力の甲斐があって、1989年（平成元年）の段階ではその問題は一応収束した。当時の地方公務員法に出向・派遣の規定がなかったこともあり、勤務地を変える（工業試験所川崎支所からＫＳＰへ）ということで理解を得、同時に、同支所に属する工業試験所研究者全員が財団職員の身分をもつことになったのである。

第3に、財団の認可官庁である神奈川県が計測事業だけで財団を設立することは認めないとの方針を示したので、急遽、技術移転事業を行うことになったのである。近時、社会的に認知されたＴＬＯ、知的財産センターのさきがけ的事業である。しかし、当時の社会的常識では、技術移転事業はマイ

ナーな評価が支配的であり、その分逆説的には先駆的な取り組みとなった。このＫＴＦ技術移転事業にはインキュベータＫＳＰが求める別の事情もあった。ビジネスインキュベータであるＫＳＰは、特定の企業が持っている特許技術をベースにインキュベーションをする、インキュベーションＡというプログラムを設計していた。ＫＳＰからベンチャーを輩出することを目的に、特定企業等が持っている特許技術をＫＳＰが取得し、その専用実施権をベンチャー企業に供与し、成功すればＫＳＰにライセンス料が入る仕組みである。しかし、特定企業等の特許技術をＫＳＰが直接取得しようとしても、特許技術のマーケットがないため取得価格の設定が難しいという事情があったので、公的な機関であるＫＴＦ技術市場事業の判断を基に取得特許の価格を決めていくことにしたのである。

　1989年（平成元年）、1年余の準備期間を経て、このような課題を解決し、新しい事業の詳細設計を行ったうえで、計測事業と技術移転事業の二本柱で構成される（財）神奈川高度技術支援財団／ＫＴＦが誕生した。基本財産は、神奈川県が10億円、川崎市が2億円を出捐して計12億円となり、初代理事長には高瀬神奈川県副知事（当時）が就任した。

4　ＫＴＦ事業の変遷
(1)　時代背景とＫＴＦの役割

　神奈川県の工業の変遷（次頁図表1）を見てみよう。従業員数は戦後急速に増えたが、オイルショックを受けて、雇用吸収力は喪失される。その後、安定成長といわれる時期は、ほぼ一定の雇用の期間になるが、バブル経済の崩壊に伴い再度雇用吸収力が失われている。工業統計を見ると、バブル経済の崩壊までは出荷額、付加価値額とも伸びている。付加価値額は、かつて「頭脳センター構想」を掲げた時代、最も着目されていた経済指標で、地域のポテンシャルを評価する指標となっていた。オイルショック時、バブル経済崩壊時、この2つの時期に神奈川の産業に大きな構造変化があったのだが、神奈川県はそれぞれの時期に図表2（次頁）に示すような取り組みをしている。

　初期高度成長期の日本製品は粗悪品の代名詞だった。そこで、安価で品質の高いものを大量に製造することが、産業・企業の目標となった。良質なものづくりに取り組む産業を育てるために、神奈川県では4つの公設試験研究

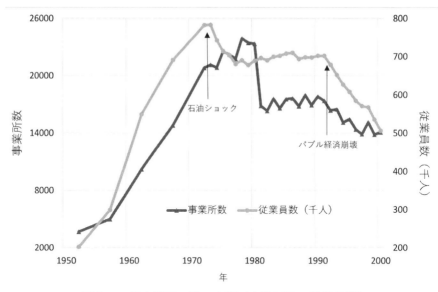

図表1　神奈川県工業の変遷（事業所数・従業員数）

	高度成長期	安定成長期	新たな成長へ
企業目標	・生産技術の高度化 ○多量生産 ○品質向上	・無人化工場 ○省略化・自動化 ○多品種少量生産	・創造型企業 ○国際分業 ○ベンチャー企業
技術移転支援	・公設試験研究機関 （4機関） ○試験・計測 ○研究開発 ○技術相談・指導	○技術情報 ○異業種交流	・産業技術総合研究所 ・かながわサイエンスパーク ○KTF ○KSP ○KAST

図表2　神奈川県の技術移転支援

機関が活用された。この公設試の主な仕事は、品質をしっかりチェックし、情報を提供することと、研究開発、技術相談・指導を行うことだった。

　オイルショック後日本経済が安定成長期に入ると、需要が多様化し、企業間競争が激化したため製造業は生産工程を多品種少量生産へと目標をシフトして成長を続けていた。しかし、こうした成長にも限界を感じており、さらに欧米からは基礎研究ただ乗り論で批判を浴び、将来に対する不透明感は拭えなかった。この時期の神奈川県の公設試は、工業界と同様それまでの目標

が不明確になり新たな役割を模索していた。大企業と下請け中小工場の系列関係が崩壊し始め、情報化が急速に進展するなかで、県の支援機関としては、工業試験所内にも技術情報センターを付置して技術情報の提供・異業種交流などを行い支援してきた。

　高度成長が終りを告げ、工業化社会の終焉が説かれる時期、次の成長のリズムについて様々な議論が行われた。当時、産業界は裕福になり研究開発の資金も豊富になって、日本は世界一の技術を持っているという自信に満ちていた。一方、公設試の設備は陳腐化が進み、その役割は見え難くなっていった。この時期、多くの企業は、国際的な分業体制を構築しあるいは新しい価値を産み出す創造型企業にしていくことを目標とするようになった。従業員数のグラフを見ても、明らかに就業構造が変ってきている。現在も従業員数は減少する一方、個別企業にとっては優劣がはっきりする厳しい時代だが、日本経済全体としては、次の成長へのステップであると考えたい。

　そのような時代背景のもと、知識経済への転換に向けて、新たな成長を求める「かながわサイエンスパーク」が建設されたのである。

(2) 日米の公設試験所に対する評価の差

　1980年頃から、神奈川県ではどのようにして公設試を改革していこうかという議論が、学職者、民間企業の参加も得て頻繁に行われた。当時、"工業試験所は役立たず"という民間の声が非常に強く、厳しい状況であった。

　この頃、日本の中小企業振興策に興味を持ち、特に地方自治体が取組んできた技術支援機関である工業系の公設試験研究機関に着目して詳細な調査研究を行った学者がいた。ジョージア工科大学のシャピラ教授である。教授は日本の工業の強さの秘密を探るため、日本各地を歩き日米を比較した調査研究をまとめ発表した。教授の論文により日本の公設試の存在が「Kohsetushi」として世界に知られるようになった。日本の公設試が長年に亘り中小企業の技術支援に当り技術力向上に貢献してきたことに注目したクリントン大統領がＭＴＣ（マニュファクチュアリング・テクノロジー・センター）を、米国の全土に設立する構想をたてた。1993年（平成5年）にＭＴＣの全米ネットワークの設立を公約し、大統領選挙に臨んだ。中小企業の技術力を高めて、日本に対抗するということだった。1995年（平成7年）には、全米に44ヵ

所のMTCが設立され、クリントンの公約である100ヵ所という目標は1997年（平成9年）に達成された。

　1994年10月には、全米MTCのネットワークであるモダニゼーションフォーラムの代表団が日本の中小企業振興策と公設試の調査のため来日した。その折に、柴田がラッセル会長ほか調査団員の方々と意見を交換する機会を得た。席上で米国が公設試の活動を高く評価し、注目されていることに驚きと戸惑いを感じたのを鮮明に記憶している。と言うのも当時、日本では"公設試役立たず"との批判の声が高く、公設試に身を置くものとして肩身の狭い思いをしていたからだ。この時の調査団の来日がきっかけで1995年に「モダニゼーションフォーラム年次大会」に公設試からの参加要請が中小企業庁にあり柴田が団長として出席することになった。

　MTC全米年次会議の第1回目の出席者は数人だったが、2回目は200人になり、1995年（平成7年）の第3回大会には740人が全米から集まっていた。このように、米国はものすごい勢いでMTCの設立に力を入れた。それまでの米国連邦政府には中小企業を支援するプログラムは、殆ど見当たらなかったが、クリントン政権は中小企業技術支援予算を大幅に拡大したのである。一方、当時の神奈川県の財政は逼迫しており、県庁の会議で、KTFで行っている技術移転の事業を止めたほうがいいのではという話が過熱していた。実際、KTFの技術移転事業には相当の資金を使っており、それに比して収入は上がっていなかった。総じて県庁内ではKTF事業に対する厳しい評価が行われるようになっていた。

(3) KTF自立への試み
①財政面の自立化

　神奈川県庁での「見直し」「廃止」の議論が進む中で、KTF現場では、KTFの存続に不可欠な財政的な自立に向けて、スタッフ全員が真剣に議論していた。補助金比率の引き下げと自主事業の拡大を目指した議論の成果を、「1997年度（平成9年度）予算」と「1998年度（平成10年度）予算」の対比で見てみよう。

　＜1997年度（平成9年度）予算＞
　・目　標：自立（補助金比率を低減する）

・同決算額：7億3000万円
　【収入予算のパーセンテージ】
　　試験計測受託収入・・・・47.6%
　　事業収入・・・・・・・・ 6.0%
　　基本財産運用収入・・・・ 3.9%
　　補助金収入・・・・・・・42.5%

　試験計測委託収入は、県からの委託費であるが、機械のリース費や人件費などの固定費に充当される資金である。県からの資金は委託費と県補助金と合わせると90.1%になっていて、自立化と言っても絶望的な状況だった。そこで、国の資金を導入し、事業収入を強化する両面作戦に思い切って計画を変更した。その結果を次に一年経った時の予算比率として示す。

＜1998年度（平成10年度）予算＞
・同決算額：11億円
　【収入】
　　県・国受託事業・・・・・65.1%
　　その他事業収入・・・・・ 5.3%
　　県補助金・・・・・・・・26.7%
　　金利収入・・・・・・・・ 2.9%
　【支出】
　　人件費・・・・・・・・・24.4%
　　その他固定経費・・・・・45.3%
　　事業費等・・・・・・・・30.3%

　国からの受託事業を獲得した結果、県の補助金比率の引き下げが可能になり、支出面でも固定費比率が下がり事業費比率を引き上げることができた。1997年度（平成9年度）決算額は7.3億円だったが、1998年度（平成10年度）には11.0億円にすることができたのである。

②人材の自立化

　県の研究職員は、身分が不安定だということで、ＫＴＦへの出向を嫌がる傾向があり、また県の予算が減少している上、熟練度の高い優秀な県研究職員に頼ったままでは財団のプロパー職員が育たない懸念もあった。そこで県

から出向の研究職員、行政職員は前倒しで県に復帰させ、人材面の自立化を強引にすすめた。現在、ＫＴＦ現場はプロパー職員だけで運営している。

③技術市場事業の自立化

ＫＴＦが行っている事業で、最も重要なのは技術市場事業の流れである（図表3）。特許情報を収集し、様々な移転の説明会を頻繁に開き、引き合いがあれば、商談にはいる。ＫＴＦが行った技術市場事業の実績の推移を図表4に示す。図が示すように、この事業は右肩上がりの数字となっているが、最近では、大学ＴＬＯの活動が活発になり、ＫＴＦ技術市場事業の在り方が問われている。

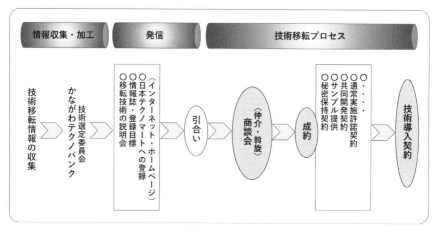

図表３　技術市場事業の流れ

④試験計測事業の自立化

ＫＴＦの計測部門は、県の委託事業が原点である。年々リピーターが増え、新規利用企業もコンスタントに増えているが、県からの委託事業ということで、現場がいくら頑張っても財団の収入は変わず、計測事業の自立化には結びつかない。県の受託事業を維持しつつ、財団の自主事業を強化した結果を、図表5に示そう。2000年度（平成12年度）のＫＴＦ試験計測事業における自主事業収入は、5,000万円となって、県受託事業からの収入4,700万円（県収入）を超えるに至った。自主事業収入はその後も伸びて、2004年度（平成16年度）には、県受託事業からの収入4,400万円（県収入）に対し、自主

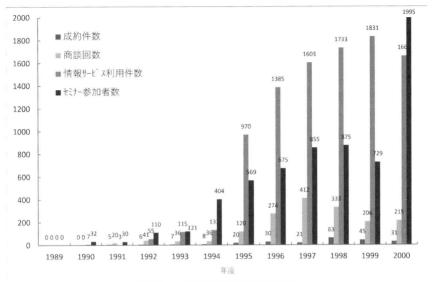

図表4　技術市場事業の実績

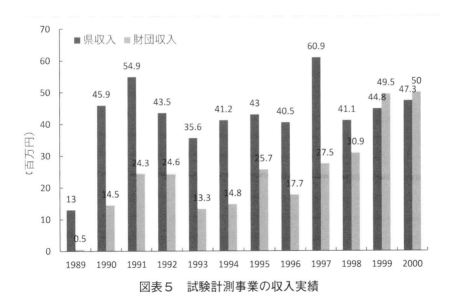

図表5　試験計測事業の収入実績

事業収入は7,300万円となっている。

⑤国事業への取組み強化

　自主事業を増やすだけでは自立できないので、国家資金の導入に積極的に取り組むことにした。その結果、1997年度（平成9年度）に「地域研究開発促進拠点支援（RSP）事業（ネットワーク型）」を受託し、1998年度（平成10年度）には「ものづくり試験開発支援センター整備事業」を、2000年度（平成12年度）には「地域研究開発促進拠点支援（RSP）事業（研究成果育成型）」を受託することができた。

　1998年度（平成10年度）の「ものづくり試験開発支援センター整備事業」では、国からの貸与資金2億900万円で計測機器（FIB）を購入し整備した。やがてこの機器は財団のものになる制度だったので、中小企業の技術開発を支援しつつ財政的な自立に資することができるようになった。

　技術移転の仕事の要点は、他の商品と同様、良質な技術でなければ移転しない、売れないということである。良質な技術で市場に出ていないものと言えば、大学で誕生した技術シーズが想定される。そこで、2000年度（平成12年度）に「地域研究開発促進拠点支援（RSP）事業」を、平成12年度から16年度にかけて、文部科学省から受託し大学発技術の移転に取り組むことにした。KTFにとっては、このRSP事業を通じて、大学とのネットワークが構築できるようになり、特に中核的に強いネットワーク構築がある大学である横浜国立大学、北里大学、横浜市立大学との連携ができた。KTFは、この中核的大学に加え他の15の大学とも連携をしており、4人のコーディネータが各大学を回って情報収集をし、他方、企業に大学のいろいろなシーズを提供する説明会を開催した。また、逆に企業から個別商談を通じて様々な情報収集をし、コーディネータを介して、大学へニーズ情報として提供する仕組みを整備した。1998年度（平成10年度）の産学交流等技術移転事業の実績を見ると、説明会は23回開催し、商談件数は333件、成約件数は63件となっている。KTFは、この事業を実施した結果、産学連携の様々なケース、実態を踏まえた産学交流事業に取り組むようになった。

　なお、1997年度（平成9年度）に、神奈川県と民間企業等から県産総研と共同で受託した「R&Dパートナーシップ事業」では、大学と企業が共同で研

究する場合、ＫＴＦが管理法人となって研究費の約10％を管理費として収入できる仕組みを整えたが、少額資金でもあり清算払いということもあって資金繰りに苦労することになった。

　なお、厳しい環境であったが将来を見据え、ＫＴＦ国際化にも取り組んでいた。アジア経済人交流会議に積極的に参加し、情報交換を行ってきた。また在日英国大使館と協力し英国の南東部（ロンドン南）でオックスフォード大学が立地している地域と3年間交流した。また米国（ＭＬ州）とバイオ関係の交流も行った。

終わりに

　ＫＴＦは、技術市場事業、試験計測事業で出発し、これに産学交流事業を加えた三本柱で自立化に向けた取り組みを行ってきた。今回、ＫＡＳＴとの統合にあたり、これまでのＫＴＦの旗印であった自立化の旗を引き続き高く掲げ、旧ＫＡＳＴ、旧ＫＴＦ互いに切磋琢磨し、new ＫＡＳＴとして、産業界、学界に役立つ仕事の展開を期待したい。

　なお、文中意見にわたる部分は筆者らの私見であることを申し添える。

　　（出所）本稿は、新産業政策研究所年報『新産業政策研究かわさき』第3号（財団法人川崎市産業振興財団新産業政策研究所、2005年3月、同研究所長・久保孝雄）に掲載された。

第6章

「KSPモデル」の創生・展開・再構築
―日本型サイエンスパークとして―

財団法人神奈川科学技術アカデミー　馬場　昭男

はじめに―「KSPモデル」の誕生―

　日本で最初のサイエンスパークである「かながわサイエンスパーク（KSP）」が、ハードウェアとして竣工した1989年、このサイエンスパークのソフトウェアである3つの中核的事業主体である株式会社ケイエスピー（KSP）、財団法人神奈川科学技術アカデミー（KAST）、財団法人神奈川高度技術支援財団（KTF）の3組織も誕生した。当時の神奈川県の政策コンセプトは、この3機関がそれぞれ独自の事業展開を図りつつ、同時に、三位一体の連携システムによる運営を基盤に、この地にベンチャー企業の創出、新事業・新産業の創造拠点を形成しようとするものであった。

- KAST教育事業が企業研究者・技術者の地力を強くし、研究助成事業が若い研究者を発掘し、研究プロジェクトが産業シーズを生み出す。
- KSPインキュベート事業は、起業家の発掘とKASTの研究成果に支えられて誕生するハイテクベンチャーの創業・成長支援を担う。
- KTFは、高度な計測サービスや技術移転事業を通じてベンチャー創出や新事業の立ち上げを支援する。

　この3機関がそれぞれ自立的な活動をしながら、相互の連携によって「かながわサイエンスパークをベンチャー企業の創出、新事業・新産業の創造拠点として形成していく」こと、これが創設時に構想された三位一体の「KSPモデル」といわれるものであった。「かながわサイエンスパーク」のコンセプトを「研究開発型企業が生まれ、育ち、集い＝交流する21世紀の創造拠点」とした表現にその思いが込められている。

1 「ＫＳＰモデル」の政策的ルーツ

「かながわサイエンスパーク」のコンセプトや「ＫＳＰモデル」として表現された具体化プロジェクトの政策的ルーツは、そもそも何処に由来するのであろうか。かながわサイエンスパーク構想が企画され始めたのは1980年代の前半であり、今から思えば、日本経済が全体としてバベルの塔を目指し、一斉に走り始めた頃である。財テクを称する「投資」ならぬ「投機」が大手をふって闊歩し始め、「財テクせざるは経営に非ず」とばかりの風潮が一気におしよせたのである。やや長い歴史的レンジで考えれば、「明治」以来の「富国強兵路線」（強兵路線は破綻したが富国路線は生き残った）に代わるべき新しい国民経済のビジョンを欠いたまま、奢（おご）る平家の例にもれず、「モノの生産」から「知的生産」への転換、「物質的豊かさ」から「生活の質の向上」への転換などが見送られ、足元の「産業空洞化の始まり」も看過し、本来なされるべき次世代の知的生産に向けた科学技術・産業インフラへの投資ではなく、日本経済最後の一大投機的投資活動が開始され、バブル崩壊への山頂に達するまで持続されたのである。

しかしながら、東京湾臨海部にある日本最大の工業地域である京浜工業地帯では、急激な円高にも促され、地殻変動が起き始めていた。日本経済の高度成長を担ってきた重化学工業や加工組立産業が成長の壁にぶつかり、従来モデルからの脱皮を迫られつつあったのである。現在の時点で考えると、第1に「ＩＴ革命に先導される脱工業化社会・情報化社会へのリズム」、第2に「ＮＩＥＳ、ＡＳＥＡＮそして中国など東アジア諸国・地域の急速な工業化のリズム」が背景にあったと思われる。とりわけ、東アジア諸地域の工業化のリズムは、当初の予測を大きく超え、試行錯誤を繰り返しつつも、急速且つ力強く伸展していた。今日の時点で明白なように、かつてアメリカ製造業を追い詰めた日本製造業が、今度は立場を入れ替えて中国、韓国等のアジア製造業の挑戦を受ける事態になったのである。なお、付言すれば、「工業制限諸制度」の維持に固執した当時の国の産業政策の問題点も指摘されなければならない。

2 「頭脳センター構想」の誕生―総合産業政策の提言―

1980年代前半、神奈川県の長洲知事（当時）は「このような産業構造の変

容は歴史の必然であり、この流れを止めることはできない。これまでの資本・労働集約型の産業構造を、技術・知識集約型の産業構造に転換させていくのが我々の政策課題である。そのために、科学技術をエンジンとする新しい産業を生み出さなければならない」として「神奈川を日本とアジアの頭脳センターにしよう！」と呼びかけた。産業構造の知識集約化、頭脳化を目指す「頭脳センター構想」の誕生である。知事のこの呼びかけに応えて、神奈川県総合産業政策協議会（その後身の「神奈川県産業政策推進委員会」を含む）や神奈川県科学技術政策委員会が様々な議論を積み上げ、その成果を「提言」として知事に提案した。この２つの組織で議論のリーダーシップをとられたのは、当時専修大学教授であった中村秀一郎先生である。先生の要請もあって、協議会や委員会には1980年代の神奈川の代表的ベンチャー企業の集まりであったＲＡＤＯＣ（神奈川県研究開発型企業連絡会議）メンバーも多く参加していた。まず、総合産業政策協議会では、地域経済モデルとして「目指すべきは、アメリカ・シリコンバレー地域である！」として、その地におけるスタンフォード大学（特にフレデリック・ターマン教授の活動）や「ショックレー半導体研究所」とそれに続くシリコンバレーＩＴ産業のルーツ企業である「フェアチャイルド・セミコンダクター社」の事跡を学習した。ついで日本の実情を考慮し、現在、国の政策となっている「プラットフォーム」の前身ともいうべき「地域ＦＭＳ構想」を打ち出し、それを踏まえた幾つかのプロジェクトを提案したのである。中村氏やＲＡＤＯＣメンバーの胸中には、県の新しい産業政策の出口（EXIT）に研究開発型企業・ベンチャービジネスの誕生・創生を置き、入口には、スタンフォード大学（正確には、スタンフォードリサーチセンター・ＳＲＩ）の神奈川版の組織イメージ（「科学技術アカデミー」の名称は既にできていた）があり、次いでシリコンバレー地域の投資専門金融機関（「クライナー・パーキンズ・コーフィールド＆バイヤーズ」のようなベンチャーキャピタル）を想定した神奈川版の「公的ベンチャーキャピタル構想」並びに創業支援を行う「スタートアップビル構想」があった。議論の結果、「工業の先進性を支える技術開発を担う独創的な研究者・技術者を養成するため、人材育成の拠点となる科学技術アカデミーの設立を推進」するとの提言については、当時の担当部局が「県の産業政策上、科学技術アカデミーは県工業試験所（当時）の改組で対応したい」と回答したため「それでは駄目だ。新

たな科学技術シーズを生み出す日本には未だ存在しない新しいタイプの研究型大学をモデルにすべきで、工業試験所の改組で対応できるものではない」とする協議会メンバーとの間で調整がとれず、別途組織される科学技術政策委員会で再審議することになった。

　「公的ベンチャーキャピタル構造」については、ＪＡＦＣＯ（当時は「日本合同ファイナンス」）を先頭に当時澎湃と起こりつつあった民間ベンチャーキャピタルに任せるべき、との意見が支配的になり、提言から見送られたが、「スタートアップビル構想」（現在周知の言葉で言えば、「ビジネスインキュベーター構想」）については、県も積極的に関与すべきとして提言に組み込まれた。

3　都市型サイエンスパーク構想の登場

　ビジネスインキュベーターである「スタートアップビル構想」については、ＲＡＤＯＣの中で、建設業界を含む様々な民間企業との間で調査研究が進められたが、実現に向けた決定的な契機は、総合産業政策協議会の座長であった中村秀一郎専修大学教授（その後多摩大学学長）と、同協議会メンバーでもあり1980年代の日本ベンチャー界のリーダー格でもあったＪＡＰＡＸ／ＩＪＲの井上潔社長との共同作業である「都市型サイエンスパーク構想」の登場であった。「スタートアップビル構想」は「都市型サイエンスパーク構想」の中で新たな息吹きを与えられることになったのである。

　サイエンスパーク（テクノパーク、リサーチパーク等々他の名称で表現される場合を含む）は、1980年代、日本工業等の追い上げに直面し既存産業による成長の限界を乗り超えるために、欧米において動き出した先端科学技術に基づく新産業創造の社会的仕掛けである。失業救済を目的にするものからハイテク産業の創出を目的にするものまで多様なサイエンスパークの実験が試みられていた。最初の本格的サイエンスパークは、当時「英国病」と皮肉られていたイギリスのケンブリッジ大学を中核とする「ケンブリッジ・サイエンスパーク」であると言われている。シリコンバレーの「スタンフォード・インダストリアルパーク」も同様な機能を有している。サイエンスパークに共通しているのは、大学の研究力を経済に結びつけ新産業・新企業を生み出すために、大学等の高度研究機関をサイエンスパークの中核に置いていることである。研究型大学を中核に、ＴＬＯ、ビジネスインキュベーター、公私の研

究機関やベンチャービジネスの集積、業務・生活支援サービスの集積等がサイエンスパークを構成し成立させている。世界の研究者との日常的な交流が不可欠なので、国際空港に近接していることが望ましいとされている。ちなみに、「サイエンスパーク」づくりは、今や、アジアの先端的産業政策・科学技術政策となり、欧米モデルに基づく韓国の「テクノパーク」、中国の「高新技術産業開発区」や「ユニバーシティサイエンスパーク（大学科技園）」等々が続々と登場し、アジア・サイエンスパーク協会の年次大会は年々参加者が拡大している。日本は、残念ながら、この分野でも先発後進国になりつつある。

「都市型サイエンスパーク構想」は、ＲＡＤＯＣ全国交流大会を通じてアピールを行ったが、最終的には、提案企業であるＪＡＰＡＸ／ＩＪＲと池貝鉄工溝口工場の新たな所有者となった飛島建設の２社を中核に、協力企業７社、その他民間企業14社の総勢23社に神奈川県、川崎市も参加し、（財）先端加工機械技術振興会（岡崎嘉平太理事長）を事務局とする「かながわサイエンスパーク構想調査研究会」のなかでフィージビリティスタディが行われることになった。

かながわサイエンスパーク構想調査研究会は、赤本と呼称される「かながわサイエンスパーク構想調査報告書」を1986年３月に取りまとめた。欧米の先進事例調査を含むこの報告書の取りまとめには、大学、産業界、通産省（当時）、県市からは多くの人材が結集した。中心となった学識者は、中村秀一郎専修大学教授（当時）、清成忠男法政大学教授（現総長）、権田金治東京電機大学教授（当時・故人）、伊藤滋東大教授（当時）等々の方々であった。

報告書は、21世紀の創造拠点をめざし、「新しい価値の構築」、「偏差値的価値から独創的価値へ」の転換に向けて、独創的価値を認め、尊重し、刺激し合う風土・環境を提供し、「新しい価値を構築できる場」としてのサイエンスパークの創出を説いている。さらに、21世紀の産業社会を担う創造拠点の政策課題として、第１に「科学技術シーズの生産と創造支援」、第２に「起業化の担い手である企業家の発掘と育成」を挙げ、創造拠点の具体的機能としては、第１にビジネスインキュベーター機能を詳述し、第２に企業の研究開発を支援する「測定ラボ」、及び個々のテーマに対応する「研究開発ラボ」機能を具体的に提案し、第３に交流支援・情報支援・コンサルティング等種々の支援機能の整備を求めている。これらの提案された諸機能の具体的設計は、

当面、第三セクター方式で創設される予定の（株）ケイエスピーに委ねられることになった。

4　神奈川県科学技術政策委員会の提言

1987年、神奈川県科学技術政策委員会は、「神奈川県科学技術会議の設立」を提言するとともに県立試験研究機関の再編整備を取り上げ、「試験所から研究所へ」を基本コンセプトに、各県立試験研究機関（公設試）毎に設計が進められることになった。その中に、依頼試験サービスに特化し企業の信頼をえていた工業試験所川崎支所を想定した「県が直轄で行っている試験計測サービスは原則として民営化すべきである」との提言が含まれていた。この提言は、その後、工業試験所川崎支所（当時）並びに（財）産業化試験所（県商工部所管）を廃止し、財団法人「神奈川高度技術支援財団」(Kanagawa high Technology Foundation／ＫＴＦ)（当初神奈川県の全額出捐による基本財産10億円、その後川崎市の追加出捐を得て12億円）の設立につながっていくことになるが、突然「再編整備の先駆け」に指名された工業試験所川崎支所のスタッフの戸惑いは大きかった。工業試験所川崎支所のスタッフ全員がＫＴＦの高度計測サービス事業（県の委託事業）の担い手になることを了承し、新たに追加された技術移転事業（財団自主事業）との２本柱で構成される新財団の設立までには、多くの関係者、当事者の涙ぐましい労苦があった。

ＫＴＦの高度計測事業は、エレクトロニクス産業が集積する地域特性を踏まえ「表面分析」に特化した計測機器の整備を行うとともに、試料づくりや計測に伴う相談の充実、他の計測機関との連携をもとに紹介斡旋などの連携システムの充実により、利用者（顧客）本位のサービス体制の構築を目指すことになった。技術移転事業は、現在と違い、当時は社会的認知も少ないままでのスタートになったが、必ず「知的財産権時代」が来るという信念のもとに、企業等において自ら使用する予定のない、若しくは休眠状態の特許権等を預かり、データベース（ＫＴＦテクノバンク）として整備をすすめるとともに「営業スタッフ」も用意して企業の技術ニーズに応え、また、ＫＳＰが行う「インキュベート事業」のニーズにも応えるサービス体制の構築を目指すことにした。

「科学技術アカデミー構想」については、県の科学技術政策と産業政策の

統合を図り、新たな産業構造の創成を目指す「頭脳センター構想」の中核的推進機関として「創造性豊かで高度な研究、人材の育成などを行う（財）神奈川科学技術振興機関の設立」が提言された。当時、県立工科大学を設立すべきとの有力な意見もあり、「科学技術アカデミー構想」はその意見との刷り合わせも求められていた。しかし、長洲知事には「大学設置基準に沿った組織には賛成できない。学校法人ではなく、違うかたちの大学院レベルの高度研究・教育機関を考えたい。研究も教育も専門家（教授等）の終身雇用は避けるべきだ」という強い信念（バーチャルユニバーシティ構想）があり、当時、東京工業大学学長を退任され、長岡科学技術大学学長に就任されていて、設立予定の財団法人神奈川科学技術アカデミー（Kanagawa Academy of Science & Technology Foundation／ＫＡＳＴ）の初代理事長就任を内諾されていた斎藤進六先生も「それで、いきましょう」と賛意を示され、以後、斎藤、中村両先生はじめ多くの学識者と、科学技術庁（当時）の神奈川県出向者や県庁スタッフとの共同作品として、流動性の高い研究・教育体制を基本コンセプトとする新たな財団法人の設立に向けた設計が進められることになった。

1989年6月のＫＡＳＴ発足時における斎藤理事長、長洲知事のコメントは、冒頭、「国」ではなく「地方」が科学技術振興に取組むことの歴史的社会的意義を強調している。当時は、地方自治体法の改正があった現在と違い、科学技術振興は「国」の仕事とする理解が多数派であったことが想起される。次いで、科学技術振興と知的資源の集積こそ次世代の地域社会をつくる原動力であるとしてＫＡＳＴ設立の意義に触れている。基本財産を40億円（目標額）とするＫＡＳＴは、理事会、評議員会に大手、中堅、ＲＡＤＯＣ企業等に大学人の参加を得るとともに「アドバイザリーボード」を設置し、ボードメンバーとして国内外のノーベル賞クラスの著名な科学者を結集した。

発足時のＫＡＳＴ事業は、①研究事業、②教育事業、③学術交流事業、④研究等助成事業の4本柱で構成されていた。発足当時のＫＡＳＴの研究スキームには、研究期間5年の基礎研究型研究室と同3年の応用研究型研究室の2タイプがあり、現在に引き続く「流動研究プロジェクト体制」を打ち出している。教育事業は、講座定員20名、10講座を当面の目標に掲げている。学術交流事業では、講演会、シンポジウム、研究会等の開催を行い、研究等助成事業では、若手研究者の創造的基礎研究に対する助成や学会等の開催に

対する助成事業を行うことになっている。ＫＡＳＴ設立を報じるマスコミが「県立大学院大学の設置」としてＫＡＳＴ誕生を理解し、報道していたのが注目される。

5　ＫＳＰ三位一体モデルの創成

　かながわサイエンスパーク構想調査研究会が取りまとめた「かながわサイエンスパーク構想調査報告書」では、サイエンスパークが求める諸機能の具体化を、新設される（株）ＫＳＰに委ねていた。1988年末に設立された、民活法に基づく第３セクター（株）ＫＳＰ（払込資本金45億円のうち神奈川県、川崎市、日本開発銀行（当時）が各５億円で公的セクター出資計15億円、民間セクター出資計30億円）は、ビジネスインキュベーター事業については個人起業家を重点的に支援するＡ方式と、創業直後の企業を支援するＢ方式にわけてシステムを設計していたが、ＫＳＰにとって困難かつ厄介な課題は「ラボ機能の整備」であった。「計測ラボ」については、民間ラボを誘致する動きも一時期あったが、ＫＴＦの設立の具体化が急速に伸展したので、「ＫＳＰ計測ラボ」をＫＴＦが担うことは、関係者で内々の了解ができていた。しかし、「ＫＳＰ研究ラボ」については、ＫＡＳＴ設立のスケジュールがはっきりしない時期があり、ＫＳＰ内部では、やむを得ず、科学技術庁（当時）／ＪＳＴによるＥＲＡＴＯプロジェクトの誘致や、各大学のサテライトラボの誘致などの検討が進められた時期もあった。しかし、県トップの三位一体システム（ＫＳＰモデル）への強い指示があり、最終的に、ＫＡＳＴが「ＫＳＰ研究ラボ」を担うことが決定した。中村先生やＲＡＤＯＣメンバーの熱意は、県トップの強い支持を受けて、産業政策、科学技術政策の出口を「研究開発型企業の誕生におくＫＳＰモデル」が、多くの関係者の様々な熱意・協力・努力・労苦によって企画段階から５～６年後の1989年に創成したのである。なお、余談ながら、その後各地で設立された民活法に基づく第３セクター株式会社は自ら「ラボ整備」を行う事態になって、その運営に困惑している事例をみるにつけ、また、アジア諸地域のサイエンスパークづくりにおいて、「ＫＳＰモデル」が参照される状況を鑑みるにつけ、改めてＫＳＰモデルの先見性・先進性が明らかになったと思われる。

6 ＫＳＰモデルの１４年

　ＫＳＰ3機関は、設立後14年の歴史のなかで、それぞれ独自の成果を上げてきたが、社会経済環境の変化に伴う諸問題、諸課題も生じてきている。

ケイエスピー

　(株)ケイエスピーは、日本で初めての本格的ビジネス・インキュベーター(起業化支援施設)として、創業支援を行った企業は延べ200社、新たに3,000名を超える雇用の場を創出し、創業支援事業、投資を中心とした成長支援事業そして起業家育成の研修事業を3本柱とする事業モデルは日本初のビジネス・インキュベーターモデルを確立したと言える。とりわけ、国内外において「ＫＳＰブランド」の普及に成功したことは特筆すべき成果であり、功績である。

　しかし、売上高が10億円を超えた企業は10社程度に留まり、ＩＰＯ(株式公開)を果たした企業は未だ出ていないことも事実であり、急成長しているアジアのなかで、「先発にして後進の危機」に瀕しているとも言える。

ＫＡＳＴ

　(財)神奈川科学技術アカデミー(ＫＡＳＴ)は、神奈川県が全国に先駆け、大学革命の先陣を切る使命も担って誕生した地方主導の高等研究教育機関である。研究事業でも教育事業でも常勤の研究・教育陣をもたず、期間限定の流動的研究・教育システムをとっている。初代理事長斎藤進六先生、2代目理事長長倉三郎先生のリーダーシップのもと、発足以来、25の流動研究プロジェクトが誕生し、平成10年発足の「光科学重点研究室」や同年スタートの「地域結集型共同研究事業」と合わせて発信された論文及び学会発表は3,306件(うち海外1,094件)、出願された特許は481件(うち海外36件)、産業界で使用されている実施特許は104件で実施許諾率は22.2％に及んでいる。これは、日本の公私研究所の平均特許実施率(10％程度といわれる)を大幅に超えた数字である(以上、平成13年度末の現在のデータによる)。設立当時懸念されていた流動研究体制も、有期で結集した若い研究者がプロジェクト終了後新たな研究活動の場に転身するなど順調に推移し、改めて、研究活動の高い流動性が確認されている。社会人技術者を主たる対象とする教育事業は、

教授陣が日本のトップクラスで編成できる強みもあり、原則1講座20～30人で開講して、延べ7,585人の卒業生を社会に送り出している。近時は、東大医科研と連携したバイオテクノロジー講座に多数の受講者がある。以上の成果は、ＫＡＳＴが若い大学研究者に活躍の場を広げたことと共に、社会的にも高く評価されている。

しかし、ＫＡＳＴが生み出したベンチャー企業は6社に留まり、成功物語もこれからの課題である。欧米モデル（ユニバーシティサイエンスパーク）に従って、ＫＡＳＴを中核とする「かながわサイエンスパーク」に再設計することがＫＳＰモデルの再構築という意味からも大切な政策課題となっている。

ＫＴＦ

（財）神奈川高度技術支援財団（ＫＴＦ）は、工業試験所川崎支所を「民営化」し、その伝統を引き継ぎながら、デバイス関連の表面分析や素材分析に特化した試験計測サービス事業を行い、これまでの延べ利用企業数は4,500社、延べ利用件数は17,000件と、地味な仕事ながら、特定計測分野について一級品の評価をうけている。技術移転を促す技術市場サービス事業についても日本でトップクラスの実績をあげ、成約件数は342件に及んでいる。さらにＲＳＰ事業を実施して県下14の理工系大学との連携も強化している。

しかしながら、計測事業の特化戦略も技術革新の変化は激しく常に見直しが求められ、技術移転事業についても技術移転に基づくベンチャー創出の実績は乏しい。さらに、大学ＴＬＯが続々と発足する中で、日本の産業がプロパテント（オリジナリティ技術の重視）政策に舵を切り、戦略的知財（知的財産権）マネジメントのできるプロフェッショナルな人材を求める時代になってきたことを、ＫＴＦも考慮しなければならない時期になっている。

7　ＫＳＰモデルの再構築

ＫＳＰモデルのリード役は、かながわサイエンスパーク誕生の経緯もあって、（株）ケイエスピーが担っていた。かながわサイエンスパークの誕生にあたって、「建設」というハードウェアの課題があったため、そのソフトウェアの検討にあたっても、（株）ＫＳＰが「ＫＳＰモデル」を考えざるをえない時期があったからである。しかし、欧米モデル（今やアジアでさえも）がそ

うであるように、サイエンスパーク本来のリーダーシップは大学研究機関が担っている。

　大学発ベンチャー時代に象徴されるように、新たな発明・発見を社会（グローバルマーケット）に結びつける「サイエンスパーク」の役割は、日本経済の復権に向けて、今後ますます高まっていくと考えられる。神奈川県が日本のどこよりも早く生み出した「かながわサイエンスパーク」の中で想定したＫＳＰモデルを再構築する（ＫＡＳＴが次世代の市場を求める研究開発成果を生み出し、新たな発明・発見を産業化に結びつけるプロフェッショナルなサポーティング組織として（株）ＫＳＰ並びにＫＴＦを再構成する）ことは、神奈川県・川崎市の産業政策・科学技術政策の重要な政策課題であると思われる。

　　＜参考＞
　地方自治体の科学技術関係予算は、平成14年度版財団法人全日本地域研究交流協会（2001年実績調査）によると、次のようになっている。
1位・東京都　500億円　2位・大阪府　360億円　3位・北海道　357億円
4位・大阪市　299億円　5位・兵庫県　298億円　6位・福島県　271億円
7位・長野県　253億円　8位・埼玉県　244億円　9位・名古屋市　235億円
10位・秋田県　212億円
　神奈川県は全国で29位の121億円、川崎市は57位の21億円となっている。（横浜市は54位で30億円）

　　＜追記＞
本稿中、意見に渡る部分は筆者の私見であることを、念の為、お断りしておきたい。（2003年3月15日）

（出所）本稿は、新産業政策研究所研究年報『新産業政策研究かわさき』創刊号（財団法人川崎市産業振興財団新産業政策研究所、2003年3月、同研究所長・久保孝雄）に掲載された。

第7章

KSPプロジェクトの推移と
KSPモデル（補論）

原田誠司

　KSPモデルはどのような経過をたどって、形成できたのか。関連する事項を時間順に追って、振り返ってみたい。

1　頭脳センター構想の提起

　1978年5月26日の＜知事月例談話＞で、長洲知事は、＜神奈川を日本の「頭脳センター」に＞と訴え、頭脳センター構想がスタートする。この談話の特徴は、次の2点にあると思う。

　第1に、直前の5月16日開催の「科学技術懇話会」を経て科学技術の位置づけを明確にしたこと。次の3点である。つまり、第1：「神奈川を新しい科学技術を創造するモデル地域に」、それにより、神奈川は＜日本はおろかアジアの、世界の「頭脳センター」になることも可能だ＞、＜頭脳集約型、技術集約型の産業をさかんにしていく必要があります＞、第2：「地域に根ざした適正技術を」、＜「等身大の技術」が求められている＞、第3：「行政に科学を」。

　第2に、試験研究機関のあり方の見直しを明示したこと。この2年間、県立試験研究機関（14機関、約1,000人の職員）の見直しの議論を呼びかけ、今回の「科学技術懇話会の設置はそのまとめ」である。試験研究会議→試験研究連絡協議会設置→2つの部会・8つの分科会でシステム構築を進めた。機関間の連携、機関と一般行政との相互交流へ、「科学から行政へ」「行政から科学へ」。さらにこれからは、「民間や大学などとの交流も試みたい」と提起した。

　　＊以上、『テクノコンプレックスかながわ―頭脳センター構想の軌跡―』
　　　（1991年3月、ぎょうせい）より

ここで重要なのは、＜県立試験研究機関を見直し（「科学技術懇話会」設立）、新しい科学技術（「適正技術」）を開発し、新産業（頭脳集約型）の振興と同時に、科学と行政が相互交流する新たな県組織の仕組みを構築する＞ことを明確にし、ＫＳＰモデルに至る始点を明示したこと、である。

また、もう１つ次の点を確認しておきたい。1968年に『模倣から創造へ』（東洋経済新報社）を公刊し、日本（人）の＜創造性＞論を提起した飯沼和正さんが、長洲県政２期目の最初の年1979年の秋に、県に呼ばれて、部課長約50人の前で、創造性についての講演を行った（飯沼さんへの原田のインタビュー）。長洲さんは知事になる前に飯沼さんのこの本を読んでおり、長洲県政１期の課題（高校100校建設問題）に目途がつき、新しい２期目に臨んで、飯沼講演会を開催したとのことのようだ。飯沼さんが提起する創造性論とまったく新しい創造的構想＝＜頭脳センター構想＞の提起が重ね合わさった結果、とみてよいであろう。飯沼さんは以後、長洲県政の諸事業に関わってゆく。

２　頭脳センター構想に関する提言

1980年10月、神奈川県総合産業政策委員会提言「頭脳センター構想に関する提言」（これも上記の『テクノコンプレックスかながわ』所収）が公表される。
そのポイントは次の通りである。
- 「人間の頭脳が最大の資源」との観点から「優秀な人材を集めるための環境づくりを推進する・・・アメリカの「シリコンバレー」や「ルート128」では、「地元の大学が中心となる地域企業の研究開発を科学技術面から支援し、強力なリーダーシップを発揮したことが集積の大きな要因」である。神奈川県で「このような環境をつくり出す」ためには、研究機関・研究開発型企業の拡充・集積・連携とともに、「大学と産業との新しい相互依存関係の開発が重要」である。
- 研究機関の集積を図るためには、地域産業や都市条件との相乗効果を高める意味から、「都市部あるいは都市区域には研究開発ビルを、郊外区域にはリサーチパークをといった、立地環境に適した手段を検討すべき」である。
- 産業と大学との有機的な連携を図るためには、「研究開発に強いリーダーシップを持つ特色ある大学の存在」が重要であり、「県内の工学部を持つ

大学が・・・産業界との結びつけを深め、企業の技術開発に科学技術面から支援する体制を促す必要」がある。シリコンバレーでは、「スタンフォード大学を中心に産・学の強固な結びつき」が確立している。産・学間での技術者・研究者の交流・出向等の検討、さらに、**文部省の許可を要しない大学校を設立する**ことも検討」すべきであり、「企業が個別に大学を持つことの必要性を代替する大学校」であれば、企業の参加も期待出来よう。

・さらに、「先導的技術開発の推進体制づくり」、「高度加工技術開発センターの設置」、「ソフトエネルギー技術の研究開発の推進」、「技術情報交流のシステム化」が提言される。

・委員からの意見として、次のような産学連携への慎重な意見があった。「わが国では公的な大学や試験研究機関が企業と連携を保って特定のテーマで結びつくことは、複雑な問題を生ずるおそれがあるので、この点を配慮する必要がある」。

この提言では、優秀な人材・研究機関・研究開発型企業等を集積する「研究開発ビル」や「リサーチパーク」などの立地環境整備とともに、産学連携の形成や文部省基準でない大学院設立を検討すべきとし、頭脳センター構想の将来の具体化に向けた、より施策レベルで、アイディアが出される。

3　神奈川県研究開発型企業連絡会議ＲＡＤＯＣの発足と久保さんのアメリカ訪問

1982年2月、県が呼びかけた「頭脳センター構想に関する意見交換会」が開催される。これを経て、同年10月に、神奈川県研究開発型企業連絡会議ＲＡＤＯＣが発足する。県内の研究開発企業40社が参加し、代表に、(株)井上ジャパックス研究所ＩＪＲ社長・井上　潔氏が就任する。井上氏は、県総合産業政策委員会委員に就任する。

井上潔氏について、若干補足しておきたい。井上氏は三菱重工で放電加工を研究していたが、工作機械大手メーカー・池貝鉄工所の社長をしていた（1949～1957年）政財界の重鎮、岡崎嘉平太氏と意気投合し、1953年に池貝鉄工の関連会社として、戦後日本初の放電加工機専門メーカー＝(株)日本放電加工研究所を設立する（岡崎氏が社長、井上氏が常務）。1960年に、ジャパッ

クス（株）と社名変更。井上氏は1970年に、ジャパックスから分離独立した（株）井上ジャパックス研究所（知財・シンクタンク）を設立する（井上氏が社長、1974年にはジャパックスの社長就任）。井上氏は、日本の放電加工機メーカーの先端を走っていた。井上氏は飯沼氏の『模倣から創造へ』も読んでおり、両者は親しい関係にあったという（飯沼さんへの原田インタビュー）。

　久保孝雄さんが、米国務省の招待で、1982年5月1ヶ月、アメリカの東・西海岸を訪問・視察する。『久保孝雄詩歌集　詩歌日記で綴る　人生の四季』には、次のように記されている。

　　＊「広大なリサーチパーク視察して　工業団地終わりと感ず」（リサーチトライアングルパークを見学。全米でPh.Dが一番多い地域とか。知識経済対応の産業政策、とくに「かながわサイエンスパーク」へのヒントを得た）

　帰国後、久保さんは、リサーチトライアングル等について、知事等への報告を行うが、詳細は不明である。

4　「かながわ総合産業政策」提言

　1982年12月、県総合産業政策委員会の「かながわ総合産業政策」提言は10の重点施策を明示しているが、頭脳センター構想関係の施策は次の通りである。（　）内は、後の実現事業を示す。

　＜②新しい型の研究開発拠点の創設の「スタートアップ・ビル」（KSP事業へ）、

　　③職業人のための教育研修システムの開発の「科学技術アカデミー」（神奈川科学技術アカデミーKAST事業へ）、

　　⑧高度工業化と両立する新しいまちづくりの推進の「まちづくりモデル事業」（KSP建設事業へ）、

　　⑨都市型農林漁業を先導する技術開発の推進の「研究開発共同体制」（県研究機関再編・KTF事業へ）＞

　以上から明らかなように、この提言で、スタートアップ・ビル、科学技術アカデミー、県試験研究機関再編が提起される。

5　KSP構想の誕生

　1984年6月、RADOCが呼びかけて、＜研究開発型企業全国交流大会

第7章　ＫＳＰプロジェクトの推移とＫＳＰモデル（補論）

＞開催される（全国から 300 社超の企業が参加）。大会決議・提言で、初めてサイエンスパークが提起される。

　　＊提言の出所は（株）ケイエスピー『創造へのチャレンジ／かながわサイエンスパーク』（1989年11月）。
・5つの決議・提言は次の5項目である。
＜1　研究開発型企業に関する総合的な振興法の早期成立、2　研究開発型企業団地及び総合的科学技術団地の整備、3　スタートアップビルの整備、4　重要技術研究開発費補助金等に研究開発型企業枠の創成、5　研究開発型企業交流組織の整備＞
・このうちの「2」の「研究開発型企業団地」には「**研究開発ラボ、試験ラボ**等の共同施設」の整備、また、「首都圏域に総合的科学技術団地（**サイエンスパーク**）」の中にはＶＡＮで結ぶ「技術情報センター」や「企業家精神を育成するための先端技術・経営**ビジネススクール**」を併設すること、が明記された。

なお、下記の馬場昭男・植松　了の論考によれば、この＜サイエンスパーク＞の提起は、中村秀一郎（専修大学教授）座長（県総合産業政策委員会）と井上　潔社長（同委員）の議論の結果の「**構想メモ**」によるとのこと。メモでは、＜起業家個人の創造力に基づき知的革命をリードする「場」の創出＞、つまり、産業集積拠点としてみると、「生産」を軸とする工業団地ではなく、＜「研究開発」を軸とする科学工業団地構想＞である。これが、後に、サイエンスパークと呼ばれる。この「構想メモ」は長洲知事に報告され、ＲＡＤＯＣ呼びかけの全国交流大会決議につながった、とのことである。

　　＊馬場昭男・植松　了「かながわサイエンスパークの誕生」（久保孝雄他編著『知識経済とサイエンスパーク』、日本評論社、2001年10月）

この提言で、初めてサイエンスパーク建設が明示され、研究ラボ、試験ラボさらにビジネススクールの整備も提示された。以後、官・民で構想の具体化・事業化へ進む。

6　スタートアップビル構想研究会・事業化研究グループの形成

全国交流大会終了後直ちに、1984 年 6 月、**スタートアップ構想研究会**がスタートする。企業、金融機関、総合建設会社等傘下に、1985 年 2 月まで

8回開催する。総合建設会社中心に、**構想事業化研究グループ**が設立され、事業化の検討が行われる（土地問題、建物、資金、事業運営、事業可能性等検討）。同時に、**1984年7月**、ＲＡＤＯＣ代表井上潔氏が上記「提言」を踏まえ長洲神奈川県知事、伊藤川崎市長にサイエンスパーク創設の協力要請を行う。

　この結果、**土地問題**（サイエンスパークの立地場所）が決着し、池貝鉄工溝の口工場跡地（川崎市）に決定した。1984年12月に飛島建設が土地を取得、川崎市が接触を図る。次期社長含みの若手副社長と交渉する。1985年1月10日から11回にわたり、「飛島建設の四手井氏、ＩＬＲの清水周氏、県庁の増田辰弘氏に馬場昭男等が参加してこれまでの知見と情報を共有する作業」を行った。**1985年3月、飛島建設の決算役員会で、公的セクターとパートナーを組んで事業化に進むことを決定した。**

7　調査研究会によるＫＳＰ構想の実施設計

　産学官連携の事業化研究コンソーシアムで、事業化を検討し、（財）先端加工機械技術振興協会（会長・岡崎嘉平太）に調査委託を行う。

　若干補足すると、同協会は、1980年3月に、ジャパックス（株）の岡崎嘉平太会長、井上潔社長、（株）井上ジャパックス研究所の基金拠出により設立された（初代理事長は岡崎氏で、83歳の高齢、井上氏は57歳）。岡崎－井上コンビがＫＳＰの実施設計を担ったことになる。

　同協会は、**1986年3月**、『**かながわサイエンスパーク構想調査報告書**』を公表する。調査報告の骨子は次の通りである。

- サイエンスパークの基本的枠組み＝＜創造拠点整備＋支援機能＋研究開発型企業の集約＋基盤整備・創造環境整備＞を構築する。
- ＜創造拠点整備＞は、＜**研究開発機能＝ラボ**＞＋＜**新企業保育機能＝インキュベータ**＞とし、ラボは＜**研究開発ラボ**＞と＜**測定ラボ**＞の2つとする。
- ＜支援機能＞は、＜情報支援機能＋交流支援機能＋コンサルティング機能＋教育訓練機能＞の大きく4つである。教育訓練機能として、セミナー等に加え、＜ベンチャービジネス・スクール＞が必要である。
- ＜研究開発型企業の集約＞⇒ベンチャー企業や研究開発型企業が集積した＜ベンチャー・パーク＞を整備する。

第7章　ＫＳＰプロジェクトの推移とＫＳＰモデル（補論）

＜基盤整備・創造環境整備＞⇒高次都市機能整備としてかながわサイエンスパーク開発を行う。宿泊（ホテル）、集会、飲食・サービス等店舗、金融等都市生活関連施設整備。

この報告書により、ＫＳＰ機能・施設が具体化・事業化に向かう。

8　ＫＳＰモデル構築へ

1986年12月、第３セクターの株式会社ケイエスピー（初代社長・岡崎嘉平太、副社長・井上潔）が設立され、民活法第１号に認定される。ＫＳＰは、経営トップを＜岡崎－井上コンビ＞が担い、スタートした。

しかし、この時点では、研究開発ラボと計測ラボは未定であった。それは、産業政策ではなく、科学技術政策における事業化が必要であったからだ。

県の**科学技術政策の事業化は、1986年７月**、県科学技術政策委員会が発足しスタートする。1987年10月、同委員会が「基本方策について」を公表し、ここで、県試験研究機関再編（研究所への再編）、県科学技術振興機構（仮）設立を提言する。前者から、1989年８月に、計測ラボ＝（財）神奈川高度技術支援財団ＫＴＦ（川崎市内立地の工業試験所再編）が設立され、後者から、1989年７月に、研究開発ラボ＝（材）神奈川科学技術アカデミーＫＡＳＴ（新設）が設立される。

このうち、ＫＴＦは、＜高度試験機能＋技術移転機能（ＴＬＯ）＞として、試験機能の高度化で明快に位置付けられる。しかし、**サイエンスパークの根幹をなす研究開発ラボ＝ＫＡＳＴ新設は知事決断による**。上記の馬場・植松論文によれば、長洲知事の「三位一体システムへの強い指示」があり、決定したとのことである（大学設置基準の大学法人ではなく、違う形の大学院レベルの高等研究・教育機関を考える。研究も教育も教授等専門家の終身雇用は避けるべき）。

ＫＡＳＴの新設により、**三位一体システム＝＜戦後日本初の「発明」の事業化モデル＝ＫＳＰモデル＞**が創生された。

9　ＫＳＰプロジェクトはなぜ成果をあげられたのか

ＫＳＰプロジェクトは、以上から明らかなように、頭脳センター構想（1978年）の表明から、ＫＡＳＴ・ＫＴＦ・ＫＳＰの三位一体システム＝ＫＳＰモデル（1989年）に結実するまで、10年超の年月がかかった。

なぜ、10年超もかかったのか。筆者は、逆に、こんな短期間で、先駆的な史上初めての試みを凝縮し、成果をあげられたのか、と驚く。

　その要因をさぐると、まず挙げなければならないのは、「時代の転換期」が強く認識・意識されていたこと、である。長洲知事（候補）は「新神奈川宣言」で、1970年代を日本の高度成長時代からの大きな転換期と把握し、知事当選後もその認識を貫かれた。

　第2は、その転換期を乗り切るため、旧来の仕組み、やり方を新しい仕組みに変革することを目ざしたことである。それは、端的に、「新神奈川宣言」の5つの原則に明示されている。

　第3に、その1つの原則に「科学的な県政」を明示し、新しい仕組みの構築にあたって、＜科学＞の観点を導入したことである。＜科学＞の観点は、大学教授時代から、イギリスの労働党政権の「科学革命」を高く評価していたことがその背景にあった。

　第4に、そこから、知事就任当初から、先駆的に科学技術政策を始動するとともに、工業から「頭脳集約、技術集約型」産業への転換を見通していた。それが、頭脳センター構想発案からKSPプロジェクト展開の基盤となった。

　第5に、頭脳センター構想の具体化・事業化にあたっては、多くの専門家・企業が参加して新たな産業政策・科学技術政策が検討され、KSPプロジェクトとして展開され、成果をあげた。それは、多数の県・市の関係者や専門家の連携・協働の成果であるが、なかでも、知事の試みに共感した4人のキーマンは中核を担った。中村秀一郎（専修大学教授、県産業政策委員会座長）、岡崎嘉平太（先端加工機械技術振興協会理事長、後にケイエスピー初代社長）、井上　潔（多くの発明特許を有するジャパックス研究所社長、後にケイエスピー副社長）、斎藤　進六（東工大名誉教授、後にKAST初代理事長）。なかでも、岡崎－井上コンビはケイエスピーの経営トップを担うこととなった。

　第6に、サイエンスパークの根幹をなす研究開発ラボ＝KAST設立を知事決断で決めたこと。但し、この点については、斎藤進六教授のアイディアや先の飯沼和正氏のアドバイス（飯沼氏による商工部の担当者とKASTについての突っ込んだ議論によるアドバイス）など、知事の決断を支える環境づくりも進んでいたことも確認しておく必要がある（飯沼氏への原田インタビュー）。

　つまり、日本では前例のないサイエンスパークの仕組みを、これまた前例

のない非文部省基準大学院大学の研究機関を自治体の首長（長洲知事）が決断して、初めて、ＫＳＰモデルが創出されたのである。日本の大学も政府もできない創造性を発揮し、実現したのである。まさに、偉業と言わなければならない。

　筆者は拙著（『ベンチャー簇業序説』）で、戦前の＜理研モデル＞に次ぐ＜戦後日本初の「発明」の事業化モデル＝ＫＳＰモデル＞と位置付けた。ＫＳＰプロジェクトが10年超もかかったのは、戦前と戦後の断絶状況で、＜理研モデル＞が完全に歴史から埋没させられ、先行事例とならなかったため、とも考えられる。＜理研モデル＞が参考にされたら、もう少しスムーズに、＜ＫＳＰモデル＞に到達できたかもしれない。

　だが、当時の日本には、アメリカの事例（ベンチャー輩出・集積のシリコンバレーとスタンフォード大学等）しかなく、国内に参考事例が存在しないという壁を超えて、＜戦後日本初の「発明」の事業化モデル＝ＫＳＰモデル＞が創生された。まさに、長洲県政の創造力、構想力が10年超も継続・発展し、先駆的な史上初めての試みが成果を産んだ、と言わなければならない。

第8章

21世紀のサイエンスパーク戦略

(株) ケイエスピー インキュベートディレクター　清水 周

1　はじめに

　平成12年12月31日の日本経済新聞は、トップ記事として東京三菱銀行が預金口座の維持手数料を導入することを報じた。口座維持手数料は、欧米の金融機関の多くでは既に導入されているものであり、我が国もやっと追従した感がある。

　新聞では、「銀行の預金者への姿勢が『平等』から『選別』に転換すると同時に、預金者もサービスの濃淡に応じて銀行を選ぶ時代に入った」と解説しているが、これこそ正に、我が国の経済社会が一般庶民をも含めて好むと好まざるとに拘らず間接金融時代から直接金融時代に入ったことを実感せざるを得ないニュースである。

　つまり、素朴な庶民感情として、「銀行にお金さえ預けておけば僅かではあるが金利が付いて少しずつ増えるものと信じていた」のが、今後は「銀行にお金を預けておくといつの間にか無くなって仕舞いかねない」と考えざるを得なくなったのである。「手持ちの資金はどのように活用したら良いのか？」「老後の生活資金はどのように確保するのか？」

　インターネットに代表される高度情報通信社会の到来とともに、1,300兆円ともいわれる我が国の個人金融資産の流動化が「サイエンスパーク」の場においても始まろうとしている。

2　「サイエンスパーク」とは何か

　我が国において「サイエンスパーク」という言葉が聞かれ始めたのは「かながわサイエンスパーク」が生まれる1980年代の後半である。

　「サイエンスパーク」とは、1980年代に入って米国において「ハイテクパー

ク」として形成され始め、欧州においても米国をモデルとして同様な「サイエンスパーク」とか「テクノパーク」とか「イノベーションセンター」などのハイテクパークが次々と形成されていったものの総称であった。

当時、法政大学の清成忠男教授（現総長）は、「サイエンスパーク」の共通する特徴を次のようにまとめている。

① 大学や研究機関が核となっている。
② 組織的なイノベーションの展開が意図されている。
③ ハイテクベンチャーのインキュベートが重視されている。
④ 地域ぐるみの取り組みが見られる。
⑤ 地方自治体による産業政策が用意されている。

「21世紀のサイエンスパーク」は、これらの特徴に加えて、直接金融市場への移行に対する積極的な位置づけが必要になる。

1980年代半ばの世界のサイエンスパーク数は約200ヶ所と言われ、その所在地の大部分は欧米であった。ところが今や「アジアのサイエンスパーク」が各地で建設され欧米に迫る勢いである。「21世紀のサイエンスパーク」は、有力な生産基地・情報発信基地等の新産業拠点として、「アジアのサイエンスパーク」が中心となりかねない状況にある。

3　アジアのサイエンスパーク

2000年の9月14〜16日に、中国瀋陽市で、日本を含むアジア地域を中心とした29ヶ国79名の外国人を含む300名余の参加による第4回東アジア・サイエンスパーク会議が大盛会裏に開催された。会議後、東アジアの12ヶ国・地域のサイエンスパークによって、「アジアサイエンスパーク協会」が発足した。12ヶ国・地域とは、日本、中国、韓国、台湾、シンガポール、マレーシア、香港、インド、ベトナム、スリランカ、ロシア、イランである。

設立の目的は、各サイエンスパークの施設運営・産学交流についての情報・ノウハウの交換などで連携を強め、各地での新産業・ベンチャー企業の育成につなげることである。初代会長には、「かながわサイエンスパーク」の運営会社である株式会社ケイエスピーの前社長である久保孝雄氏（（財）川崎市産業振興財団理事長）が就任した。この協会の母体となったのは、1997年12月4日に株式会社ケイエスピーが呼掛け人となって「かながわサイエ

ンスパーク」で開催された「第1回東アジアサイエンスパーク交流会議」であり、参加はわずかに4ヶ国8パークだったのである。

中国では、現在までに53のサイエンスパークが建設され、6,715億元の売上を達成、外貨獲得は1991年の51倍で20％の成長であり、1999年には、10,000社の企業がサイエンスパーク内で操業している。高新技術産業開発区では、220万人の雇用を創出し、1991年の実に75倍となった。

台湾の新竹サイエンスパークは、200億米ドルの売上をあげ、台湾の半導体産業の牽引車となっており、台南市に新たなサイエンスパークを建設中で、年間500社のベンチャー企業輩出が目標となっている。

韓国京畿道では、ベンチャービジネスの成長力が原動力となって韓国経済のグローバリゼーション、知識主導型経済を推進しており、大邱テクノパークでは、2年半で150社のベンチャー企業を立上げ4社が上場している。

その他、イラン、香港、インド、ニュージーランド、ベトナム等においても、政府機関が大学等と連携し率先してサイエンスパークの建設に取り組み新産業の創出を図っている状況である。

4　21世紀のサイエンスパークの戦略

直接金融経済の到来、「アジアのサイエンスパーク」の状況、「かながわサイエンスパーク」の設立・運営の経験等を踏まえて、我が国における「21世紀のサイエンスパークの戦略」を模索してみるに、「21世紀のサイエンスパークの戦略」は「技術の市場での評価が求められ、その事業評価が経済価値に効果的に変換されるための方策を講ずることである」と思う。

これは、間接金融偏重政策と袂を分かつこと、否、分かたねばならないことになる。つまり、戦後の日本経済を牽引してきたものは、大蔵省主導による間接金融偏重政策であるが、これは、いわば実績主義であり担保主義である。従って、実績がなければ認められない、担保が無ければ金が借りられない経済社会を作り上げてきたのである。こういう政策の下では、新しい技術やベンチャーは育たない。特にその技術や事業が革新的で画期的であればある程、「実績がない、リスキーだ」という理由で葬り去られるのである。実績がないから新しい技術であり、リスキーだからベンチャーなのである。

しかしながら、この間接金融偏重政策は昨今の金融機関の破綻や経済の停

滞等いたるところで綻び始め、グローバリゼーションと相俟って行きづまりつつある。もはや、人々は金融機関といえども信用出来ないというかあまり役に立たないと感じ始め、直接金融主体の市場経済へと移行せざるを得なくなりつつある。

直接金融主体の市場経済においては、技術等をベースにした事業性、つまり事業価値が問われることになるから、担保や実績の有無よりも事業性が問題となる。

「21世紀のサイエンスパークの戦略」は、この事業性を積極的に創造することによって、直接金融市場の橋頭堡になることである。

5 具体的な戦術
(1) インキュベート機能の充実

「サイエンスパーク」にとって、最も必要なものは、インキュベート機能である。他の機能がいくら充実していても、事業性を具体的に創造するインキュベート機能のないものは、「サイエンスパーク」とは言えない。

インキュベート機能のないものは、単なるハコモノか、公設試の出先機関に過ぎない。「サイエンスパーク」の狭義が「インキュベーター」であるといっても過言ではない。従って、このインキュベート機能を充実させることが大切である。

「インキュベーター」は、ここ数年急激に増え始め我が国だけで200程度あると言われているが、ほとんどが単なるスペース貸しの不動産業の域を出ていない。不動産業は、貸室業だから約定に基づいて賃料等の取りはぐれがないことに留意すれば充分である。インキュベーターは企業を育成することが目的であるにも拘らず、ややもすると不動産業に長けたものがリーダシップを取りかねない状況になっている。一般的な不動産マニュアルでは、種々の点において「インキュベーター」には馴染まないのである。

「インキュベーター」は、ビジネスサポートのための種々のメニューが用意され、必要に応じてインキュベートマネジャーが支援する仕組みが整備されていなければならない。特に、どのようなビジネスモデルを中心とした事業価値を創造出来るか、その事業計画を如何に実行できるか、そしてそれに伴う資金調達と財務管理が円滑に行われているか等が最も重要である。また、

ベンチャー企業は一般に販路の確保が難しいので、種々の販路開拓に伴う支援も必要である。

（2）ファンド（投資事業組合等）の確保

ファンドは、「サイエンスパーク」にとってインキュベート機能と両輪である。独自のファンドを持つことが望ましいが、少なくとも他のファンドと提携して、「サイエンスパーク」から生まれるベンチャー企業の資金需要に対応すべきである。必要なときに必要な資金を注入しないとベンチャーは育たない。特に、ハイテクベンチャーの場合には、事業化までのステージにおいて何回かの資金需要に見舞われるので、この資金需要に応える必要がある。

「サイエンスパーク」の運営に際しても、ファンドを持つことによって得られるキャピタルゲインやコンサルティング等直接・間接的なビジネス展開によって「サイエンスパーク」或いは「インキュベーター」の収益性を向上させて経営を安定させ独自性を高めることを可能ならしめる。さらに、ファンドを運営することによって企業を見る目がシビアになるとか企業を育成することに貪欲になるといったようにインキュベートマネジャーの姿勢が改善されるという付随的な効果もある。

この投資事業組合について、筆者の若干の経験を次の通り（＜　＞内文章）、追加しておきたい（2024年10月6日）。＜筆者が属していた（株）ケイエスピーは、創設以来赤字続きであった。赤字解消と更なる発展を企図した清水は、久保孝雄社長に「このままではトンビに油揚げをさらわれるような事態になり兼ねない！」と投資事業組合創設を、強く働きかけた。久保社長は同意してくれたが、大株主であり運営母体である神奈川県、川崎市及び日本政策投資銀行をはじめとする金融機関等は全員「テナント業に専念し、余計なことはするな」と反対であったが、久保社長はこの反対を押し切って英断を下し、投資事業組合の設立が決まった。投資事業組合は1997年1月、4大証券会社やセコム（株）などの出資を受けて創設された。この投資事業により、上場企業が増え、キャピタルゲインが入るようになり、（株）ケイエスピーの赤字が順次解消し、投資事業組合創設から9年後（2006年3月）、黒字に転換することができた。第3セクターでは、初めての偉業であったと言える。＞

第8章　21世紀のサイエンスパーク戦略

(3) 人材の育成

「サイエンスパーク」や「インキュベーター」において、我が国が欧米に比して遅れているのは「インキュベートマネジャー」だと言われているが、「インキュベートマネジャー」というのは、良識と積極性があれば誰でも直ぐになれる。

しかしながら、巷間で実施されている「インキュベートマネジャー」の育成カリキュラムでは、「サイエンスパーク」をコーディネート出来るような真の人材は育ち難い。インキュベートに関する理念というか哲学が欠如して小手先のテクニックに終始しているからである。丁度、語学さえ堪能だと如何にも海外企業との折衝に長けているかの如く勘違いしがちであったのと同じようなものである。

技術評価、資本政策や財務戦略等は基本的な考え方が大切であって、具体的な細部についてはネットワークを使って専門家に任せる方が良い。むしろ中途半端な知識によって判断を誤ることの方が問題である。専門的な知識よりも事業化に対する「熱い想い」とか「高い志」を持った人材を「サイエンスパーク」に如何に集め育てるか、如何に育成するかの方が重要である。「21世紀のサイエンスパーク」とは、そういう「熱い想い」と「高い志」を持った事業家とインキュベートマネジャーがシナジーする場である。

我が国の各分野においてそれぞれリードするべき人々の資質が低下し、モラル・ハザードここに極まれりといった感さえあるが、モラルと見識の高い人材の育成が「サイエンスパーク」においても必要である。

(4) グローバル化への対応

「サイエンスパーク」は、国内外に向けて開かれた場にすべきである。キヤノンの御手洗富士夫社長は、「日本は現在、これまでの輸出の拡大、生産拠点の海外進出に続き、内なるグローバル化という第三の国際化の局面を迎えており、そのために、国の魅力を高め、世界の優れた人材や情報を国内に取り込むことが経済活性化のカギになる」と言っている。

「21世紀のサイエンスパーク」は、アジアをはじめ世界の優れた人材や情報を取り込む開かれた場にすべきである。生産販売については勿論のこと事業化のシーズからニーズまですべてグローバルな視点・規模で把握する必要

がある。我が国の範囲内だけで検討していたのでは、全く意味がなくなるというか誤るのは必至である。

　従って、地球規模で優れた人材と最適な情報が適宜に入手出来る仕組みを構築する必要がある。インターネットに代表される高度通信情報化社会では、これが可能である。これは、かつて、商社が世界中に駐在員を派遣し情報網を張り巡らせて商売のアドバンテージをとったよりも、質・量ともともっと高い情報のキャッチを可能にするものである。

　そして、「サイエンスパーク」の中で創成された情報を全世界へ向けて発信することが肝要である。グローバル化への対応には、情報を発信することによって全世界からの情報も入ってくる双方向の仕組みが必要である。

(5) 適正な事業性評価システムの構築

　事業性に関する技術評価は、欧米においては比較的うまくいっているようであるが、文化や国民性の違いもあって、日本ではうまく機能していない。先般の白川先生のノーベル賞受賞を例に挙げるまでもなく、良いものを素直に良いという文化が日本には無いのである。

　「サイエンスパーク」に入居する企業や投資先の審査に当たって、当該企業の技術評価を適正に行なう必要がある。一般に、技術を正しく評価してもらおうとすると、どうしてもその分野の専門家に頼まざるを得ないのであるが、専門家は長年その技術に関わってきた手前、いろいろな知見があることが沽券にかかわるというか反って足枷になって、新しい技術を素直に評価出来ないのである。だからといって、その分野の専門家でないと、これまた専門外ということでもっと分からなくなる。

　丁度、アインシュタインの相対性原理のようなものである。つまり、その技術の核心にせまればせまる程その実態が分からなくなり、一方、核心から離れればこれまたその技術が何であるかさえ分からなくなるといった具合である。

　仮に、正しく技術評価が出来たとしても、それは、事業化を満たすひとつの必要条件が満たされただけで、事業化が達成されるための十分条件ではない。また、逆に、現在のように成熟した社会では、技術は未熟でもそこそこのビジネスとして成り立つ場もあるので、適正な事業性評価システムを構築

する必要がある。

　「21世紀のサイエンスパーク」は、適正に事業性を評価出来る人材、多分、文化系で技術管理に携わっていたような人が有力な候補であると考えられるが、そういう人材を育成することとコンピュータを駆使した技術マップ等による新しい事業性評価システムを構築することが必要になる。

(6) 大学等の連携

　日本の「サイエンスパーク」が欧米ばかりでなくアジアのそれらと比べても見劣りするのは、日本においては、大学との連携がほとんどないからである。次世代を担うような根のある事業化のシーズが大学等から出てこないのである。ＴＬＯなるものが作られて、大学の技術移転が進むかと期待されたが実態は惨憺たるもので効果は今のところ上がっていない。それは、大学の先生が本気で取り組もうとしていないからである。否、本気で取り組もうとしてもインセンティブもなければ社会全体にそういう仕組みが完備されていないからである。

　本来、研究と事業とは全く異なる概念であるが、国立大学や国立の試験研究機関も独立法人化されることになったので、「21世紀のサイエンスパーク」にとっては追い風である。これを助長するには、文部省等のあらゆる面における規制緩和や起業家を賞揚する社会風土の醸成、それによって若い研究者が自ら起業するような社会環境の整備等が急務である。その結果、「21世紀のサイエンスパーク」は、産官学のニーズ施策とシーズが融合する場になる。

(7) 組織の活性化（第三セクターの民営化）

　現在、日本にある約200の「サイエンスパーク」又は「インキュベーター」は第三セクター等公的機関の運営によるものが大部分であり、最近、純粋な民間セクターによるものが出来始めているところであるが、公的機関によるものはその大部分は経営が行き詰まりつつある。

　第三セクターは、バーナード・ショウがイサドラ・ダンカンの求婚を断った台詞と同じになっているからである。つまり、第三セクターとは、官の良いところと民の良いところを活用してそれぞれ単独では成し得なかったような事業を達成しようというのが本来の趣旨であるが、実際は、官の悪いとこ

ろと民の悪いところばかりが出て事業が円滑に行われていない。

　それは第三セクター等の人事を中心とした経営母体の問題である。例えば、第三セクターは自治体や国のＯＢ人事の天下り先となっている。年功によって順繰りに送り込まれているだけであって適正な人材の配置が全く考慮されていない。民間サイドも同じである。民間サイドの人事は、大体大株主から選ばれるが、ほとんどが建造物の建設に伴う工事を受注するための手段として株主になっているのが大半である。本来は、建物が出来てからがその事業の本番なのに、彼らは建物が出来上がってしまえば、そのプロジェクトにはもう関心は無いのである。また、出向者は、会社としての意向よりも出身母体の意向を優先する。こういう人事になっているから、第三セクターとしての高邁な理念など達成されるはずがないのである。さらに、第三セクターの給与体系も問題である。役所の給与体系がベースになっているから、株式会社としての給与体系としては馴染まないので、優秀な人材を確保することを極めて困難にしている。

　確かに発足時は公的セクターとしての役割はあるし必要であるが、発足してから可及的速やかに民営化すべきと考える。配当もしなければキャピタルゲインも期待できないようなあたかも温室で育ったような株式会社の存在が、このグローバル化された資本主義社会でいつまでも放置されるはずがない。

　「21世紀のサイエンスパーク」は、すべからく経済的な競争原理が優先される場であり、その競争に勝ち残った「サイエンスパーク」しか生き残れないと思う。自ら厳しい資金調達に奔走するベンチャー企業の経営者に対して、予算だけを扱い自ら稼いだ経験のない第三セクターの人間がどうしてシナジーし得るのであろうか。

6　サイエンスパーク自身の事業計画を（株式公開に向けて）

　「21世紀のサイエンスパーク」は、「サイエンスパーク」同士の連携から、競合へと移行する。

　そして「サイエンスパーク」のポテンシャルとバリューは、先ず第一に、株式公開企業を如何にたくさん育成出来るか、第二にその株式公開した企業が如何に良質な企業であるかによって決まる。そのためには「サイエンスパー

ク」自らが事業計画を作成しそれに基づいて株式公開を実現する必要がある。自らの株式公開の経験をもって「インキュベーター」を運営しベンチャー企業を育成することが、企業家や投資家等に対して一番説得力があるからである。

さらに、「サイエンスパーク」自らが株式公開するインパクトは多大である。つまり、自治体の財政的な足枷というか重荷になっていたはずの第三セクターから配当やキャピタルゲインというかたちで莫大な収益を得ることも可能になるからである。そのことによって自治体の新たなる収益源として位置づけられるだけでなく、その自治体の活性化を促す効果も多大である。自治体にこのような資本の論理を導入することは、年功序列制度の見直しや、小さな行政府への移行等が促進され、ある意味では非常に公平な社会が生まれることも期待される。

このような「サイエンスパーク」の事業創造／株式公開を実現していくことで、「サイエンスパーク」が直接金融市場の仕組みを最も有効に活用出来る場になるものと確信している。

7 おわりに

「21世紀のサイエンスパーク」は、「サイエンスパーク」間の競争が始まり、「サイエンスパーク」自身の力量が問われるのである。

第1回東アジア・サイエンスパーク会議で、久保氏は、「サイエンスパークは、21世紀型の知識社会・高度情報化社会に向けた科学技術の創造拠点であると同時に、グローバルな大競争時代（メガ・コンペティション）における地域優位性を築くための知的資源の集積と活用を図る創造と協力のための拠点になる」と断言している。

それから3年が経った。アジアのサイエンスパークは、久保氏の喝破断言した通りというかその目覚しい発展は「我が国は先発して後進となった」と嘆かしめている。

現在は「サイエンスパーク」間の連携が始まったばかりであるが、また一方では21世紀を迎えて、国内外の「サイエンスパーク」間において熾烈な競争が展開されようとしている。

しかしながら、いずれにしても、「21世紀のサイエンスパーク」は、新し

い産業拠点としての役割は多大であり21世紀をリードしていくのは間違いない。何故ならば、「サイエンスパーク」が冒頭に述べた通り間接金融社会から直接金融社会へと移行しつつある中で、人々や社会が最も関心のある事業価値創造の最も有効な場になるからである。

　（出所）本稿は、社団法人 科学技術と経済の会『技術と経済』2001年2月号
　　　　（No.408）に掲載された。

第Ⅲ部
長洲県政の再評価と歴史的意義

新神奈川宣言　表紙

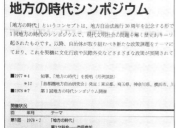

1984年11月　第7回　地方の時代シンポジウム

第Ⅲ部　長洲県政の再評価と歴史的意義

　第Ⅲ部は、「長洲県政」研究会のメンバーの長洲県政の再評価とその歴史的意義についての所感（提起）を掲載した。

提起 I

「新神奈川宣言」の歴史的意義
－＜構造改革＞をどう引き継ぐか－

原田 誠司

　長洲神奈川県政の原点は、長洲さんが立候補の決意を披歴した「新神奈川宣言」（今から約50年前の1974～1975年頭に執筆・公表）にある。筆者はそこに、長洲県政が＜構造改革政権＞としての展開を果たした基本的考え方が凝縮されている、と考える。以下、＜構造改革＞の枠組みと引き継ぐべき視点について、私見を整理しておきたい。

1　「新神奈川宣言」の基本的枠組み
　「**新神奈川宣言－5つの転換、5つの原則－**」の枠組みは、概ね、次のように整理できよう（全文は巻末史料を参照されたい）。
☆はじめに・・・
　県知事選出馬の決意として、＜保守県政から革新県政への「方向転換」＞と＜生活者の代表としての「庶民県政」＞を約束する。
- 前者の「方向転換」について・・・高度経済成長後（1970年代）の日本は「大きな転換期」に直面しており、「これまでの仕組みや、やり方」を転換し、「新しい神奈川を設計し、未来を創造」しよう。
- 後者の「庶民県政」について・・・「仕事と家庭を愛する庶民の心がしみとおり、脈打つ県政、庶民の手に政治をとりもどす県政」である。

☆（1）あすの神奈川像－5つの転換－・・・
　＜「人間」を中心にすえ、神奈川を「人間が生きる、人間のための、人間都市」につくりかえましょう＞と呼びかけ、5つの転換＝＜①安心して暮ら

せる神奈川、②連帯感に満ちた神奈川、③希望と創意と活気の神奈川、④子や孫に誇れる神奈川、⑤内外に開かれた神奈川＞を提示する。

- ☛①は、高度成長のひずみ＝「不安と危険」から「安定と安心の神奈川」への転換、具体的には、消費者重視と安全な都市生活環境づくり（公害対策等）を進める。
- ②は、「競争から連帯へ」をめざして、「社会福祉」と「保健」における人による充実したサービスの仕組みを創る。
- ③は、子どもたちがのびのび育つとともに、現場で生きがいを感じ、地域で市民が自由に交流でき（広場づくり）、活力があふれる神奈川（地域社会）を創る。
- ④は、高度経済成長で劣化した自然環境＝緑と水と青空を取り戻すため、これらを積極的に「創造」する「環境大作戦」を展開する。
- ⑤は、首都圏の要であり、日本の玄関である神奈川は、国の「国際」外交の基礎となる、国民同士がつながる「民際」外交の先頭に立ちたい。

☆（Ⅱ）県政をどう進めるか－５つの原則－・・・

「義務と忍耐の社会」（戦前）、「権利と要求の社会」（戦後憲法下）を踏まえ、「自治と自主の社会」へ、「自己統治の社会」へ進む、これが今後の日本の方向である。単なる「住民」から「市民」に進む。「市民」とは、「権利と要求に目ざめたひとりひとりが、同時にヨコに連携し、討論と同意のうえに自分たちの問題を解決しあっていく人間」のこと。「県政の主人公は、県民です。県民が主権者です」。

県民自治の県政の５つの原則＝①「現場」を尊重する県政、②わかりやすい県政、③科学的な県政、④県民と呼応する県政、⑤地方自治の確立をめざす県政を提示する。

- ☛①は、現場（仕事、生活の場）の声に耳を傾け、創意・工夫して問題を解決する。県の職員の仕事はこの現場を重視し、「創意・協力・献身」で仕事を行う。その条件は県が整備する。
- ②は、県民が参加する県政、つまり、県民の「手づくり」の県政、民主主義が肌で感じられる「自己統治」の県政をめざす。県庁＝県民センター、県民参加と自己統治をやりやすく。
- ③は、長期の展望・計画性が必要。場当たりはダメ。「政治に知性を、

行政に科学を」。県の職員は専門能力を高め、外部専門家・学者等の協力もあおぐ。

　④は、県民が問題を出し、専門家と討論し、選択は県民が行うような討論を繰り返す。「県民自治とは、県民と県政との普段の「対話」のこと」と考える。

　⑤は、「中央集権から地方分権へ改革する」こと。国・県・市町村は上下関係ではなく、対等な補完関係。「市町村に顔を向けた県政」＝「自治体連合としての県政」をめざす。また、「自治体の権限と自主財源」を強める抜本的な改革＝「行財政制度の構造改革の先頭」に立つ。

☆むすび・・・

　これまでの市レベル（140市）の自治体革新を都道府県段階にひろげ、神奈川県は東京とともに、「自治体革新の第2段階」の中心的役割をはたす。「革新首都圏」をめざす。問題の根本的解決は「国政における政治の革新」にある。「革新市町村という根をはり、革新都道府県という枝と葉がしげってこそ、国政段階での革新政権という大輪の花が咲く」。

2　「新神奈川宣言」は何を提起したのか

　さて、「新神奈川宣言」は何を提起したのか。

　まず第1に、高度成長後の1970年代の転換期に、旧来の「仕組み、やり方」を転換することを明示し、それは「庶民県政」だと、一言で応えた。それが「革新県政」であると。この「庶民県政」こそ、＜構造改革＞の端的な表現である、と思う。

　第2に、その転換の政策面が「あすの神奈川像－5つの転換－」として提示された。ここで重要なのは、「人間＝生活者」（これが「庶民」の別表現）を基本に置き、そのための政策を明示したことである。消費者重視、都市環境、福祉と保健、生きがい・働きがい（子ども、現場）、環境創造、民際外交等を重点政策として列挙する。

　第3に、住民（県民）と県庁（地域権力）との関係、つまり「庶民県政」の在り方につき、端的に、「自治と自主の社会」、「自己統治の社会」を提示し、国・県・市町村の上位下達の関係の廃止＝対等・平等を明示した。「県民自治」の実現である。

第4に、その「県民自治」の実現のために、5つの原則を明確にした。ポイントは、現場（生活、仕事の場）での県民と県政の不断の「対話」を通して、県職員の専門能力向上と外部専門家等の協力（科学の行政への導入）で、県民の問題提起を解決する、という県民自治－県民参加の県政を実現する点にある。この仕組みの構築をベースにして、中央集権から地方分権に改革する。この県民自治の実現こそ、＜構造改革＞の根幹をなす。

　第5に、地方分権改革を進めるためには、この県民自治実現をめざした、「自治体連合としての県政」の実現と自治体自主財源含めた「行財政制度の構造改革」が不可欠である。

　以上から、「新神奈川宣言」は、戦前の「義務と忍耐の社会」を経て実現した戦後憲法下の「権利と要求の社会」になっても、変わらない＜国・県・市町村－国民・住民の上位下達＞関係を＜人間（生活者＝現場）の自己統治社会－県民自治・庶民県政＞の関係へと、逆転させる仕組みへの改革、つまり＜日本の政治・行政制度の構造改革＞の宣言であり、日本の政治・行政システムの抜本改革をめざした、と言える。

3　「宣言」の＜構造改革＞の視点をどう引き継ぐか？

　筆者は、政治学・行政学に疎いので、21世紀の現時点で、この「宣言」や長洲県政が展開した＜構造改革＞が継承されたのかどうか、評価することはできない。少なくとも、継承・発展しているとの評価は聞いたことはない。

　したがって、最低限、「宣言」の＜構造改革＞の視点を再評価し、今後の日本の政治・行政システムの＜構造改革＞にどう活かすべきか、いくつかのポイント（私見）を整理しておきたい。

　まず第1に、最も重要な視点は、法的には、＜主権者＝国民、県民、市町村民＞と規定されているが、どういう現実の仕組みで、主権者の意思は保証されるのか、という点である。通常は、政治面では選挙（首長、議員の）であるが、行政（国、県、市町村）面での主権者と行政の具体的関係は、どうか。不明というのが現実であろう。「宣言」は、この点での構造改革を提起している。現状をまず把握すべきであろう。

　第2に、その点に関し、「宣言」は、＜県民自治は不断の県民と県政との「対話」＞と提示しているが、同様の＜県民自治、市民自治、区民自治、町

民自治、村民自治＞を構想あるいは展開している自治体はあるのだろうか。さらに、この考えを＜是＞として、他にどのような仕組みが考えられるか。つまり、「住民自治」や「市民自治」の実態をどう構築するかという問題であり、実態の調査研究が必要と思われる。

　第3に、その「対話」は現場での問題解決の方法を求める。「宣言」は県職員の専門能力養成を提示したが、長洲県政では、職員の人材養成（自主研究支援等）と各部局における政策課・室等政策部門を設置して、対応した。政策課等は長洲県政後（岡崎県政）、次々と廃止されたという。反構造改革の暴挙としか言いようがない。現時点で、地方自治体での＜政策部門＞の位置づけ（どのように問題解決をしているか）をきちんと点検する必要がある。長洲県政がまいた種が残っているかどうか。

　第4に、政策を展開するのには、どうしても＜科学＞の導入による政策・展望等の裏付けが不可欠である。科学の行政への導入は、「宣言」のすばらしい特徴であり、長洲県政でも全面展開され成果をあげたことは、ＫＳＰプロジェクトの成功が端的に示す。今、全国の自治体で、科学の位置づけはどうなっているのだろうか。

　第5に、「宣言」や長洲県政の実績を背景に、地方分権一括法（1999年7月）が成立し、国、県、市町村は対等の関係になったが、はたして、「宣言」で表明し、長洲県政で展開した＜住民（県民、市町村民）自治の構造改革＞、＜行財政制度の構造改革＞は実現したのだろうか。筆者は＜否＞と考える。

　この点につき、心ある政治学・行政学研究者に、現在の自治体の＜住民自治＞の仕組みと行財政制度とを比較検討して、長洲県政の再評価につなげていただきたい。ぜひ、お願いしたい。

4　＜杉並区政＞の意義とは－＜地域主権＞の波へ！－

　では、新神奈川宣言を引き継ぐ政治はどこにもないのか？「提起3」で、井上良一さんが欧州の＜ミュニシパリズム＞を参考に、長洲県政の「地方の時代」（構造改革）の次（第2段階）に進むべし、と提起している。筆者も大賛成、その方向に進むべし。次（第2段階）は、「地方創生」再構築（2024年12月「地方創生2.0」答申、石破茂内閣）として始まっていると、思う。が、「地方創生」

が真に成果をあげるためには、長洲県政（構造改革）を原点に、一層の発展を目指すことを明確にする必要があろう。そのためにも、岸本聡子区長が進める「杉並区政」の意義を確認しておきたい。

　岸本さんは2022年6月に杉並区区長に初当選し、「生活の政治」（地べたからの民主主義）にチャレンジしている（岸本聡子『地域主権という希望』大月書店、2023年1月）。「生活の政治」とは、＜ミュニシパリズム＞の最も切り詰めた表現であろう。岸本さんの欧州の多くの地域政治の紹介・分析からまとめると、こう表現出来よう。＜ミュニシパリズムとは、新自由主義の諸弊害（民営化、貧富の格差、環境破壊等）を、地域住民の直接民主主義的課題解決運動（住民運動→市民・地域政党）により、議会制民主主義でも勝利（首長当選・議会多数派）し、解決する考え方・政治運動＞と。ポイントは、住民が直接、課題解決に取り組み（直接民主主義）、議会制民主主義でも勝利し、法改正等で課題解決を果たすという点にある。

　さて、岸本さんの言う「生活の政治」という言葉はどこかで聞いたように思える。そう、長洲知事は「生活者の政治」（篠原一教授は「ライブリーポリティクス」）を提起、推進した。その考え方はまさに「新神奈川宣言」で明らかにされた。「生活者の政治」とは、「庶民県政」、つまり庶民＝生活者と県政の不断の「対話」を通じて県民が望む政策を実現する政治であり、県民の「自治と自主の社会」をめざす政治を指す。とすると、岸本さんの「生活の政治」は、端的に、「庶民区政」、つまり、区のレベルの「生活者の政治」と言えそうだ。長洲さんの「新神奈川宣言」の考え方が岸本区政に引き継がれている、と言ってもよい、と思われる。その意味では、長洲県政は、ミュニシパリズム（地域主権）の先駆者と言えよう。

　岸本区長は、区政への区民参加（参加型予算、対話等）から、スタートしているが、今後のさらなる深化・発展が期待される。というのは、岸本さんは＜「杉並区自治基本条例」に沿って行政を進めます＞（「さとこビジョン」の「基本姿勢」）と明言しているが、その杉並区の「自治基本条例」（全国で初の条例として2003年5月に制定）は、次のように明示している。「地域のことは、住民自らが責任を持って決めていくことが、自治の基本である」との観点から、基本理念（第2章）では、「区民等及び区は、一人ひとりの人権が尊重され、人と自然と都市の活力が調和した住みよいまち杉並を、協働によ

り創っていくことをめざすものとする」とし、その「目的を達成するために、区民等及び区は、区政に関する情報を共有し、主権者である区民が、自らの判断と責任の下に、区政に参画することができる住民自治の実現を目指すものとする。」（第3条）

　つまり、岸本さんの政策（「さとこビジョン」参照）は、この自治基本条例をより具体化する形で展開可能である。ある意味、自治基本条例に守られて進むことができる。それと、もう1つ、岸本さんにとっては、区長選挙時の「住民思いの杉並区長をつくる会」の政策がきちんと背景にあり、その支援者の人びととの連携が可能であること。この会は市民・地域政党ではないが、近似した存在とみられる。

　岸本さんの杉並区政が、＜地域主権＞の自治体として進化・発展し、他自治体に波及することを期待したい。同時に、＜地域主権＞の先駆者としての長洲県政の「生活者の政治」が継承される可能性にも大いに期待したい。

提起2

久保孝雄先生の業績と課題

飯沼 和正（科学記者・独立）

卒寿（90歳）の祝祭、おめでとうございます。
この機をかりて、先生の「業績」と「我々の課題」とを綴ってみます。

そこで、まず、第一の「業績」：
それは、長年、前任者の残した赤字に苦しんでいた（株）ＫＳＰを、黒字化したこと。そして、神奈川県当局、川崎市当局などからの助成金を求めない自立した団体にしたことです。〝企業経営者として、そんなことは当たり前″と評される向きもあるでしょう。だが、国の省庁の外郭団体をみて下さい。この類の団体の大半は、設立されてから何年たっても赤字です。飯沼の関係していたある協会では、事務局長がハゲタカファンドに投資、つぶれてしまいました。

それにひきかえ、（株）ＫＳＰは、久保さんがtopに就任されて、ようやく赤字から脱しています。これは、当たり前のことを、当たり前にやった結果ではあったかもしれません。たしか、1993年からのことです。この黒字化のきっかけは、ベンチャー企業への投資事業をこの年からあと、本格化したということでした。これは、（株）ＫＳＰの創立の理念からいえば、当然のことではありました。しかし、創設直後から（株）ＫＳＰは赤字つづきでした。（ある事情のために・・・）

そのためもあって、株主である出資企業から送り込まれていた（株）ＫＳＰの役員たちは委縮、チンマリすわっていただけでした。ベンチャー企業（ＶＢ）などという危うい相手に投資するなどよりはＫＳＰの管理する建物とその部屋貸しに注力する方がよろしい・・・。

つまり、不動産経営の方が安全というのが1993年ごろ、久保さんがtopにつくまでの経営体質でした。ひと言でいえば、コトナカレ主義です。しかし、（株）ＫＳＰの本来の創立理念（1986年）は、コトナカレでは絶対になかったのです。ともあれ、久保さんのtop就任によって、設立の理念はようやく復活。具体的にいうと、堅実なＶＢ企業群への投資事業の開始でした。それによって、やがて経営的にも黒字化し、且つ、黒字化体質を身につけるようになった。（企業体として完全にそうなったとまではいえぬまでも、かなり活力ある企業体質にはなった、ということはできるでしょう。）

　忘れてならないのは、その当時（1991年頃）、役員の大半がＶＢ群への本格的投資事業に反対したという事実です。それというのも、この当時のＶＢ企業なる存在そのものが、正当なる企業体として社会的に認められてはいなかったのです。アヤフヤで、いつ、つぶれるかもしれない小企業。親が子に就職をすすめたくない小企業・・・。それが社会一般の見方でした。だから（株）ＫＳＰの当時の役員連が、新規事業に反対した、ということもうなずけるところではあるのです。

　しかし、ともあれ、いつの時代であろうと、ほんの少しの新規なことを起こそうとすると、これに反対の声があがるのは、当たり前です。

　しかし、その反対を乗り切った先に、初めて、その新しいことが実現するのです（もっとも、その反対の事例も少なくない。慎重な検討が必要なのではあるのですが・・・・）。

　ご存知、かのシュムペーター（Schumpeter,1883-1950）の「イノベーション論」では、これを「創造的破壊」と言ってくれています。ともあれ。故長洲一二知事やその周辺の人たち（久保さんを含めて）、そのような理念をもっていました（但し長洲一二氏は学者としては、もともとはマルクス系経済学の流れであってSchumpeterの系統ではなかった）。その理念を県知事として、ここ溝の口の地に実現しようとしたのです。そして、その理念が（株）ＫＳＰでは、ようやく実体化したのです。黒字化したという経営的実績もさることながら、ＶＢ産業の支援という創設理念の実現。この業績を我々は高く評価せねばなりません。飯沼自身は、この経過の"目撃者"であり、かつ"証言者"の立場でもあります。

次なる「課題」に移ります。

これは卒寿（90歳）の久保先生にも参画してもらわねばならない「課題」であります。それは、故長洲一二知事の掲げた理念の継承ならびに、その発展です。長洲氏は、1975年に知事に選ばれています。そのとき、この地域、神奈川県を工業生産地域（日本で第一位）から日本の頭脳センターに転換してゆこうと呼び掛けています。そのためには、頭脳産業に適した新しい社会的仕組みをつくり出してゆこうとしています。しかし、これは、知事の3代4代で実現しうるテーマではありません。また、神奈川県という1地域だけに限定すべきテーマでもありません。もっと長きにわたり、且つ、もっと広域的に呼び掛けてしかるべき理念であったと飯沼は受け止めています。

ところが、それが、今日、忘却の彼方になっている。県内でも、いや溝の口のScience Park内ですらも――。〝アレは、昔の知事の方針だったから〟などといわれています。これは悲しいことです。困ったことでもあります。死んでしまった昔の知事の言であろうとなかろうと〝善は善〟〝不善は不善〟とせねばならない。温故知新ともいうではありませんか？　だからといって、長洲氏の理念を1000年も2000年も墨守すべきでもありますまい。しかし、この先10年やそこらはもっと吹きまわらねばならない。もっと実現してゆかねばならない。そんな課題だと私は考えるのです。

単なる工業生産県から脱皮して頭脳産業地域に進展してゆくために、長洲氏は理念だけでなく、新しい社会的仕組み、具体的な仕組みも創り出しています。他でもない、それが溝の口所在のScience Parkです。

　（株）ＫＳＰもそのなかに置かれた一つの機関です。長洲知事の理念は「ＫＡＳＴ」（かながわ科学技術アカデミー）に最も明瞭に現れています。これは、（株）ＫＳＰとは違って、財団法人（設立、1989年、当初基金40億円）です。研究資金は全額県費で支給（年間約10億円）というものでした。Project研究のための機関で1 projectは、5年〜7年の年限制。10人〜20人の研究員で構成。1 project当り約2億円（年間）が投入される。そのようなprojectを5〜7本、走らせる。長洲知事は、この研究機関を、従来の大学とも、そしてまた従来の公設試験機関（工業試験所や農業試験所など）とも違った、新し

い『構造形式』のものとして創設しています。それは、終身雇用・年功序列型ではない研究機関の創設です。別言すれば、年限つき任用制、非終身雇用、そして主任研究者のリーダシップの重視、これらを原則とした研究機関でした。

　そして、この新様式の研究機関を旧来の大学や公設試からは分離させた独立のものとして設立。これの発展を長洲氏は求めたものでした。これは、設立後30年を過ぎた今日からみても、きわめて斬新な試みでした。日本社会全体からみて、先駆的な試みでした。この40年間、同様な理念と構造形式をもった研究機関は少しずつ数をふやしてきてはおります。しかし、今日なお、適用できる先駆的な存在として「ＫＡＳＴ」様式はあるのです。それだけに、これは、今後とも維持、発展させてゆきたい〝活きた遺産〟でもあるのです。（但し、創設に直接関与した飯沼の目には、2019年の「ＫＡＳＴ」は、そうなってはいない、ようにみえます）。

　そのために肝心なのはtop人事です。そのことに相応しく、かつそれだけの力量のあるtopを〝見つけ出す〟ことです。そのためには、〝姿〟のみえる「選考委員会」（board）が必要になります。従来の日本社会（タテ型社会）では、親分が子分のなかから後継者を選ぶ、という方式。会社組織であれば、社長が同じ組織内から次なる後継を選ぶ—これが皆の、なんとなく、納得する汎用的な方式でありました。

　しかしながら、年限制、任期原則のヨコ型の組織では、異なるのです。それに代わって当を得た「人事選考委員会」（board）が、その時期、時期に「臨時委員会」として設けられねばなりません。隠れた存在としてではなく、公（おおやけ）のものとして。まずは、数人のしかるべき選考委員そのものが選ばれる。公表もされる。その時期は、現topの任期満了時期から逆算して２年程度になるでしょう。そして、各自、選考委員たちはこの期間に、<u>ご自分の脚で歩き回って捜し、ご自分の鑑識眼をもって候補者をさがす。</u>こうして選び出した何人かの候補者たちをboardにもちよって、さらに熟議。そのあと、最終候補者を１人〜２人にしぼりあげる。そして次期topの任命権者がご自分の責任をもって、メクラ判を押すのではなく、次期top

を任命する。

　以上のような人事選考方式は、未だこの国にはみられません。皆無ではないとしても、極めて少数でしょう。「埋化学研究所」（注）のような、実績もあり歴史もある研究機関ですら、top人事は〝秘めごと〟のようです。どのようにして次期topが選ばれるのか？　外から見える形にはなっていない。ともあれ、長洲氏の理念を発展させてゆくためには、上述のような新しい選考様式も今後必要ではないかと愚考する次第です。

　〝イヤアーそこまではワシャ知らんよ〟と久保先生は申されるはずです。〝ごもっとも、ごもっとも〟、それはこの次の我々のあとの世代の任務かもしれません。

2019年6月16日

　（注）　1917（大6）年創立。高峰譲吉・渋沢栄一の提唱による。1936（昭11）年には「理研サイクロトロン」などを建設。基礎物理から応用化学まで広範な研究と独特な研究体制で知られる。現在地：埼玉県和光市広沢

> 提起3

ミュニシパリズムと地方の時代

井上　良一

　神奈川の長洲県政は50年前に始まり、30年前に終わった。

　県に勤めていたときは、日々の仕事に追われていて、長洲県政というものが持っている意義といったことに想いを馳せることはなかったが、2015年の10月に神奈川県地方自治研究センターのシンポジウム「神奈川の戦後70年と革新自治体」で長洲県政についてお話をさせていただくことになり、初めて振り返りをすることになったといってもよい。（『自治研かながわ月報』No.157 2016年2月、特集「シンポジウム・かながわの戦後70年と革新自治体」）

　このとき気付いたのが、長洲県政の政策は、立候補時点でほぼ全て出されているということだった。そして今回、それらの政策が、イタリアに発し、多くの国々で議論されてきた構造改革政策であったということが示された。日本社会が高度経済成長を経て、成熟社会を迎えた際の政策群であり、この構造改革路線は、人々の生活に即し、さまざまな分野における下からの改革を根付かせようとするものであったといって良いのではないだろうか。これは同時に、ポスト産業社会を展望するものであった。その象徴的な表現が、「地方の時代」というコピーであったといえよう。

　そして、近年になって、欧米を中心とした国々の都市で、ミュニシパリズムMunicipalismという形をとって構造的改革を進める動きが表面化している。

　この運動の中に、地方の時代とほぼ符合する考え方があると思い、ミュニシパリズムと地方の時代の背景について少し考えてみたいと思うようになった。

　（注）ミュニシパリズムMunicipalismについては、岸本聡子『地域主権という希望』（大月書店、2023年1月）で詳しく紹介されている。

1 高度経済成長の終わり

　高度経済成長は、日本のみならず先進化した国々では必ず経過しているプロセスと言って良いであろう。しかしながら、このプロセスは、1回限りである。なぜ高度経済成長が終わりを告げるか、という点に関しては、（国民経済全体で考えたときに）生産力が恒常的に需要を超える状態に至ったとき、と考えてきた。それぞれの国が持っている経済環境を考えなければならないが、一気に生産力を高める形で経済開発を進めてきた日本では、私たちの生活意識を形成している部分はあまり大きく変わっていないために、比較的早く臨界点に達する向きがあると言って良いのではないだろうか。

　臨界点を超えた時点で徐々に経済の仕組みを変えていくことが不可欠であり、そうすることで経済は安定的に成長を遂げていく可能性があると見るべきである。この時に比較的円滑にこれを進めて行ったのが北欧諸国であったと考える。一方生産力拡大政策を変えないまま、グローバル化を通して生産力拡大路線を進んだのが、アメリカ、イギリス、そしてまたEU諸国であったと言えると思う。新自由主義経済は、岐路に立った時に生まれた資本主義経済の隘路打開の1つの形と見て良いであろう。

　ミュニシパリズム（岸本聡子さんは、これを「地域主権主義、自治体主義」とも称している）は、欧米諸国、EUなどが新自由主義経済を進めていく過程で、その矛盾に対する対応策として、欧米を中心とした地域において運動として起こってきたものと考えられる。一方、地方の時代の展開は、長洲知事が、高度経済成長期の終わりを見据えて、構造転換を図る問題提起をし、これを実行していったものである。

図表1　各国の高度経済成長期について

- メキシコの奇跡―1940年代から1970年代にかけてのメキシコの経済成長
- 経済の奇跡―第二次世界大戦後から1970年代にかけての西ドイツ、オーストリアの経済成長
- 栄光の三十年間―第二次世界大戦後から1973年までのフランスの経済成長
- スペインの奇跡―1959年から1973年にかけての**スペイン**の経済成長

- イタリア奇跡の経済―1950年代後半から1960年代にかけてのイタリアの経済成長（第二次世界大戦の敗戦国）
- ギリシャの奇跡―1950年から1973年にかけてのギリシャの経済成長
- 東アジアの奇跡―香港、台湾、大韓民国、シンガポール、マレーシア、タイ王国、インドネシアなどの経済成長
- 台湾の奇跡―1960年代後半から1970年代にかけての台湾の経済成長
- 漢江の奇跡―1960年代後半から1970年代にかけての韓国の経済成長
- フェリックス・ウフェ＝ボワニ―1960年代から1970年代にかけてのコートジボワールの経済成長
- ブラジルの奇跡―1968年後半から1973年にかけてのブラジルの経済成長
- チリの奇跡―1974年から1983年、1985年、1990年にかけてのチリの経済成長
- 改革開放―1978年から続く中華人民共和国の経済成長
- 日本―1954年（昭和29年）12月から1973年（昭和48年）11月までの約19年間である

（ウィキペディア「高度経済成長」より）

2　長洲県政の政策

長洲県政における主要な政策としてあげられるものは、図表2に示すとおりである。

図表2　長洲県政における主要政策

長洲県政のおける主要政策
1）地方の時代の提唱(1977)、地方の時代シンポジウムの開催(1978～1994)
2）民際外交(peple to people diplomacy) (1975)、
3）社会計画としての新神奈川計画策定(1977年度)、第2次新神奈川計画(1986年度)
4）県民討論会(1975～)、地域別首長懇談会(1976～)、法人県民懇話会(1977

～)
市町村連合の事務局としての県政推進
5）県民運動の推進
   ①　ともしび運動（1976～）
   ②　騒然たる教育論議(1981)からふれあい教育運動(1983)へ
   ③　みどりのまち・かながわ運動(1981)、かながわトラスト緑基金(1986)
6）情報公開条例(1982)、職員の研究チームによる報告（1978.3）から条例化まで進んだ情報提供システム(1983)、個人情報保護条例(1990)
7）行政の文化化（1978　文化のための１パーセントシステム検討　壁新聞「かもめ」創刊(1978)など
8）地方の時代を支える職員の政策形成能力の成長を期し、各分野に政策課設置を進めた月例談話の実施(1975～)、自主研究グループ活動の支援(1976～)、職員による研究チーム(1977)、職員研究発表大会(1978)等
9）頭脳センター構想の推進（1978提唱、産業の知識集約化、高度化を目指す）
10）環境政策
11）施設更新
   ①　かもめ計画（県立病院の再整備）
   ②　やまゆり計画（福祉施設の再整備）
   ③　いちょう計画（職業訓練施設の再整備、ソフトを含む）
12）その他の政策
   ①　高校百校計画推進（急増する生徒の進学機会を確保するため前政権からの課題を解決するため、百校計画を打ち出し、財政状況厳しい状況ではあったが1987までに達成）
   ②　かながわ・くにづくりプランの推進（第２次新神奈川計画の中心課題の１つ）
   ③　海づくり政策（SURF'90）
   ④　緑陰滞在型国際交流施設、湘南国際村構想の推進

ここで最初の2つのコピーを見てみると、「地方の時代」は国内展開を示したもの、「民際外交」は、対外諸国との交流を目指すものと見ることができ、この2つは、改めて見てみると全地球的展望のもとに作られたコピーということになる。

　そして、新たな体制における総合計画は、県民との共同作品を目指す「社会計画」として設定し、その一環として、県民の意向を取り込むための様々な局面での討論会という装置を用意して、計画作りに終わらない形で県民との共同作品化を目指すとともに、そのプロセスにあたっては職員との共同作業を目指す手法も進めている。情報公開に関しては、この推進に取り組むことで、自治体の自己革新のキーワードとしている。

　また、時代が成熟社会に向かい、成長の限界を迎えているという時代認識のもと、ポスト産業社会への取り組みとしての頭脳センター構想（産業の知識集約化、高度化を目指す）、新たな施設を作り出すのではなく、既存施設のリニューアルを進める政策などに取り組んでいる。また環境問題にいち早く取り組んで、環境アセスメント条例を策定している。頭脳センター構想は、神奈川サイエンスパークに結実し、そこから、広くアジアに向けたサイエンスパークの運動の展開につながっている。

　改めて、長洲県政のめざしたものが、構造改革を目指すものであったという視点で見てみると、その体系性、資本主義経済の転換の方向を見据えた政策が極めてクリアに見えてくるような気がしている。職員に向けてマイクを通して、10分から15分、話された長洲知事1期目の「月例談話」のテーマ・内容（図表3）を見てみると、このことを裏付ける内容になっていると言わなくてはならない（特に下線部分）。

3　ミュニシパリズムの展開

　（この部分の記事は、岸本聡子さんの記事や『地域主権という希望』などを参考にしている。岸本さんは、2022年6月の区長選挙で、杉並区長となり、ミュニシパリズムを踏まえた政策展開を図っている。）

　一方、ミュニシパリズムの展開は、新自由主義経済がもたらした、貧富の格差、生産力拡大一本槍で環境破壊をもたらしてきた状況に対する対抗力と

提起3　ミュニシパリズムと地方の時代

図表3　知事　月例談話のテーマ（長洲知事の1期目 1975.4～1979.4）

知事 月例談話のテーマ（長洲知事の1期目 1975.4-1979.4）

＊「燈燈無盡～地方の時代をきりひらく」（ぎょうせい　1979年8月発行）より

1975. 4	県政を私と職員の「共同作品」に	1977. 4	地方自治法三十周年と「地方の時代」
1975. 5	県政に新しい発想を	1977. 5	人事異動に想う
1975. 6	財政危機克服のために	1977. 6	二度とない人生だから
1975. 7	県民と県政を結ぶもの	1977. 7	神奈川を「自治体学」のメッカに
1975. 8	転換期こそ問題提起を	1977. 8	民際外交の旅
1975. 9	中国との連帯の旅を終えて	1977. 9	県政のイメージとスタイル
1975.10	今考える三つのWHY	1977.10	五十三年度予算編成に向けて
1975.11	住民参加への模索	1977.11	神奈川の「桐の木」を求めて
1975.12	時代の転換期への挑戦	1977.12	「世界の中の日本」を自覚
1976. 1	「燈燈無盡」の心で	1978. 1	春景色へ向けて「前進の年」に
1976. 2	新しい時代は若い諸君から	1978. 2	予算を花開かせよう
1976. 3	システム転換とは	1978. 3	折節の移り変わりこそ
1976. 4	革新とは何か	1978. 4	政治家の三条件
1976. 5	新文風運動を	1978. 5	神奈川を日本の「頭脳センター」に
1976. 6	県民同士の討論の中から	1978. 6	多元社会に生きる
1976. 7	ともしび運動の目指すもの	1978. 7	自治体学のあけぼの～シンポジウム「地方の時代」～
1976. 8	育てよう民際外交	1978. 8	雇用と福祉型成長
1976. 9	キー・ポリシーを考える	1978. 9	「第三の道」は地方の手で
1976.10	見直そう婦人の役割	1978.10	行政に文化を
1976.11	自治体こそ文化創造の基盤	1978.11	ともに旅する仲間
1976.12	新しい時代へ勇気と英知を	1978.12	地域に根ざし世界に開く
1977. 1	「展開の年」へ向かって前進を	1979. 1	神奈川に「草燃える」
1977. 2	新時代に対応する行財政を		
1977. 3	二十一世紀を展望する社会計画へ		

☆「燈燈無盡」について

　いくらあかあかと燃えていても、一本のろうそくの灯は燃え尽きて消える。しかし、その一本の灯でも、それが次のろうそくへ、それがまた次へと、次々に灯をともし続けていくならば、尽きることはない。永久に無盡である。
　親から、友から、先達から灯を受け継いだ私は、誰かの心に、また灯を点じたい。自分だけはひとりで燃えているなどと思わずに、若い人は老人から、老人は若い人へ、それぞれが身辺の何人かに、みんなが互いに「燈燈無盡」の願いをこめて生きる世の中をつくりたい。

して、人々の民主主義の運動の中で生まれ育ったものである。

　欧州でも、日本と同じように高度経済成長が終焉し、政府財源増もあまり見込めなくなったために、福祉社会を目指した政策を進めてきた左翼政党の限界が表面化し、力を失っていった。そして、臨界点の乗り越える方策として取り入れられた新自由主義路線が欧米諸国の中に広がった。この、左翼政党の衰退、新自由主義経済の広がりに伴う地域社会の疲弊に直面して、さまざまな実践活動を進めてきた人たちが糾合する形で生まれた市民政党が台頭し、地域の主権を大切にする運動として各地で広がっていった。特に先端を行った地域の１つがスペインであった。

　「スペインにおいては2015年の統一地方選挙に向けて、各都市で市民主導の選挙プラットフォームを立ち上げる力になっていった。一番象徴的なバルセロナ市を例に見てみよう。バルセロナは自治の精神、協同組合をネットワークする連帯経済の基盤と伝統が根を張っている。民営化によって高騰した水道、電気料金を闘う「水は命」市民連合、「エネルギーは主権」市民連合、賃貸居住者の権利擁護の「住宅は権利」など、草の根やＮＧＯの市民活動が力を合わせて、「バルセロナ・コモンズ（Barcelona En Comú）」という市民プラットフォームを立ち上げた。既存の政党と関わることなく、まったくゼロから、政治の経験のない市民の候補者リストを作成した。そしてたった半年間の草の根の運動の末、僅差で第一党となりいきなり11人の市議会議員を誕生させた。このような全く新しい市民政党の快挙は、マドリッド、バレンシアやサラゴッサ、カディスなどでも開花した。この2015年のスペインの地方選挙が、ミュニシパリズムの一つの幕開けとなったのは、バルセロナ・コモンズをはじめとする市民政党の新しいやり方、規範、価値、関係性が大きい。」

　「ミュニシパリズムは利潤と市場の法則よりも、市民、公益、コモンズ（公共財）を優先し、政治課題の中心に置く。議会制民主主義に限定せず、市民権や市民の政治への直接参加を重視する。地域に根付いた自治的な民主主義や合意形成を重視するという考え方だ。ミュニシパリズムを掲げる自治体の政策は多様であるが、地域の人々が主体的に関わって命と環境を守る政治をつくることは共通している。例えば、

・公共サービスの再公営化を通して自治体のサービス提供能力を高め、労働

者を直接雇用し労働条件を改善し、地域に安定雇用を創出する
- 地域の協同組合を支援する。協同組合の提供するサービスを公共調達の力を活用して購入する。
- 住宅の権利を擁護し、強制退去世帯を守る。公営住宅を拡大するために投資をする
- 難民の積極的な受け入れや支援
- デジタル主権に基づき大手IT企業に頼らない独自のデジタル政策とネットワークを構築、個人のデータ保護したうえで、個人の政治参加や公共サービスの向上のために積極的に活用する
- 市政の透明性と説明責任の強化

　さらに、ミュニシパリズムのおもしろさと新しさは、イデオロギーよりも市民生活を具体的に向上させる実践を追求するところにある。資本主義をどうするか、国政をどうするか、政党と社会運動の関係は？　といったテーマは根源的で大切だが、対立にもなりやすい。市民の生活に直に向き合うことで、イデオロギーで対立や分裂を繰り返してきた左派政治の過去から脱却しようとする。だから、水、電力、住宅、ケア、公共空間、連帯、福祉、医療、食と農、流通といった具体的な課題解決で力を合わせる。」（以上、岸本聡子さんの「ミュニシパリズム～地域から民主主義と政治を根源的に変革する」季刊「社会運動」Ｎｏ．445 2022.1 より）

　「ミュニシパリズムは「危機的な気候変動への対処、地域の食糧自立、エネルギー主権の回復、地域内の循環型経済と良質な雇用の創出、住む権利に基づく住宅政策、移動する権利に基づく公共交通などなど－いずれも、これまで国家や企業の論理で蝕まれてきた地域の公共財（コモンズ）を、99％の人々の手に取り戻していこうという潮流です。この文脈のもとでは、ヨーロッパや中南米の市民も日本の私たちも、同じ課題に取り組んでいるといえます。
　各地域がこうした課題に取り組み、民主的な解決策を見つけていく。そして、それが水平的につながり、世界全体の問題解決にもなっていく－それは決して夢物語ではありません。世界全体の最先端の問題でありながら、同時にもっとも身近な生活の問題として、私たちの足元から実践できる、大きな

希望の手がかりなのです。それを念頭に置きながら地域の課題に取り組む、グローバルな視野を持った主権者が求められています。

　ヨーロッパにはヨーロッパの先進性がありますが、日本にもまだ失われていない良さがあります。公共的な福祉や医療のシステムが曲がりなりにも機能していること、経済の停滞にもかかわらず治安や都市環境がそこまで悪化していないことなど。平和主義と基本的人権を掲げた日本国憲法があることも、大きな防波堤です。（『地域主権という希望』序章、「指針としてのミュニシパリズム」p39）」

4　「ミュニシパリズム」と「地方の時代」

　ミュニシパリズムと地方の時代の中での政策群、や運動論は、その多くが重なる部分があると私には思えてならない。

　地方の時代は、高度経済成長が終焉を迎える状況になった時、長洲知事のもとで提起され、1時期は、国内を席巻し、また民際外交（peple to people diplomacy）は海外でも高く評価されたコンセプトであった。しかし、長洲県政の終焉とともに、瞬く間に忘れられていった。

　一方、ミュニシパリズムは、遅れて、新自由主義経済が蔓延し、また左翼政党が衰退していく中で、これを乗り越える形で、近年、様々な自治体の中で市民活動として起こり、民主主義プロセスを通して権力を握るかたちで、少しずつであるが現時点でも力を増してきているように感じられる。

　「地方の時代」の長洲県政における展開と、現在力を増しつつある「ミュニシパリズム」の実践で目指しているところは非常に近いところにあるのではないかと私は考えている。

　一方、この違いがどこにあるかということであるが、日本と欧米における民主主義の展開の形の違いにあるのではないかと考える。

　日本では、優れた考え方を持ったリーダーが生まれたときは、その考え方は浸透するが、リーダーへの依存度が高く、それを市民一人ひとりが展開していくという民主主義の原点が蔑ろにされたままなのではないか。市民の間の持続的、そして強固な連帯がなければ、ことは続いていかないが、日本社会はタテ社会であり、ヨコへの浸透を図り、社会意識として定着させることは至難の業でもある。

その点で、新自由主義経済の持つマイナス面を打開する強い欲求から生まれた、海外における運動としてのミュニシパリズムに学ぶべきことは、さまざまあると考える。

　現在、日本社会は新自由主義経済で、人々の間の格差の拡大、経済の停滞が続いている状況で、これをいかに乗り越えるかが課題となっている。そうした点で、時代の先を予見して進められた長洲県政の構造改革を、各地域の実践として如何に展開していくべきか、どのようにすればこれが可能になるか、ミュニシパリズムの運動を参考に、もう一度、その政策展開を強力に目指すべき時期が来ていると信じるものである。

巻末史料

史料1　神奈川が変われば　日本が変わる　新神奈川宣言
　　　　　　　　　　　　　　　　　　　　　　　　　　長洲 一二

史料2　『模倣からお創造へ』この 20 年の歩み（1968—1988）
　　　　　　　　　　　　　　　　　　　　　　　　　　飯沼 和正

史料3　市民は政治学者・篠原一先生を偲ぶ
　　　～「革新の革新」を目指す長洲県政を支えた学者ブレーン
　　　　　　　　　　　　　　　　　　　　　　　　　　久保 孝雄

史料 1

神奈川が変われば　日本が変わる—

新神奈川宣言

長洲　一二
発行：長洲一二と〔県民の会〕

新神奈川宣言－五つの転換・五つの原則－

はじめに　620万県民によびかける ……………………………… 1

（Ⅰ）あすの神奈川像－五つの転換－
　（一）安心して暮らせる神奈川 ……………………………………… 5
　（二）連帯感に満ちた神奈川 ………………………………………… 8
　（三）希望と創意と活気の神奈川 …………………………………… 11
　（四）子や孫に誇れる神奈川 ………………………………………… 14
　（五）内外に開かれた神奈川 ………………………………………… 17

（Ⅱ）県政をどう進めるか－五つの原則－
　（一）「現場」を尊重する県政 ……………………………………… 23
　（二）わかりやすい県政 ……………………………………………… 24
　（三）科学的な県政 …………………………………………………… 26
　（四）県民と呼応する県政 …………………………………………… 29
　（五）地方自治の確立をめざす県政 ………………………………… 30

む　す　び
　神奈川が変われば　日本が変わる ………………………………… 34

　（注）この目次は、「新神奈川宣言」パンフレットの目次です。頁はパンフレットの頁です。パンフレットは縦書きですが、本史料は横書きにかえましたので、以下、漢数字は算用数字にかえて表記しました（編者）。

史料1　神奈川が変われば　日本が変わる　新神奈川宣言

は　じ　め　に
―620万県民によびかける―

〔私の責任〕

　昨秋10月末、県知事選に出馬の決意を表明したさい、私は2つのことを県民のみなさんに約束しました。

　第1に、過去にひきずられる保守県政から、未来に顔を向ける革新県政に「方向転換」すること。そして第2に、県下18市18町1村に住む、額に汗して働く一切の生活者の代表として「庶民県政」を樹立することです。

　第1の、県政の転換について、私は出馬声明で述べました。――日本はいま、大きな転換期に直面している。これまでの仕組みや、やり方では、もうやってゆけない。日本の縮図である神奈川は、とくにそうである。科学とヒューマニズムにもとづいて、新しい神奈川を設計し、未来を創造しよう。

　困難は大きい。けれどもそれを乗り越える県民のエネルギーもまた大きい。神奈川に新しい目標を設定して、県民の活力をよびおこす、革新県政をうちたてよう。

　第2に、転換の方向として、私は語りました。――「革新県政」とは何か。それは、仕事と家庭を愛する庶民の心がしみとおり、脈打つ県政、庶民の手に政治を取りもどす県政である。

　「革新統一候補」とは何か。それは、せまい党派や立場、考えや利害を越えて、県民大多数の願いの代表たれ、ということである。

　私は、以上2つの責任を、みずからに課しました。

〔本立ちて道生ず〕

　出馬表明から2ヵ月半、私は県内各地で、さまざまな職業、さまざまな年令、さまざまな立場の人たちと話合いました。私を支持してくださる政党や団体の人たちとも、意見を交換しました。

　それらすべての声は、県政の革新を求めており、ひとつに結集できる――この確信を、私は深めました。そして出馬声明で述べた私の責任がますます重いことを、自覚しました。

　この確信と自覚をふまえて、私はあらためて県民のみなさんに、よびかけ

233

たいと思います。「5つの転換」「5つの原則」にもとづいて、みんなで新しい神奈川を創ろう、と。

これは、かならずしも個々の具体的な政策を列挙した公約集ではありません。新しい神奈川、新しい県政についての、私の基本的な考え方です。

「本立ちて、道生ず」といいます。

根本さえしっかり定まれば、道は開けます。知恵も出ます。勇気も出ます。県政改革の具体策はつぎつぎに可能になりましょう。

願わくは、この「私の新神奈川宣言」が、県民のみなさんによって検討され、ねり直されて、やがていつの日か「620万県民の新神奈川宣言」になりますことを。

〔Ⅰ〕あすの神奈川像
―5つの転換―

〔人間を中心にすえ直そう〕

この神奈川は、世界で2位、3位という経済大国日本の心臓部です。しかるに日々まじめに働いている県民の大多数は、いまインフレと不況のはさみ打ち、過密と過疎、公害や住宅難、高校や緑の不足になやんでいます。

毎日の暮らしだけではない。何より庶民の心を暗くしているのは、将来への不安です。このままでは、いまが絶頂、今後は下り坂の袋小路にはいり込むのではないかという心配です。

おかしなことです。間違ったことです。それゆえ私たちは、流れを変え、やりかたを改めなければならぬと痛感しはじめています。

〔生活者の心に立って〕

まじめに生活する庶民は、働くとをいといはしません。ただ、汗を流すことが公正に報われることを求めます。

目の前の苦労を恐れはしません。ただ、将来が明るいことを望みます。

自分だけがいい思いをしようとも考えません。家族や隣人がたがいにいたわりあい、はげましあうことを願います。

私は、こうした「生活者の心」を信じます。この心を導き手として、きの

史料1　神奈川が変われば　日本が変わる　新神奈川宣言

うまでの神奈川から、あすの神奈川へ、大きくかじを切りかえましょう。

　「人間」をすべての中心にすえ直しましょう。神奈川を、「人間が生きる、人間のための、人間都市」につくりかえましょう。そのためには、私は「5つの転換」をよびかけます。

（1）安心して暮らせる神奈川

〔不安と危険から安心と安定へ〕

　長い間、モノ・カネ・力万能の高度経済成長政策を進めてきた保守政権、県土をあげてそれをささえてきた保守県政——いまやその弊害は、だれの目にも明らかです。暮らしの不安はもちろんのこと、生命の危険さえ、高まってきています。

　「不安と危険の神奈川」から、「安定と安心の神奈川」へというのが、転換の第1です。もっと落ち着いた、安心して暮らせる神奈川を創りましょう。

　さしあたり、県民の日々の消費生活と、それを取りかこむ生活環境の2つの面を考えてみたい。

〔暮らしを守る〕

　不安の第1は、「物価」でしょう。もとより物価については、日本全体の経済の仕組み、国の政治の在り方に根本の問題があり、一県の力には限りはあります。けれども、620万消費者の代表として県政がその気になって努力するならば、かなりのことができるはずです。

　国政に誤りあれば、これに抵抗し歯止めをかけることもできます。県政の範囲内でなしうる改善もあります。

　例えば産地直結の食料品購入にしても、もっと太く広く恒常的なルートを設定できるはずです。県内の生産物が、わざわざ東京を経由して、より高い値段で還流してくる現状も、改善できるでしょう。

　県政がもつ調査と情報の機能を高めるならば、大メーカーとの値段や供給量の交渉にも力を発揮できますし、住民参加の生協活動はじめ各種各様の消費者運動を支援することもできるはずです。

　県下10万店、従業員50万人とされる、大部分が零細な小売店の意見も汲

みいれて、流通網を整備することもやれます。県所管の公共料金について、新しい料金体系を考えることも可能です。

さらに、これからは、積極的に新しい消費生活の型を創っていく必要に迫られています。中身のない流行や、使い捨て文化は、正しいか。大企業の誘導で私たちが強いられている浪費はないか。耐久消費財は本当に「耐久性」があるか。むだな消費が、むりな家計に追いやってはいないか。食品公害の危険は大丈夫か。

こうした問題について、消費者ひとりひとりでは無力でしょう。しかし620万県民の団結力をもってすれば、大きな力をふるえるはずです。

もし東京都などとも連携して、2千数百万消費者の声を代表する革新首都圏として行動するならば、さらに全国の自治体とも手をつなぎあうならば、一段と力を増すこと、確実です。

国政も県政も、これまではあまりに生産者中心でした。もっと消費者に重点を移すよう、県政の機構を再検討すべきです。

〔**安心できる都市づくり**〕

暮らしの不安は、物価など直接の家計にかぎりません。神奈川には、無秩序な工業化と開発による過密大都市特有の危険があります。

日常的な公害のほか、コンビナートに大事故発生の不安、懸念される地震、心配な水不足、ビルや盛り場の火災、ガケ崩れや河川の氾濫、交通事故など、対策や準備は十分でしょうか。

道路ひとつ考えても、ただ、より速く、より遠く、より能率的に車を走らせるという観点よりは、それぞれの地域で生活する人たちの便利と安全の要求にどうこたえるかに、重点をおきかえましょう。

県民の暮らしと安全を第1に考えて、バランスのとれた都市装置をつくること、防災と安全のためには、これまでのように後追い型でなく、都市再配置もふくめて、先取り型で全体の計画をたてること、こうして神奈川を、底の深い、安定感と安心感のある県につくりなおすこと――県政はそのことに責任を持つべきです。

(2) 連帯感に満ちた神奈川

史料1　神奈川が変われば　日本が変わる　新神奈川宣言

〔互いにはげましあおう〕

　日本の歴史のなかで、今日くらいモノが豊かになった時はないでしょうが、その反面、今日くらい人間関係が冷たく、うるおいがなくなった時代もないといわれます。悲しく、つまらなく、そして恥ずかしいことです。

　時おり新聞の片すみに「何日も顔を見ないので近所の人がドアをあけてみたら、ひとり暮らしの老人が死んでいた」といった記事を読みます。これほど胸を打たれるものはありません。

　隣人同士は互いに親切にする。小さなもの、弱いもの、つかれた人、病気の人はだいじにする。社会の片隅で声も出せないでいる人は、みんなでいたわり、はげます。隣に不幸な人があれば、乏しい財布をはたいても、面倒を見あう。——これが、もともと庶民の心だと私は思います。

　競争から連帯へ、出しぬきから友情へ、他人への冷たい無関心から温かい心のかよいあいへ、神奈川の社会をつくり変えましょう。

　根本はひとりひとりの心の問題でしょうが、そのために何よりもまず、国や自治体が、「保障と連帯のしくみ」をつくりあげましょう。連帯感に満ちた社会こそ、真に生きるよろこびのある社会です。

〔福祉と保健〕

　これまでの県政も、社会福祉には努力してきたと評価されています。私は、この面をいっそう発展させるつもりです。

　県下には、7百数十の社会福祉施設ありますが、これでも実際の必要数のほんの一部しかまかなえません。しかも多くは民間の献身的な努力に頼っているのが実情です。

　老人は、私たちの先輩県民として尊敬したい。不運にして父親に先立たれた母子家庭や、誰の責任でもないのに身心に障害のある人には、はげましをおくりたい。

　たんに施設やおかねで事足れりとするのではなく、できるかぎりこれらの人びとが社会のなかで生きていくよう、支援したい。

　いたわり、はげますべき、もうひとつは、病気に苦しんでいる人たち、また新しい生命をはぐくみ育てる母親たちでしょう。「保健」は「社会福祉」

と並んで、連帯感あふれる郷土づくりの２大支柱といえます。家庭の健康こそ、人生の基礎であり、よろこびです。

　県下には、１万人以上の医師、数千人の歯科医師の先生をはじめ、多くの看護婦、保健婦、薬剤師、助産婦などの医療関係者がおられます。私は、これらの方々の協力を得て、病人や母親の不安を最大限とりのぞきたいと思います。

〔目的はサービス・中心は人〕

　福祉と保健のためには、予算と施設が必要です。同時にもっとだいじなのは、お金が生きて使われているか、施設が本当にうまく働いているかです。

　いくらりっぱな老人施設や病院をつくっても、使いにくければ意味はありません。設備が目的ではなく、老人に使いやすいことがだいじです。病人が、いつでも、どこでも、必要な治療を受けられることが重要です。

　「見せる施設」でなく「使える施設」が、目的でなければなりません。同じ予算なら、豪華な大施設をひとつだけ作るより、地域に密着して使いやすいものをいくつか作るべきでしょう。

　もうひとつだいじなことは、「人」です。病人にとって、高度な医療機械が整っていることもたいせつですが、それ以上に欲しいものは、有能で親切な先生、やさしくてはつらつとした看護婦さんがいることでしょう。

　目的はサービス、中心は人。そのために県政がやることは何か。私はこうした線で問題を考えたい、そして専門家や一般県民の協力を仰ぎたい、と思います。

（３）希望と創意と活気の神奈川

〔子どもたちよ、のびのびと育て〕

　あすの神奈川像の第三の願いは、希望に顔の輝いている子どもたち、人びとが個性と創意を発揮している職場や地域、自由と活力のあふれる神奈川です。

　神奈川には、５才から24才まで、200万の青少年がいます。私は教師としての体験から、こうした若い人への期待と信頼は最後までゆるがしてはな

史料1　神奈川が変われば　日本が変わる　新神奈川宣言

らぬ、と思いつづけています。

　それだけにまた、子どもたちが自分の可能性を存分に伸ばせるよう、保育所、幼稚園から小・中・高校・大学にいたるまで、また、とくに働く青少年にたいして、各種の条件を整えることが、大人たちの責任です。

　神奈川にはいま、公私合わせてほぼ2100の小・中・高校があり100万人以上の子どもが学んでいますが、県政の立場からいまとくに問題なことは、公立普通高校の不足でしょう。人口統計的に見ても、昭和60年までに最小限100校の増設が必要とされます。私は、私学への協力とともに、全力を傾けてこの大事業に取り組みます。

　県政は子どもがのびのびと育つための条件整備に責任をもちます。そしてその条件を実際に生かすのは、親と教師集団、そして大人の社会全体です。

　私自身は、今日の教育の中身に大きな問題を感じています。点数本位の競争制度や受験のためのつめ込み教育から子どもを解放しなければなりません。

　ただ政治や行政が、教育の中身に介入することはつつしむべきです。先生が学校の現場で、親の協力を得つつ、創意工夫をこらして、生き生きとした教育実践をしてくださること、こうして今日の教育のゆがみを直してくださることを、期待します。

　そうした現場の自由な努力を守り、助けることが、県政のもうひとつの責任であります。

〔現場に生きがいを〕

　働く人たちにとって生きがいのある世の中とは、何よりもまず、実際に仕事をしている現場が生き生きとしている世の中のことでしょう。

　農業についてだいじなのは、畑やみかん山です。商業は店頭です。工業ではモーターの廻っている工場のなかです。そのそれぞれの場で、農民は耕作に誇りと自信をもち、中小企業では経営者が創意を発揮し、労働者や技術者はものを創造するよろこびや新しい技術や知識を開発する意気に燃えている。そうした仕組みをつくることです。

　私は、例えば農業にかんしては、「農家の庭先に県政を」と考えたいと思います。

これまでは、農林省の部屋の机上でつくられた農業政策を、県政が下請けして、農民に流すという形が主でした。そうした農政はほとんどすべて裏目に出たというのが現実でしょう。

　県の農政は、農家の庭先で農民と語り合い、農民の知恵と創意を汲みあげながら、神奈川の農業の未来をさぐり、それをできるかぎり国の農政に反映していくという方向をとることが必要でしょう。

　他の職場についても同様です。そのために県政は、県下20数万の事業所で働く二百数十万人の人たちの自由と権利を尊重することが必要です。

　とくに若い人たちに生涯教育のサービスも提供します。労働組合や中小企業の団体などとも積極的に対話をし、ことに未組織の人たちの生の声をきくようにします。

〔新しい広場づくり〕

　今日の都市に欠けているもの、それは市民が交流する「広場」です。広場のない都市は都市といえません。「都市砂漠」ということばがしめすように、それはただ砂のように相互に結びつきのない人びとの群れにすぎません。

　ここで広場とは、たんに特定の場所や施設という意味だけではありません。県民が、自由に集いあって、問題を出し、話し合い、学び、あるいは芸術やスポーツを楽しむ、その活動そのものが広場です。

　行政は、こうした新しい広場活動に必要な施設やサービスや情報を提供する責任があります。そしてそれらを本当に活用するのは、住民自身の仕事です。

　住民が公共的な仕事に自発的に参加する「ボランティア活動」ということばは、時に、行政の責任回避や、住民に奉仕を押し付けることに悪用されやすいのですが、しかし生きた民主主義とは、もともとボランティア精神を基礎にするものです。

　福祉、消費者活動、文化活動、あるいは「みんなで川をきれいにする」「緑をたいせつにする」等々、条件は行政が責任をもち、運営はみなさんでやってみませんか、と私はよびかけたいと思います。

　そうしたなかではじめて活気ある新しい広場、新しいコミュニティが生まれ、また同じ町、同じ県に住む者同士の連帯感も湧いてくるのではないでしょ

史料1　神奈川が変われば　日本が変わる　新神奈川宣言

うか。

（4）子や孫に誇れる神奈川

〔緑と水と青空と〕

　これまでの「高度経済成長経済」とは、何だったのでしょう。いわば国土、郷土の自然や伝統を食いつぶし、子や孫たちの未来まで先食いして、ひたすらモノとカネを追い求めてきたことではないでしょうか。もうこれ以上、これまでのやり方をつづけることはゆるされません。

　古都鎌倉、ブナの原生林や鹿の生息する丹沢、森と湖のある箱根、美しい海岸線にめぐまれた相模湾島。もともとこの神奈川は、何百年、何千年もの昔から、父祖たちがだいじにしてきた、緑濃く水清く空青き美しい郷土です。

　私たちの世代は、一時それを預かって使わせてもらっているだけです。この神奈川を、その美しさのまま、子や孫に、未来の世代に、ゆずりわたす責任があります。いまのように荒らし汚したままでは、子や孫に恥ずかしいではありませんか。

　私は、神奈川の自然環境を、高度成長経済の美名で汚した以前の状態にまでもどすことを目標に、「環境大作戦」を県民のみなさんとともに展開したいと思います。

　緑と水と青空をとりもどしましょう。そのためには、とくにこの神奈川では、自然の保全、公害の防除について、他の県よりも一歩進んだ基準をめざしましょう。横浜市その他の先進的な事例を全県的にひろめつつ、国の基準も前進させましょう。

　また今日では、木一本も、私たちの努力で「創造」しなければ育ちません。自然の「保全」や「復元」だけでなく、緑と水と青空を積極的に「創造」する努力が必要です。

　また環境保全とは、ただ昔の自然に戻ることでもありません。相模湾をきれいにするには、本格的な流域下水道が必要です。深刻化するゴミ処理にも、再生処理の技術開発をふくめて、真剣に対処し、将来の水資源についても、長期計画をいまから準備して、子や孫たちに胸をはってゆずりわたせる美しく清潔な郷土を、意識的に私たちの手で創造したいものです。

〔人間に奉仕する商工業〕

　私は、単純な「反工業論」には組しません。農業とともに商工業は、人間社会の基本的な仕事です。商工業の発展を無視して、子や孫たちにわたすべき郷土はないと思います。

　問題は、これまでのような無秩序な工業化、それにともなう人口集中や都市の乱開発、環境汚染や資源浪費は、もうこれ以上放置できないということです。

　産業のための郷土や人間でなく、郷土と人間のための産業——この方向にこそ、産業の将来の発展があります。自然環境の面と並んで経済の面でも、新しい神奈川県づくりを考えましょう。

　産業構造の転換や地域配置の再検討、神奈川に適した地場産業の振興に、力を注ぎましょう。それはやがて、新しい時代にふさわしい生活様式の創造にまでつながるはずです。急激に湘南、県央にまでのびた工業地帯にも、いまでは新しい見直しが必要ですが、とくに明治以来100年の京浜工業地帯については、本格的な構造転換が不可避です。これはまさに歴史的大事業になるでしょうが、腰をすえて、これに取り組みましょう。

　私はこのために、横浜市、川崎市その他と連携し、東京都や千葉県とも協力しつつ、当事者や県民、さらに専門家の創意と英知の総結集態勢を組むつもりです。

〔生活のなかの文化〕

　かりに物の豊かさを「文明」とよび、心の豊かさを「文化」と名づけるとしたら、私たちは、物の文明を追うのにおぼれて、心の文化をおざなりにしてきたといえないでしょうか。子孫に残すべきどんな文化を創ったといえるのでしょうか。

　これからの神奈川は、物の豊かさとともに、いやそれ以上に、個性的な文化の面での豊かさとうるおいを追求すべきです。

　伝統文化の保存や再発掘も、スポーツや芸術、読書や創作の活動も、もとよりです。県民の暮らしのなかから育つ文化、外国にも誇れる新しい生活文化の花々が色とりどりに咲きみだれるような神奈川を創りましょう。

史料1　神奈川が変われば　日本が変わる　新神奈川宣言

県北、県西地域の山や湘南の海など、いまや神奈川の宝ともいうべき自然を保存しつつ活用し、かつ地元の経済にも寄与しうるような、スケールの雄大なスポーツや、いこいの施設も考えられるでしょう。

(5) 内外に開かれた神奈川

〔首都圏のかなめ〕

　知的水準の高い620万の大人口が生活し、わが国最大の産業地帯を擁し、そして首都・東京に隣接する——これがわが神奈川です。

　神奈川は、日本のかなめの首都圏の、そのまたかなめの地位にあります。日本をささえる大きな柱であり、日本を動かすテコの支点ともいうべき役割をになっています。

　偏狭な県民意識や愛県心からではなしに、神奈川はその実質上の地位と役割にふさわしく、外に向かって大きく開かれていなければなりません。県民の生活そのものが日本中とつながっています。少なくとも「首都圏」という発想を欠いて、神奈川だけの生活とか、県政とかは、考えられないのが実情です。

　現に、人も物も情報も、神奈川は東京と一体です。東京湾は神奈川と東京と千葉のものです。公害・交通・住宅・教育など、さらに物価まで、私たちは首都圏の神奈川として考えなければ、解決ができません。

　私は、横浜、川崎の2大都市とともに、東京、千葉などとも緊密な連絡と協力の体制を組み、下からの広域行政に積極的に取り組みたいと思います。

〔日本の玄関〕

　首都圏のかなめである神奈川はまた外国に向かって開かれた「日本の窓」であり、「日本の玄関」でもあります。神奈川県は、こうした地位に見合った国際人の都市でもあるべきです。

　ただ残念なことに、対外関係から見たわが神奈川には、沖縄に次ぐ日本第2の基地県というマイナスの面もあります。今もなおこの狭い県内に28ヵ所、延べ2千数百万平方メートルの米軍基地をかかえています。横須賀に核兵器が出入りしていることも、公然の秘密にすぎません。

私は、こうした軍事同盟政策には反対です。それはもともと間違っているだけではなく、1970年代の世界ではもう時代錯誤です。こうした国の軍事政策の犠牲を県民が背負わされているのは不当です。

　また、県民生活を守るという観点からも、私たちは一日もはやく米軍基地の全面返還を求めたいと思います。

　神奈川県は、全国土のわずか0.6％の県土に全人口の6％もの人口を収容している、超過密県です。学校・住宅・公園等々、県民がなやんでいる問題解決の根本は土地です。高校増設にしても、隘路は土地にほかなりません。1校3.3平方メートルとして、2千数百万平方メートルもの基地が県民の手に還れば、何校の高校が建てられるでしょう。県民の皆さんもごいっしょに「跡地利用計画」を考えてみませんか。

　基地の返還、そしてこれにくわえて大企業が買い占めている未利用地の放出があれば、目下の県政の最大の難問である土地問題も、みごと解決できましょう。

　つぎに、目をもっと将来に向けて、私は神奈川を、日本の国際交流の中心にしていく努力を進めたいと思います。

　貿易の振興はもとよりですが、もっと文化や人間の交流を考えるべきです。また外交は国がやるものとだけきめるのも、すでに古くさい考えです。国がやる「国際」外交の基礎には、国民同士がつながる「民際」外交があるはずです。この神奈川が、日本の民際外交の先頭に立ちたいものです。

　米・中・ソ・欧などとはむろんですが、とくに今後はアジア、ラテンアメリカ、アフリカとの交流を進めたいと思います。

　例えば、「神奈川国際交流センター」のような場をつくるとか、アジアなどからの留学生を県民の日常生活のなかにまで受けいれる組織や運動なども、みんなで進めていってはどうでしょうか。

〔Ⅱ〕県政をどう進めるか
―5つの原則―

〔県民自治の県政を目ざそう〕

　日本の社会は、これまで長い「義務と忍耐の社会」でした。戦後30年に

史料1　神奈川が変われば　日本が変わる　新神奈川宣言

してようやく「権利と要求の社会」に変わってきました。それは、戦後の日本国憲法の成果です。他方また、高度成長政策がもたらした産業と生活の二重構造に、国民が、もうがまんできないと、「人間」の声を高らかに叫びはじめたことにもよるでしょう。

　こうしてようやくはじまった「権利と要求の社会」という進歩をふまえ、さらに一段と伸ばして、「自治と自主の社会」へ、「自己統治の社会」へと進む——これが今後の日本の方向です。

　それは、長く古い「官治」の時代から、新しい「自治」の時代へ、そして人びとが単なる「住民」から、自主的な「市民」へと進むことだともいえます。「市民」とは、権利と要求に目ざめたひとりひとりが、同時にヨコに連帯し、討論と同意のうえに自分たちの問題を解決しあっていく人間のことです。

　それは、憲法を暮らしに活かすことであり、地域に民主主義の根をおろすことであります。民主主義とは、要するにみんなが新しい自治の主人公になることにほかなりません。

　すでにこの動きが、日本中で大きくはじまっていることを私は感じます。神奈川を、以上のような動きの代表選手にしましょう。県政の主人公は、県民です。県民が主権者です。私は、この大原則にどれだけ奉仕できるかを、県政の根本原則にしたいと思います。

〔3つのH〕

　「県民の県政」をうちたてる大前提は、政治と行政への庶民の信頼です。そしてこの信頼が失なわれている点に、わが国今日の致命的な不幸があります。新しい神奈川の県政を進めるためにも、政治と行政への信頼の回復が先決ですが、そのために県政はどう姿勢を正すべきでしょうか。

　私が学生時代に、恩師から教えられたことばがあります。それは、およそ社会の勉強をしようとする者は、「温かい心（WARM HEART）」と「冷静な頭（COOL HEAD）」とをともにそなえなければならぬ、という戒めです。私は私の学生にも、この2つのことばを語りつづけてきました。

　政治もまた同様でしょう。とくに政治の場合、いま失われた信頼を取り戻すには、私は「きれいな手（CLEAN HAND）」をつけくわえたいと思います。「温かい心（ハート）」「冷静な頭（ヘッド）」「きれいな手（ハンド）」——この「3

つのH」こそ、新しい県政の姿勢として、たえず私の自戒すべき点でありましょう。

　温かく、清潔で、知性あり、それゆえ県民にもわかりやすい平明な県政。冷たさ、暗さ、無理、そして不透明な難解さのない県政——これが、私の願いであり、私を導く理想です。

　以上のような考え方に立って、私は新しい県政に「5つの原則」をたてたいと思います。

(1)「現場」を尊重する県政

〔現場こそ県政の根本〕

　私は「現場主義」とでもよぶべき考えをもちます。「現場」とは何よりも、県民それぞれ生活の場、仕事の場のことです。世の中の本当の姿は、役所の部屋のなかではなく、現場からながめてはじめてよく見える、と思います。県政の本当の問題は、まさに現場で生じ、県民のなまの声は、現場でこそ聞こえるはずです。

　県政内部のことを考えても、県政は県庁の本庁舎のなかだけにあるのではありません。むしろ、県民と日々直接にふれあう現場の役所の窓口こそ、県政の主要舞台です。

　現場で働く職員たちが、県民の声にこたえ、問題を見いだし、創意を発揮して、生き生きと自由に仕事ができるような条件をつくること、現場の知恵や問題がかならず上部機構に反映するパイプと仕組みをつくること——これが知事の第一の責任であり、仕事でありましょう。

〔職員に期待する〕

　私は、神奈川県のすべての職員が、それぞれの部署で、とくに県民と日々に接する現場で、各自が専門家として、惰性から抜け出し、創意をこらして、県民のための仕事を改善してくれることを期待します。

　またすべての職員が、狭いセクショナリズム（なわばり）にとらわれず、相互に協力してくれることを期待します。例えば県民の保健問題ひとつとっても、衛生はもとより、福祉・労働・教育等々とつながり、道路一本つくる

のも、土木部の仕事だけではなしに、住宅や産業や環境等の問題と不可分です。今日の県民の生活要求、今日の都市問題は、明治いらい100年のたて割り主義行政では、もう解けなくなっています。

　こうして職員が、たえず工夫をこらし、ヨコに連絡して県民の声にこたえるよう献身されることを、期待します。「創意・協力・献身」——したがって職員は、それが可能になるような職場の条件や権利を保障されるのが当然です。

（2）わかりやすい県政

〔県民にもお願いする〕

　私はあえて県民のみなさんにもお願いしたい。県政とは、みなさんの「共同作品」だとお考えください。

　事実、県民のみなさん、革新県政ができたら、あとはまかせておいてよい、あるいは要求さえすればよい、などとはお考えにならないでしょう。

　どんな小さなこと、わずかな時間、かぎられた場所でもけっこうです。みなさんご自身が神奈川をよくするために、できること、できる時間、できる場所を見つけてください。そして友だちや隣人に、いっしょにやりませんか、と話しかけてください。

　こうして県政に問題を提起し、ごいっしょに考えてください。県政に何をしてもらうだけでなく、県政に何をしてやるかも、考えてください。

　このようにしてできあがっていく、県民の「手づくり」の県政、県民「総参加」の県政、民主主義というものを肌で感じられる「自己統治」の県政——どんなに面倒でも、これが県政の理想です。この大道を行く以外に、神奈川を本当によくすることは困難でしょう。

〔県民センターとしての県政〕

　いうまでもなく、県民へのお願いより前に、県政自体が姿勢を正すことが先決です。

　「参加」とか「県民こそ主人公」とかいっても、ことばだけでは、主人公たる県民も参加のしようがありません。県民による、県民のための、県民の

県政を実現できるよう、県政は予算や情報やサービスなど、できるかぎりの条件をととのえ、提供して、県民の参加と自己統治をやりやすくすることが必要です。

　私は、県庁は県民センターなり、と考えたいと思います。

　何より、県政がもっとわかりやすくなることが必要です。「県庁は遠い」、「県政は中身の見えないブラック・ボックス（暗箱）だ」という、しばしば聞く声をなくすよう、県庁のあらゆるドアを開放しましょう。広報、広聴活動も再点検しましょう。役所ことばもできる限り改めましょう。もし県民の声が届かず、県民の要求に敏速に対応できないようなら、新しい工夫を考え、機構改革も断行しましょう。

　しかし県政がもっと平明に、透明に、わかりやすくなる根本は、やはり県民に参加していただくことです。むずかしい抽象論より何より、具体的な生活の問題で、県政に参加するごとに、県政はますますわかりやすくなり、いよいよ県民自身のものになる、私は考えます。

（3）科学的な県政

〔政治に　知性〕

　以上のような県政を実現していくためには、県政の仕組みや構造を変えていく必要も生じます。また県政は複雑にからみあった県民の生活要求や都市問題にこたえねばならない仕事です。長期の展望に立った、計画性を要求される仕事です。

　その意味で私は、もっと政治に知性を、行政に科学を、と考えます。それがまた、わかりやすい県政の道でもあり、責任ある県政の在り方でもありましょう。

　場当たりの政治、思いつきの行政は、だめです。密室のなかの腹芸政治や、ただ声の大きい陳情に対応するだけの行政は、結局のところ県政を県民から遠ざけ、わかりにくくし、無責任にします。

　まして今日は、日本全体が、大きな曲がり角に来ています。いや、世界中が一大変動期に突入しています。そのなかで、神奈川県民の生活も、新しい難問にぶつかっています。「冷静な頭」で、短期・中期・長期のビジョンを

史料1　神奈川が変われば　日本が変わる　新神奈川宣言

立てることが必要です。それには、やはり学問の力を借り、その成果を県政に吸収したいと思います。

　私は、県庁の職員が専門能力をいっそう高めてほしいと願います。また県庁外の、専門家・学者・文化人の協力も、ぜひお願いするつもりです。そして、今日の激動に対応して、これまでの「総合計画」をふくめて、県政全体の科学的な再検討を試みようと思います。

〔方向・整合・漸進〕

　企業優先から人間優先へ、これは今日県民すべての合意でしょう。革新県政とは、その方向をめざして、県政全体のあり方や仕組みを転換していくことです。そうした方向性が明確でなければなりません。

　同時に、いいことづくめの政策を総花的に羅列しても、その実行は不可能です。それはうそになるにきまっています。また今日の市民要求や都市問題は、こまぎれ対策をいくら集めても、とうてい解決できません。そもそも、要求や問題は、政策の基礎ですが、政策そのものではありません。

　あることをやろうとすれば、かならず他のことに影響します。時には互いに矛盾し、時には互いに促進しあうこともあります。財源の限度もあります。県政は、いろいろな面が全体としてバランスのとれた、そして相互の矛盾をできるかぎり調整した整合性と体系性をもつことが必要です。

　それだけにまた、一挙にすべてはできません。それは無理だし、危険です。実際の政策は、優先順位を明らかにしながら、腰をすえてじっくり、漸進的にやっていくことがたいせつです。

　革新県政とは、以上のように、第1に個々の政策がばらばらでなく整合的で合理性があり、第2にその実施は着実で漸進的に、しかし第3に、向かうべき改革の方向がはっきりしている県政のことです。そして、そうした県政を保障するものが、科学的な県政ということです。

　私は、ある神学者の祈りのことばを、私自身の戒めとしたいと思います。彼は「おお、神よ、われらに与えたまえ」といいます。

　「変えるべきことを変える勇気と、
　　　変ええぬことを受け入れる冷静さと、
　　　そしてこの2つのことを識別する英知とを」

（4）県民と呼応しあう県政

〔だいじなこと、むずかしいこと〕

　科学的な県政とは、もちろん専門家や学者が万事をきめるという意味ではありません。およそこの世の中には「だいじなこと」と「むずかしいこと」とがある、と私は考えます。

　人間にとって、県民にとって、何が「だいじ」かは、べつに専門家でなくとも、一般人でも、わかります。判断し選択することが可能です。時として専門家は、かえって木を見て森を見ない欠陥にもおちいります。

　例えば公害問題のだいじさを最初に教えたのは、科学者や行政官よりは、水俣の漁民や安中の農民でした。

　しかし、公害の解決には、やはり専門家の協力が必要です。さまざまなだいじな問題をどう解くか、原因は何か、解決に必要な条件や責任はどうか、ほかの問題とどうからみ、利害の対立をどう調整するか、こうした点については、専門的で科学的な知識が求められます。

　この「むずかしいこと」については、専門家としての県職員の知識や、専門学者の方々の知恵を総動員して、解答を準備する。そしてその解答を県民に提示して、もういちど何がだいじかを判断してもらう。

〔**不断の対話のなかで**〕

　県民が問題を出し、専門家がいろいろ答えを書き、そのどれを選ぶかはふたたび県民。こうして県民と専門家との討論を繰り返すなかで、科学が現実のなかに生かされていく。そうした県政を、私は追い求めます。

　ここで県民とは、個々の県民とともに、県民の声を代表する県議会や各市町村をもふくむこと、もちろんです。

　以上の意味で、県民自治とは、県民と県政との不断の「対話」のことだと私は考えます。県民と県政はピンポンのように、たがいに球を打ち込みあうことが必要です。

　県の職員は、上からの行政を県民に押しつける古い官僚であってはならず、また県民の要求にただ頭を下げるだけの無責任さも困ります。県民の提起す

る問題に、専門的な知識を駆使して回答し、時には積極的に意見をたたかわす。それが県民参加のなかの公務員の仕事であり、県民の声に本当にこたえる道でしょう。

（5）地方自治の確立をめざす県政

〔集権から分権へ〕

　私たちは、国民であり、県民であり、市町村民です。それに対応して、国政があり、県政があり、市町村政があります。それぞれ仕事の分担があります。

　しかし、それは仕事の軽重を意味するものではありません。国・県・市町村は、けっして上下関係でも、また対立関係でもなく、互いに補完し、協力しあうものです。

　ただ、これまでの日本の政治は、余りに中央集権的でした。国中心・国優位・国万能です。考え方だけでなく、多年にわたってつくりあげられた仕組み全体がそうです。そのため、考え方までそうなってしまいました。

　これは是正しなければなりません。曲がった竹を真っすぐにするには、反対方向へうんと曲げるように、行き過ぎを恐れぬくらい思いきって、中央集権から地方分権へ改革することが必要です。

　自由な自治体を欠いた、自由な国はありません。国全体が民主主義かどうかは、強い自治体の有無できまります。将来の日本社会は、強固な地方分権制を基礎にしてつくられるべきだと私は考えます。

　何よりも自治体こそは、国民の直接の生活の場です。国民の生活要求も、具体的な姿であらわれます。政治への参加が、比較的やりやすい場所でもあります。

　その意味では、同じ自治体のなかでも、とくに、「基礎的自治体」とよばれる市町村こそ、民主主義の草の根ともいえましょう。

　残念ながら、これまでの県政は、国→県→市町村という、上からのタテの統治の中間にあって、市町村とそこに住む住民に、国の方針を流し込む下請機関の役割が強かったといわざるをえません。

　革新県政は、市町村でくりひろげられている自治活動を、県という広域的な立場で支援し、調整する県政、国の集権的な上からの行政に抵抗して市町

村を守る県政、「市町村に顔を向けた県政」、いわば、「自治体連合としての県政」をめざします。

〔行財政の構造を改革する〕

　いかに自治を口にしても、権限なければ空しく、財源なければ自治なし、であります。実際には、国民のための仕事の大部分は自治体にやらせながら、「三割自治」といわれるように、権限も財源も国がにぎっています。それをとおして、国は自治体を支配し、操作し、自治に介入しているというほかありません。

　しかも国の官庁のタテ割り行政が、権限と財源をとおして自治体内部にまで持ち込まれ、自治体の仕事をいちじるしく不能率、不合理にし、今日の住民の要求にこたえられぬものにしています。

　これまでの保守県政は、「中央直結」の名で実は「中央従属」でした。中央集権のわく組みを改革する努力に乏しく、むしろこの枠組みを強めてきました。その弊害は、いまにわかに高まっています。

　行財政制度について、自治体の権限と自主財源を強めるよう、抜本的な改革が必要です。国への無用な依存はやめましょう。自治体への有害な介入は拒否しましょう。国と自治体との間に、仕事と権限と財源のもっと合理的な再配分を求めましょう。

　それは、狭い党派的なイデオロギーから出てくる要求ではありません。県民生活が求めているものです。民主主義が必要とし、今日の社会科学がひとしく確認しているところです。

　問題は根本的ですが、とくに緊急なことは財源問題です。国政の失敗によるインフレと不況のはさみ打ちで、いまや自治体財政は破産状態に近づいています。このままでは、やがて県政の機能はまひし、県民の生活要求は満たされなくなります。

　自治体財政の強化は、一般にまだ保守色の強いとされる全国知事会でも、たまりかねて数々の要求を国に提出しています。

　革新県政は、地方分権と自治体の強化のために、行財政制度の構造改革の先頭に立ちます。とくに、県財政再建のために、長期および緊急の対策に取り組みます。

む　す　び
－神奈川が変われば、日本が変わる－

〔自治体革新の第２段階〕

　地域と職場、暮らしの場と仕事の場――人間優位の民主主義は、国民が日々生きるこの２つの現場にこそ、根をはらねばならぬと私は考えます。その意味で、市民運動と労働運動は、民主主義を育てる２本の柱と考えられます。

　政治の面でも、いまや民主主義は国政よりも自治体のなかに息づいている、と思われます。住民の声をじかに反映しやすい自治体は、現に福祉や公害対策など、国よりも一歩進んだ施策を試みています。

　ことに、全国ですでに140市におよぶ革新市政は、数々の先駆的政策を実行し、それは他の市町村にも波及し、国政にも影響を与えています。わが神奈川は、横浜はじめ革新市政の豊かな実績をもち、日本中の革新自治体の動きの中核にもなっています。

　けれども、率直にいって市町村段階だけでは、限界もあります。全国の市町村に展開している自治体革新の潮流を、今後は都道府県段階にまでひろげ、高め、そして相互に横に手をむすびましょう。革新神奈川は、東京とともに、この自治体革新第二段階の中心的な役割をはたしましょう。

　とくに私は、「革新首都圏」をつくろう、とよびかけたい。人口１，１００万の首都東京を中心に、６２０万のわが神奈川、さらに埼玉、そして東京湾をへだてた千葉、隣県の山梨と、一都四県を合わせれば、日本国民の４分の１にあたる２，７００万人が、人間優先の旗の下に結集し、一体化します。

　この革新首都圏の協力と団結をもってすれば、１つの市、１つの県ではむずかしい問題についても、かなりの実験を試みることができるはずです。東京湾などの環境浄化、物価や交通、医療や住宅、公園や文化施設等々、広い視野に立ってこそいっそう合理的に対処できる問題も、たくさんあります。

　さらに北海道から沖縄にいたる全国の革新都道府県の連合も考えられます。従来の中央集権や自治体行政制度の不合理さに苦しんでいるのは、保守系の知事にしても同様ですから、革新知事が主動力を発揮すれば、全国知事

会も動かして、先に述べたような行財政改革を国に実行させることも可能になりましょう。

〔神奈川の問題、日本の問題〕

　今日のさまざまな問題の根本的解決は、やはり国政における政治の革新にある、と私は考えます。自治体はけっして万能ではありません。

　しかしながら、民主主義の土台は、自治体にあります。自治体革新が進まないままに、革新政権ができても、それは土台を固めずに建てられた建物にすぎますまい。

　革新市町村という根をはり、革新都道府県という枝と葉がしげってこそ、国政段階での革新政権という大輪の花が咲くでしょう。

　日本という全国の政治や経済や文化の問題も、実は自治体という各地域の場で、具体的な国民の生活の場で、なまなましい姿をとってあらわれます。神奈川の問題と日本の問題は、別々ではありません。

　まして神奈川は、日本全体の縮図です。日本の問題の集約県です。そしてまた、問題解決のエネルギーも豊かな、日本のかなめともよぶべき県です。

　私たちの手で神奈川の問題を解くことは、かならず首都圏全体に強烈な影響をあたえ、日本全体にひろがります。神奈川をとおして、私たちは日本の問題を解く道へ、大きく歩み出せます。

　いまや日本全体は歴史的な転換期に直面しています。古いひとつの時代は、確実に幕をおろしました。もうひとつの新しい時代の幕をあけなければなりません。困難は途方もなく大きいけれど、それだけにやりがいもあります。創造のよろこびも無限です。困難が大きいときこそ希望もまた大きいと言えます。私たちの手で、幕をあけましょう。新しいドラマを書き、主役を演じましょう。

　天を望み、地を歩む。

　新しい日本という目標を仰ぎ見ながら、足はしっかりと大地を踏みしめて、この神奈川で、日本の問題を解きましょう。そのことによってまた神奈川の問題の解決も一層進みます。そのことが日本全体を動かしていきます。

　その意味で、私は、県民のみなさんに、あえて次のように訴えます。

　「神奈川が変われば、日本が変わる」

史料１　神奈川が変われば　日本が変わる　新神奈川宣言

・・・・・・・・・・・・・・・・・・・・・・・・・・・・・・・・・・・・・・

長洲　一二　略歴

　大正８年東京に生まれる。昭和16年横浜高商卒業、昭和19年東京商科大学卒業、昭和36〜横浜国立大学教授／同経済学部長（３期）、昭和49年10月　退官。『日本経済入門』他著書多数。

・・・・・・・・・・・・・・・・・・・・・・・・・・・・・・・・・・・・・・

新神奈川宣言
　　　　　　●発行　横浜市中区住吉町２－２６　長洲一二と県民の会
　　　　　　●頒価　200円

・・・・・・・・・・・・・・・・・・・・・・・・・・・・・・・・・・・・・・

（出所）この「新神奈川宣言」パンフレットは、長洲一二氏の神奈川県知事選への立候補を決断後の1974年12月末〜1975年１月初旬に印刷、配布された。

史料2

『模倣から創造へ』

この20年の歩み（1968～1988） (注1)

飯沼 和正（科学ジャーナリスト・独立）

　この20余年間、私はバカの一つ覚えのように「あること」を主張してきました。その「あること」が何であったか？　そして、その「あること」が、20余年の間に、どうなったか？――それを編集委員からのおすすめに応えて伝えたいと思います。

　ただし、ただ今も申した如く、この「あること」について私はこの20年間、バカの一つ覚えのように、あちらこちらで吹きまくってきております。したがって、執筆者である私の、名前を見ただけで、ア・マタカ・・・とうんざりなさる読者もあろうかと存じます。ご容赦ください。

「あること」とは

　私が20年余、主張してきたことは、かなり単純なことです。要約すれば10行ばかりにまとめることができます。すなわち、

①日本の社会は、いま、模倣の時代から創造の時代に移りつつある。

②創造の時代に備えては創造のための組織を新しくつくりだしてゆかねばならない。

③それは今までの組織とは異質なものである。それは個人重視の組織だ。かつ、終身雇用を前提としない組織だ。

④そのような非終身雇用型の組織が育ってゆく社会的基盤も次第に整いつつある。

　私の主張は、以上のように比較的、簡単なことではありました。しかし、明治以来、百年もの間、日本は（あるいは日本人は）模倣的人種なのだ、創造はダメなのだと、広く信じられてきた。そのなかにあって、私の見解は、い

史料２　『模倣から創造へ』　この20年の歩み（1968～1978）

いささか突飛な主張でした。少なくとも私より以前には、先例のない見解でありました。

このような主張を、私は、1968年に発表した『模倣から創造へ』（東洋経済新報社）なる一書で、世に問うております。この本は、私にとって、第一著作とでもいうべきものでした。その後、20余年にわたる、私の一連の著作や主張はおおむね、この第一著作の延長線上にあります。

1968年という時期は、明治維新から、ちょうど百年に当たります。この著作をまとめるに当たり、私も、この時代の区切りを少なからず意識しておりました。そして私は、この第一著作を「仮説」のような形で提示いたしております。もう少し、くわしく解説すると、日本の科学や技術、産業と社会は、明治百年にして、ようやく「模倣から創造へ」の転回点にさしかかっているのではないか——。

従来、わが国は、模倣の社会だとされてきた。「日本人は天性、創造性に乏しく、模倣性に長けた民族だ」とされてきた。だから、日本の科学や技術や産業は、今後、未来永劫に、いつになっても模倣から脱することができないともいわれてきた。しかし、これは「俗説」にすぎない。これは本当ではない——と述べてあります。仮説の形で、主張しております。

私は、次の２つの理由によって、これを「俗説」だと斥けたのです。

第一の理由。米国にしてもドイツにしても、社会が「創造」の時代を迎える以前には、かなり長期にわたって「模倣」の時代が先行している。近代化（工業化）に一足、遅れて発進した国々にあっては、（創造活動を原動力として発展するよりも）先進国への模倣を原動力として発展する方が経済合理性をもつのである。

わが国の明治以降の発展が「模倣」によって支配されていたとしても、それはこうした経済合理性の結果にすぎない。しかも、これは世界各国に共通する歴史現象であって、わが国独自の特異例などではない。

第二の理由。科学や技術に関する日本人の創造的能力は、必ずしも乏しいものではない。明示以降の、わが国の、科学史、技術史を跡づけてみると、その証拠はかなり豊富に存在している。もっとも、日本人の創造的能力を抑圧する因襲や社会機構もまた、ふんだんに存在していた。

だが、因襲や抑圧機構もさることながら、それにもました、わが国の産業」

や社会が、日本人の創造活動を必要としなかった。そもそも、その必要性がなかった。それを求めなくても、欧米先進国からの技術導入によって、産業社会は充分に発展することができた。それが、明治以降百年間の、歴史概況であった。

ところが、この歴史状況が明治百年を迎えるころ（1968）になるとあやしくなってくる。この時期になると（それは敗戦後20年を過ぎるころでもあるのだが）、もはや模倣（もっと端的にいえば技術導入）の経済合理性にかげりが出てくる。海外からの技術導入をもって、経済発展の原動力とすることの旨味が減少してくる。海外からの技術導入に新規投資するよりも、自主的に、自力で新技術を開発する方が投資効果としての合理性をもつようになる。

1960年代半ばに至ると、一方には技術導入頭打ち現象があらわれ、他方には中央研究所の創設ブームがあらわれてくる。これらは、明治以降百年にして日本の社会がようやく資本の要求として、創造活動を求め始めた兆候ではないか——。すなわち、日本の社会は「模倣から創造へ」の転回点にさしかかってきたのではないか——。

以上が第一著作において、私が提出した第一の仮設でありました。これと並んで、私はつぎの2つの指摘(あるいは「仮説」)を致しております。すなわち、そのひとつは、

今後、日本の社会が「創造」の時代を迎えるとすれば、それは社会の価値観にかなり大きな変革を求めるであろう。それは全体優先システムとでもいうべき旧来の価値観に対する大きな変革をもたらす。それにかわって、個人優先の価値観を、社会自体が求めるようになるのではないか——。

これに伴って、あたらしい価値観にもとづく組織と組織原理の確立が必要になる。創造活動の本質は、自己主張（激しい自己主張）に外ならない。それは全体への従順を尊しとする営為とは真逆のものである。ただ、そのような激しい自己主張の焔を、社会的にプラスになるように燃焼させてゆくためには、それなりの新しい組織が要る。それが個人優先の組織である。個人が孤立して散在して活動するのではなく、協力しあって活動してゆくためには組織が必要である。しかし、その組織は新しい組織原理によるものでなければなるまい。それは全体への忠誠心（あるいは「和＝同一化の精神」）ではなくて、

史料2 『模倣から創造へ』 この20年の歩み（1968〜1978）

異質性を前提とした「契約の精神」（約束ごと最重視）になるであろう。
　私が提示した、さらにもうひとつの指摘（仮説）は、次のようなものでした。
　日本の社会基盤は、別の側面からも、新しい価値観にもとづく新しい組織の出現を可能にする条件を整えつつある。それは、労働構造、雇用構造の変革である。従来、わが国は年功序列、終身雇用を根幹とする労働構造でもって支えられてきた。ところが人口のピラミッド構造は崩れつつある。これに伴って、若年労働力の不足が不可避な現象として迫ってきている。これは年功序列、終身雇用をゆるがし、崩してゆくであろう。
　ところが、この年功序列、終身雇用という雇用システムこそは、少なくとも第二次大戦以降、わが国の社会における全体優先の価値観を維持する生活的基盤でもあった。
　ところが、創造という営為の根源にあるものが「自己主張」だとするならば、全体優先の価値観は、創造活動には有害となる。
　年功序列・終身雇用を主軸とした従来のわが国の雇用形態は、創造活動にはマイナスに働くものだ。
　しかるに、そのような雇用形態がこれまた、人口のピラミッド構造の崩壊に伴って、変革を余儀なくされようとしている。
　このような状況——年功序列、終身雇用がゆらぎ始める状況——は、日本の社会の今後の創造化にはプラスの作用をもつであろう。

　1968年に公刊した小著『模倣から創造へ』が提示した「仮説」（群）は、ざっと以上のようなものでした。

それがどうなったか
　これらの仮設（群）がその後、20余年の歳月のなかで、どうなったか？　どう実証されたか？
　先の「仮設群」を再度、整理してみると、①「模倣から創造へ」（日本の技術の問題）、②終身雇用システムの変革（日本の労働構造の問題）、③「全体優先から個優先へ」（日本の価値観、組織観の問題）——の3つになります。
　1968年以降、私が追跡できたのは、この3つのうちの①と③でした。②に関しては、ヨコ目でこそにらんではおりましたが、それを著作としてまと

めることは、門外漢の私の手に負えぬ仕事でした。

　さらにいえば、この3つの課題のうちで、もっとも科学的に（社会科学的に）とり扱いやすいと思われたのは①、すなわち、日本の技術の変遷の問題でありました。〝科学的にとり扱いやすい〟というのは、シロかクロかの判定が、だれの目にも明確につきやすいという意味です。

　したがって、私は第一著作以降、主として①の課題を追跡しつつ、③の課題を模索するという歩みを採ってきました。

　①の課題において、追求せねばならなかったのは、わが国の社会の、産業や技術が、ひいては科学が1968年以降、果たして「模倣から創造へ」の方向に進んでゆくか、あるいはそうはならないで逆行するか——の検証でありました。

　結論を先にいってしまえば、この検証の結果はほぼ完全に「ＹＥＳ」でした。この結果に関しては、今日となっては（1990年以降）もはや、だれの目にも明白な形で実証されております。図1が、その結果を、もっとも端的に示してくれております。

　もう少し説明をくわえねばなりますまい。「模倣から創造へ」——このような社会現象を検証するに当たって、まずは判定の基準が定まっていなければなりません。（さらに、その判定の基準が、充分に納得のゆくものでなければなりません。）私はこの判定基準を、第一著作において「技術導入（支払額）対技術輸出（受取額）の比率」という形で設定いたしました。すなわち、「技術貿易収支の比率」を尺度に置いたのです。この比率が100％に到達した段階でもって「模倣から創造へ」の転回が実現したと考えようとしております。

　1968年当時、わが国では、この「比率」が10％そこそこという低い水準にありました。ひるがえって、英国、フランス、西ドイツなどの各国は、この比率が30〜40％でした。

　だからそのころ——というのは1965年ごろ——、ある論文などは「せめて欧州各国なみには達したいものだ。そこまでの水準に達したら日本の技術も〝自立〟したといえるのだが・・・。今のところその見通しが立ちそうにもない」と慨嘆しております。

　それでは、この「比率」がどう移りかわっていったのか？　下図はそのことを示す統計グラフです。そこでも明白なように、この「比率」が1989年には、

史料2 『模倣から創造へ』 この20年の歩み（1968〜1978）

すでに「100%」＝「収支均衡」に到達しております。

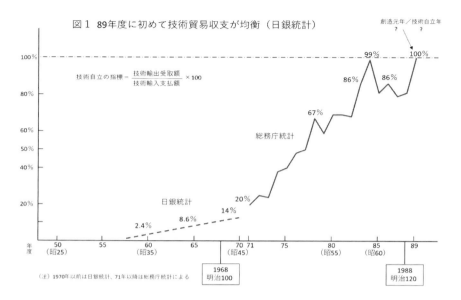

この判定基準が妥当だとすれば、1968年の著作で示した「仮説」は1989年には、統計上に現れる歴史的事実として、立証されたことになります。（この判定基準そのものが、果たして十分に妥当なものか否かについての議論は、第一著作ですでにのべております。また、図1に示した統計データの妥当性についても、この稿と前後して公刊される予定のある月刊誌に詳しくのべております。）

さらにいえば、図1で示したデータは日本の社会が、明治以降120年余にして、ようやく模倣の域を脱したことを示す、もっとも端的な証拠の1つに過ぎません。このことを補強できる、もっと数多くの証拠をわれわれはもっています（但し、ここでは省略）。

続く著作として

この1968年から89年（もしくは91年）に至る間に、私は次の著作を発表して参りました。

すなわち、『日本技術──創造への組織を求めて』（東洋経済新報社刊）を83年に。そのあと87年に『日本人の創造性』（講談社刊）を。（注2）

これらは第一著作で提示した、仮説の〝大群〟のなかの、いくつか（の小仮説）

をそれぞれ個別に、より具体的に、実証してゆこうとするものでした。87年に著した『日本人の創造性』は「科学技術の面において、日本人は、果たして創造性に乏しかったのか──」という課題を、明治の代表的な科学者5人に関する評伝という形で検証したものです。北里柴三郎（ワクチンによる免疫血清療法の開拓）、高峰譲吉（世界最初のホルモン＝アドレナリンの発見）、長岡半太郎（土星型原子模型の「概念(コンセプト)」の提唱）、池田菊苗（「味の素」の発見）、鈴木梅太郎（世界最初のビタミン＝オリザニンの発見）の5人について検証しております。

これらの科学者たちは、いずれもわが国に近代的学制が確立する以前に、教育を受けた人たちです。そのような明治初期の、科学者のなかから、早くも世界水準を抜く業績が続出しております。このような事実を踏まえて上で、なおかつ「日本人は創造性が乏しい」という見解が成り立つものか──。

われわれが従来、聞かされてきた「俗説」は、このような歴史的事実を充分に踏まえた見解ではなかったように私は思います。

この著作において私が検証した、もう一点は、これら明治の創造的科学者たちが、わが国の旧来の価値観（タテ社会の価値観）に対して、どう格闘したかということでした。そこには、タテ社会の価値観やその組織が、いかに創造活動を抑圧したかを示す、歴然たる事実が、いくつも浮かび上がって参ります。

　現実社会への〝働きかけ〟として

以上のような著作活動と並行して、現実の日本の社会に対して、私はいくつかの働きかけを行って参りました。それは創造のための組織というものが、具体的にどのようなあものであるべきか──に関する私なりの提言でもありました。このいくつかの働きかけを次のように時系列化してまとめることができます。

① 　ベンチャービジネス運動の創起（1970）（大企業からの脱出）
② 「ＥＲＡＴＯ(エラート)」（「創造科学技術推進制度」・科学技術庁）創設へ（1981）
③ 「国際高等研究所」（財団法人・奥田東理事長、関西学研都市の中核機関）の基本構想の策定（1983）
④ 研究活動のためのヨコ型社会システムの提言（国の科学技術会議へ。1989）

史料2　『模倣から創造へ』　この20年の歩み（1968〜1978）

　いうまでもなく、これらの社会的な働きかけを、私ひとりだけで行えたわけではありません。思想的な共鳴を感じながらも、これらの仕事で協働した方々について、そのお名前のみを記すと、あらまし、次のようになります。（敬称略）

　清成忠男、中村秀一郎、森英夫、千葉玄弥、長柄喜一郎、宮本二郎、岡本道雄

　このような現実の社会への行動を介しつつ、今、私が実感しているのは、今から20余年昔に提出した「仮説」は、どうも間違ったものではなかったようだ──ということです。図に示したように、ある「仮説」に関しては、もはや明白に実証されております。しかし、その他の「仮説」についても、その後の歳月とともに、実現の方向に着実に進みつつある、と思われるのです。

　このような私のバカの一つ覚えが、いくらかは世のなかの前進につながっているものであったか、どうか──ひとつ、ご批判賜りたいと存じます。

　　（注1）本稿は、『学士会・会報』1992年1月号に掲載されたものである。
　　（注2）飯沼の著作追加、『われら創造の世紀へ』（1994年、日刊工業新聞）

史料3

市民派政治学者・篠原一先生を偲ぶ
―「革新の革新」をめざす長洲県政を支えた学者ブレーン―

久保孝雄

　市民派の政治学者として全国の市民運動や自治体改革運動に大きな影響を与えてこられた篠原　一先生（東京大学名誉教授）が亡くなられてから早くも１年が経つ（2015年10月31日死去）。安倍政治の暴走がやまない（止められない）いま、先生を失った喪失感の大きさに苛まれる思いが募る。

　松下圭一さんが亡くなった時、私は本誌（「オルタ」第137号、2015年5月20日）に「松下理論なくして長洲県政はなかった」の一文を寄せた。自治体改革の理論、政策面ではその通りだったが、篠原・長洲間にはより広い政治理念や政治理論での共鳴、さらに、個人的、人間的交流（２人は酒食を共にしたことはない）を通じた深い信頼感が醸成されていた。この連帯感が、長洲さんの知事生活20年（1975～95）を支えた重要な精神的支柱の一つだったといえる。

　お２人のつなぎ役は長洲さんの政策スタッフだった私（長洲さんに請われて45歳で県庁に入った）が務めた。面談は年数回だけで、電話対談が主だった。多いときは週２回、少ないときでも10日に１度は電話で状況報告と課題についてのアドバイスを受けた。先生から電話が来ることもあった。頻繁な電話でご迷惑だったかもしれないが一度も断られたことがなかった。先生の説く「ライブリーポリティクス」と長洲さんの「生活者政治」が同じ方向を目指していることを確認できたのも電話討論だった。

　地方政府としては異例のことだったが、長洲県政には100名を超える大勢の学者、文化人が協力してくれた。このブレーン団について当時の大平総理が強い関心を示され、長洲さんとの会談に同席した私に詳しい説明を求められたことがある。こうした協力者集団の中心に居続けてくれたのが篠原先生だった（他の中心メンバーとしては、都留重人、坂本義和、中村秀一郎、正村公宏、斉藤進六、阿部志郎、清水嘉治さんらがいる）。テーマ別に数人の学者グルー

プと知事との勉強会が頻繁に開かれたが、ここでは長洲さんも一人の学者に戻って熱心に議論に加わっていた。この勉強会には関連部局の幹部職員も陪席した。

　こうしたブレーン団との知的交流の成果として、次々に新しい理念が形成され、政策化されていった。80年代から90年代にかけての分権改革への全国的なうねりをつくることに貢献した「地方の時代」の提唱（自治体代表と学者ら300名が横浜に集まり、「第1回地方の時代シンポ」が開かれた。長洲さんが基調講演で＜地方の時代＞を提唱された）をはじめ、全国自治体はもとより国にも先駆けた情報公開制度、環境破壊の乱開発をストップさせた環境アセスメント制度の創設、重厚長大型産業から知識・情報産業への京浜工業地帯の歴史的転換に対応する産業政策や科学技術政策の展開、外交への市民参加として大きなインパクトを生んだ「民際外交」、福祉見直し論（参加・共生型福祉へ）、道州制に代わる広域行政論、「行政に文化を、文化に行政を」の旗印のもとに進められた文化行政（神奈川近代文学館創設、美術館充実、神奈川交響楽団支援など）、その一環として箱モノづくり行政に一石を投じた「文化のための1％システム」等々、先進的、かつユニークな革新的政策が次々に打ち出され、実現していった。また、ポスト・高度成長期の政治の在り方として「生活者政治」の理念を打ち出したのも長洲さんだった。

　これらの政策は全国自治体に先駆けただけでなく、国の政策にもインパクトを与え、先導役を果たしたものも多い。例えば、国の情報公開制度は、神奈川県の条例化（1982年10月）後18年目（1999年5月）にようやく実現したが、この時、石川真澄さんは次のように書いていた。

　「（5月）7日、情報公開法がようやく成立した。神奈川県条例の制定から18年目である。・・・（長洲氏は）「役所が見せたくないものを見せる」を信条とした。その実践を通して、市民は行政への信頼を取り戻し、自治に参加できる。それが「革命」に代わって、長洲氏が終生追い求めた民主主義観だった・・・少数派で出発する勇気と、多数派を形成する根気、長洲氏が常に心掛けてきたこの態度こそ、政治家に欠かせないものではないだろうか」（朝日新聞、1999年5月8日夕刊）。この記事を最初に知らせてくれたのも篠原さんだったが、長洲さんはすでに数日前（5月4日）、79年の生涯を閉じていた。

　「民際外交」についても、はじめ外務省は「外交」は国の専権事項であり、

自治体は「外交」という言葉を安易に使うべきでないといって介入してきたが、その後民際外交を容認し、応援するスタンスに転じている（マンスフィールド大使が「民際外交」を高く評価されたことが転機だった）。

　長洲さんが経済学者として特に力を入れたのは産業政策であるが、これはかつて日本の工業生産の1割近くを占めていた京浜工業地帯が高度成長後急速に衰退し始めたため、これに対応する必要からである。そこで長洲さんは神奈川の産業構造を知識・技術集約型に切り替え、「神奈川を日本とアジアの科学技術と研究開発のメッカにする」ため「頭脳センター」構想を柱とする産業政策を打ち出し、推進した。今日、京浜工業地帯は日本一の頭脳型産業基地に変貌している（長洲さんは日頃から産業・経済が分からないと政権はとれない、といっていた）。

　ところが、これに対し「政策」は国の仕事で、県はその「執行」にあたればいいという反発が、霞ヶ関はもとより県庁内からも噴出した。これには長洲さんはじめ篠原さんら学者グループも猛反発し、これを機に国の下請機関としての県から脱却し、県を政策形成の主体としての「政策官庁」に作り変え、「政策主導の県政」に転換するため、各部局に政策課を新設するなどの大改革を行った。今では都道府県はもとよりおもな都市の自治体にも「○○政策課」が置かれるのが普通になっている。

　例を挙げだすときりがないが、こうした実績は協力してくれた学者側にも理論や政策上、一定のインパクトがあったはずだが、これについてきちんとコメントする学者は少なかった。しかし、篠原さんは自治体改革や分権改革、政治理念の改革などを論ずる際、長洲知事の役割に言及することが多かったし、坂本義和さんも『国家と個人』（岩波新書）のなかで、坂本さんの民際論を市民参加の民際外交として実践に移した長洲さんの業績に触れ、平和と外交における自治体の役割についてコメントされているが、これらは数少ない例である。何のコメントもない多くの学者にとって、神奈川県政へのコミットは彼らの学問に何らのインパクトも与えなかったのだろうか。

　例えば90年代まで、自治体改革論の先駆者であり、長洲県政にも大きな影響を与えた松下圭一さんは、自らの業績をまとめた著書『現代政治・発想と回想』を出版（2006年7月）されたが、この中に長洲県政へのコメントはほとんどない（わずかに長洲県政における「文化行政」への評価があるのみである）。

史料３　市民派政治学者・篠原一先生を偲ぶ

　また、県の情報公開制度の実現に貢献してくれたＨ教授は、ＮＨＫ・ＴＶでのウィキリークス問題へのコメントで、日本における情報公開制度の立ち後れを批判していたが、日本政治に大きな影響をもたらした情報公開制度が、日本では神奈川県をはじめとする地方主導で進められてきたことを正確に伝えていなかった。

　棚橋泰助さん（元都職員、元社会党都議）が「長洲県政は従来の革新自治体の枠を大きく超えているのでトータルな評価が難しい。＜頭脳センター＞構想などは国の政策にふさわしい（事実、シンガポール政府は数日間ＫＳＰホテルに泊まって＜頭脳センター構想＞を徹底取材していった。シンガポールの頭脳立国戦略に影響したかもしれない）。産業政策、科学技術政策、さらにサイエンスパークやインキュベータとなると自治体専門家にはコメントできない」と言われたことがあるが、これは長洲さんが従来の「革新」のイメージ（社・共＋労組）に違和感を持ち、常日頃「革新を革新するのが私の仕事」と言い、日本の政治構造を米国型（保守２大政党）ではなく欧州型（保守対社会民主党）に作り替える夢を持ち続けていたことと関連する（社会党江田派の敗北に対する長洲さんの失望は大きかった。棚橋さんの拙著への書評＜「長洲自治体政権」から学ぶもの－久保孝雄著『知事と補佐官』（敬文堂）を読んで－「オルタ」第34号（2006年10月20日）＞など参照）。

　私が長洲さんの命により「頭脳センター構想」のキープロジェクトであり、日本初のサイエンスパークである「かながわサイエンスパーク」（ＫＳＰ、国、県、川崎市、民間企業出資の第３セクター、資本金45億円、敷地面積5.5ha、建物15万㎡のインテリジェントビルに研究開発型企業、ベンチャー企業が集積。ＫＳＰが運営する日本初のインキュベータで、私の在任中８年だけでも117社のベンチャー企業を誕生させた。このなかには従業員・数百名、売り上げ・数百億円の企業に成長したものがいくつもある）の社長に転じてからしばらくして、篠原さん、松下さんが相前後して来訪してくれた。そして詳しく視察した後、お２人とも期せずして同じように「ＫＳＰは長洲県政の最高傑作の一つかもしれない。ここには産業政策、科学技術政策、環境政策、街づくり政策が渾然一体になっている」との趣旨の感想を述べてくれたのを、今も鮮やかに覚えている。

　この時も篠原先生から「長洲県政の総括を書きなさい」と勧められたが、「長洲さんに近すぎるから適任ではない」とお断りした。しかし、再三の説得を

受け、友人たちの協力も得てようやくまとまったのは長洲さんの没後 7 年目であった（『知事と補佐官－長洲神奈川県政の 20 年』敬文堂、2006 年）。出版記念会に体調不良を押して横浜まで来て下さったのは恐縮の極みだった。

　ＫＳＰは間もなく 30 周年を迎えるが、日本を代表する、またアジア有数のサイエンスパークとして、いまも 5000 名を超す科学者、技術者、起業家たちが日本のイノベーションのために日夜奮闘してくれている。最後に、17 年前、ＫＳＰの呼びかけで結成され、いまアジア全体にネットワークを広げている「アジアサイエンスパーク協会　Asian Science Park Association」（会員数 19 か国 123、うちサイエンスパーク 61、他は大学、研究機関。会長は内田裕久ＫＳＰ社長）が、この 7 月、国連の特別諮問機関に選ばれたことを記しておきたい。

（元神奈川県副知事、アジアサイエンスパーク協会名誉会長）

　（出所）本稿は、メールマガジン「オルタ広場」第153号（2016年 9 月20日）に掲載されたもの。但し、分かりやすくするため、西暦年や過去の「オルタ」原稿表題等若干の補足修正を行っている。

あとがき

長洲神奈川県政20年の再評価を！
―＜構造改革＞の視点を再構築し、地域主権の時代へ！―

★**本書刊行の趣旨について**

＊まず、出版社に提出した「本書刊行の趣旨について」を紹介します。

本書『構造改革政権－長洲神奈川県政20年の再評価とその歴史的意義－』刊行の発端は、2024年春に開催した研究会の議論にあった。この研究会（「長洲県政」研究会）では、ＫＳＰの関係者等有志が集まり、元神奈川県副知事・元株式会社ケイエスピー（ＫＳＰ）社長の久保孝雄さんに、長洲県政・ＫＳＰの活動・事業の実際の展開（表と裏含めた）をお聞きし、議論が展開された。

そこで先ず確認されたことは、「革新自治体から自治体革新へ」、「革新の革新」の特徴を持つと言われた長洲一二知事率いる長洲神奈川県政（1975～1995年）とは、まさに＜構造改革政権＞であったと明確に再評価すべきである、との共通認識に至った。長洲さんは、知事就任以前は構造改革派の論客であったが、知事就任後自らの政権が構造改革をめざした政権であるとは明言しなかった。だが、知事補佐官であった久保さんが後年（1998年）、「長洲県政は構造改革政権であった」と明言されたことが判明し、その評価が今回の再評価に受け継がれた。

では、第２に、長洲県政はどんな構造改革を行ったのか。久保さんが語る本文をみてほしいが一言で言うと、「組織と政策のイノベーション」と言える。明治以来の「国の出先機関」からの脱却（自前人事、現場対話重視・政策課設置、科学技術政策等多様な独自政策展開等）、民際外交・情報公開・環境アセスメント等先導的政策（国に先駆け）、「地方の時代」事業の全国展開による地方分権改革への貢献（2000年地方分権一括推進法）、ＫＳＰモデル（かながわサイエンスパーク）の構築・建設（産業政策・科学技術政策）、アジアサイエンスパーク協会（ＡＳＰＡ）の設立など、＜初の創造的＞組織・政策展開が行われ、全国にも広まった。ただし、現場対話重視・政策課設置を基本とする

組織イノベーションは後続の県政により、廃止され、構造改革の根が絶たれた。なお、久保さんが社長に就任し経営を立て直したケイエスピーを核としたＫＳＰモデルについては、詳しく紹介した（第２部）。

　第３に、こうした「構造改革」はなぜ可能になったのか。長洲さんの立候補宣言である＜新神奈川宣言＞（1974～1975年）で自らが目指す政治＝県政を、＜生活者の政治＞と明確に宣言している。つまり、「新神奈川宣言」は、戦前の「義務と忍耐の社会」を経て実現した戦後憲法下の「権利と要求の社会」になっても、変わらない＜国・県・市町村－国民・住民の上位下達＞関係を＜人間（生活者＝現場）の自己統治社会－県民自治・庶民県政＞の関係へと、逆転させる仕組みへの改革、つまり＜日本の政治・行政制度の構造改革＞の宣言であり、日本の政治・行政システムの抜本改革をめざした、と言える。長洲さんは、立候補する時から、県政を「国の出先機関」から脱却させ、県民自治（対話）を支援・自立展開する県政への転換＝構造改革を企図していた。構造改革を可能にしたのは、＜新神奈川宣言＞であった。

　第４に、長洲県政の＜生活者の政治＞を継承すると思われる＜生活の政治＞が杉並区政で試みられつつあり、注目し、支援の輪の拡大が望まれること。杉並区長の岸本聡子さん（2022年就任）は、ミュニシパリズム（地域主権主義、自治体主義）を共有し、区政への区民参加（参加型予算、対話等）による区民自治の実現を追求している。杉並区民の「地域主権」が「希望」から「実現・定着」に発展することを期待したい。

　最後に、そのためにも、長洲神奈川県政20年の再評価を、政治・行政・経済学の若手研究者合同チームにより、ぜひ実現していただきたい。本書がその契機となれば、望外の喜びである。

　以上の諸点を広く知っていただきたく考え、本書刊行を希望するものです。

★本書編集にあたっての若干の感想とご協力への感謝について

　本書『構造改革政権－長洲神奈川県政20年の再評価とその歴史的意義－』の編集を担った者として、最後に、いくつか感じたことを述べるとともに、お世話になった方々に感謝申し上げたい。

　まず、最も困ったことは、長洲県政に関する政策・組織等に関する記録や研究書に触れることができなかったこと。もちろん、長洲知事の『燈燈無盡』

あとがき

（とうとうむじん）などの書籍は図書館でみることができるが、長洲県政の政策・組織改革に関する研究書は皆無であった。例えば、「頭脳センター」構想からＫＳＰ設立までの議論・課題・解決等全般を把握し、日本初のＫＳＰモデル形成に至ったこと、ＫＳＰ設立時の課題は設立後解決されたのか、などを明らかにした記録・研究書は皆無である。Ｗｅｂで検索すると、久保孝雄さんの著書『知事と補佐官』は出てくるが、他の研究書は皆無、という状況である。

もちろん、長洲県政成立（1975年）からほぼ50年、長洲県政終了（1995年）からでも30年も昔の一県の地方自治の情報・研究資料などあるはずはない、と言えば、それまでだが、私は日本の研究者・学会の深刻な問題を感ぜざるをえない。本書巻末史料3で久保さんが、棚橋泰助さんの指摘＝「長洲県政は従来の革新自治体の枠を大きく超えているのでトータルな評価が難しい」を紹介しているが、まさに棚橋さんの言う通りではないか。「革新の革新」の意義と評価指標・方法が全く、欠落していたのではないか。長洲県政を支援した研究者は概ね＜革新系＞研究者で＜構造改革派＞と近く、政治レベルの構造改革派が衰退するとともに、長洲県政が切り開いた＜地方自治・政治の構造改革＞を評価する政治家・研究者がいなくなった、ということではなかろうか、と思う。篠原一教授が「長洲県政の総括を書きなさい」（巻末史料3）と久保さんに言ったのは、その辺の事情・困難を篠原教授はすでに察していたからかもしれない、とも推測できる。

とすると、構造改革派論客として残った久保さんの著書『知事と補佐官』が＜唯一＞の＜長洲県政の再評価＞書ということになる。しかし、将来を見据えた＜実践＞の観点からは、より客観的かつ多様な視点・分析手法で＜長洲県政の再評価＞の＜研究＞が必要であり、可能であろう。それにより、日本政治における＜構造改革論・政権＞の意義・位置づけを明らかにできる、と考える。現代の政治・行政・経済の若手研究者のチームで、学際的に＜長洲県政の再評価＞を行ってほしい、本書がその契機になってくれれば望外の喜びである。これが私の願いである。

さて、本書刊行は、多くの皆様のご協力に支えられて可能になったことを報告しておきたい。

まず、インタビューの際の講演者たる久保さんの高齢の老いを全く感じさ

せない緻密な内容展開に感謝したい。長洲県政時代からはそうとう時間が経っているにもかかわらず、正確な情報を提供してくれた。それが可能な過去の資料を整理しておられる点に驚いた。

　私は、インタビューの際の久保さんへの質問をまとめるため、手持ちの関連資料を当たった。そのなかで、以前久保さんからいただいた『久保孝雄詩歌集　詩歌日記で綴る　人生の四季』（2019年6月）の「弔詩　安仁に捧げる　98年4月30日」を読み、大きなショックを受けた。私にとっては、一大＜発見＞であった。そこには、＜安仁さんと共に誓い合った**構造改革政権への決意**＞、＜だが安仁よ　想い起こしてくれ・・・**構造改革政権を樹立し、20年間持続したことは紛れもない事実**なのだ＞と書いてあるではないか。久保さんの長洲県政へのパトスがようやくわかった、それだけでなく、まさに、長洲県政を構造改革政権として再評価しなくてはならない、と強く感じた。本書刊行の目的はそこで明確になった、と思う（なお、私事であるが、安仁＝安東仁兵衛さんには1969年秋に『現代の理論』に東大闘争論文を掲載した際にお会いしたことがある。当時の私は東大闘争経済系大学院執行部メンバーで安田講堂攻防に参加、逮捕後釈放された頃である）。

　また、久保社長がＫＳＰを軌道に乗せた後、ＫＳＰモデルはどう機能・活動展開がなされたのだろうか。久保さんご指摘の通り（第2部第1章参照）、まずＫＳＰインキュベーション事業を担い確立したのは志茂　武さんである。志茂さんに連絡したところ、川崎市産業振興財団新産業政策研究所の『研究年報』（第3号）にご自身が執筆した論文を紹介された。厚く感謝申し上げる。私もこの『研究年報』編集に関わっていたが、確かに、この志茂論文しかない、と思う。

　この第3号には、ＫＡＳＴとＫＴＦの実態を把握した論文（第2部第3章、第5章）も掲載されており、これにより、ＫＳＰモデルの活動実態・成果を把握し、確認することができる。初期のＫＡＳＴの研究開発の実際の仕組みを活写した論稿（第4章）も加えて読めば、実践的姿を感得できる。ただ、残念なことに、筆者の馬場昭男さんと額田健吉さんは、すでに故人となっている。ご冥福をお祈りする。掲載に当たっては、馬場さんの奥様（馬場きみよさま）と額田さんのご遺族（長男の額田恭郎さま）、および共著者の柴田嘉郎さまにご了解いただいた。厚く、感謝申し上げる。

あとがき

　この『研究年報』を刊行した新産業政策研究所は、久保さんが川崎市長に請われて川崎市産業振興財団理事長に就任（1999年6月）後の、2001年7月に財団内研究所として設立された（初代所長は久保孝雄、第2代は原田誠司、第3代は遠山　浩）。今となっては、ＫＳＰモデルの実態を把握できる情報はこの年報論文にしかない。その意味では、この研究所は大きな役割を果たしたと言えよう。ただ、馬場さんが提起したＫＳＰモデルの今後、清水周さんが当時提起したサイエンスパーク拡大・発展の展望にどう応えるか、大きな課題として残っている、と思う。

　この点につき、私は拙著（『ベンチャー簇業序説』）で、ＫＡＳＴがなくなり（組織・機能ともに）大学発ベンチャーの時代に入った現在では、「残った」ＫＳＰインキュベータ（ケイエスピー）は全国の大学とネットワークを組んだ＜新・ＫＳＰモデル＞を、地域では＜独創＝発明の事業化＞の地域エコシステム＝＜新・地域プラットフォーム＞形成をめざすべき、と提起した。だが、私自身は、ＫＡＳＴの廃止に至ったＫＳＰモデルの総括は行っていない。別途、きちんと総括を行い、教訓を明確にすべきであろう。

　さらに、長洲県政からＫＳＰ活動まで長期にわたり、関わった飯沼和正さんの活動も評価される。飯沼さんは、1968年に『模倣から創造へ』を刊行し、日本（人）の創造性を問い、創造・創生を呼びかけた。長洲県政でも長洲知事に招請された研究会で講演し、ＫＡＳＴ創生に尽力、ＫＳＰも支援する。長洲県政は飯沼さんから＜創造＞の思想を学び、飯沼さんは長洲県政の＜創造性＞発揮に関与した、と言えそうだ。その意味で、第3部の提起2と巻末史料2を掲載した。

　第3部の提起3と巻末史料についても一言。井上良一さんの提起3は、長洲県政の組織イノベーションを整理した既発表論文（「地方の時代と長洲県政」『自治研かながわ月報』No.157、2016年2月号）の転載をお願いしたが、井上さんの近著『なぜ日本人は世界の残酷さを理解できないか』（2024年9月、社会評論社）に掲載されているので、その趣旨をベースに新しく書き下ろしていただいた。何と、それが「ミュニシパリズムと地方の時代」（提起3）であった。この提起は極めて重い課題をわれわれの目の前に浮上させた。筆者の考えは、提起1で示した。辞書によれば、ミュニシパル municipal は「自治都市の／自治権を持つ」の形容詞で、ミュニシパリズム municipalism は「自

治制（市、町などの）」、ミュニシパリスト municipalist は「自治制主義者」を指す。いずれにしろ、欧州では、地域での住民・市民の直接民主主義の改革運動が新しい市民自治の在り方を創出している。長洲県政とほぼ同じ志向だ。

　ミュニシパリズムに共鳴する岸本聡子区長が進める杉並区政の発展が長洲県政を継承し、その総括に導く契機にもなりうるかもしれない。そう期待したい。岸本さんは著書の題名を『地域主権という希望』（大月書店、2023年）とし、＜地域主権＞の形成・確立をめざしているが、実は、われわれは地方分権が進み始めた約30年前に『地域主権の時代』（地域政策フォーラム、金羊社、1993年）を刊行していた（もう絶版だが）。われわれとは、当時の市民運動グループ（浦和市議の村上明夫と原田誠司たち）だが、地方分権への動きに対し、単なる国と地方の権限分担ではなく市民自治・地方主権の政治＝地域主権の政治を！　と提起した。この観点からも、岸本さんの＜地域主権＞が＜希望＞から＜実現・定着＞に向かって、発展することを期待したい。井上さんの提起はこうした思いも呼び起こしてくれた。まことに、感謝！感謝！

　それから、巻末史料1の「新神奈川宣言」は全文掲載した。政治・行政・経済系の若手研究者の皆さんに読んでいただいて、＜構造改革＞の視点・考え方を把握し、構造改革政権としての長洲県政の再評価に進んでいただきたい。また、岸本区長の杉並区政の先駆はこの「宣言」と長洲県政なのではないか、その関連も検討いただきたい。ぜひ、お願いしたい！

　長洲県政の再評価（自己統治社会への構造改革）から、地域主権（ミュニシパリズム）の時代への道筋をしっかりとつけよう！　そう強く思う。

　本書刊行の実務面でお世話になった方々に感謝を申し上げたい。

　まず、研究会に参加していただいた皆様、快く原稿・資料を提供いただいた清水周さん、志茂武さん、飯沼和正さんに、感謝申し上げる。その研究会の会場を提供いただいたＫＳＰの飯沼契さん、櫻井亨さんにも感謝です。また、井上さんに、インタビューの原稿化で毎回、お世話になった、感謝！研究会での久保さんの講演・質疑応答を素早く文字化していただき、原田は久保さんのレジュメと録音と併せて、原稿化、久保さんの修正・調整を経て、本文を作成した。加えて、本書刊行作業の最終段階に、井上さんが巻末掲載の人名・事項索引を一手に引き受けて、見事に作成していただいた。ありがとうございました。

あとがき

　過去の論文の掲載（著作権）について、額田論文（第2部第4章）の掲載については、額田健吉さんの母校（武蔵高等学校）の同窓会事務局の皆様にご遺族（額田恭郎さま）との連絡に、熱心に取り組んでいただいた。厚く感謝申し上げたい。

　原稿化・校正という点では、第Ⅱ部のＫＳＰモデル関連等の既存文書（第2章等）のワード原稿化・図表作成については、原田の知人（めい）の吉野あさみさん（出版社勤務経験）にお世話になった。とくにパワーポイントによる図表作成はみごとであった。感謝申し上げる。

　本書出版にあたっては、井上さんにお世話になり、社会評論社に引き受けていただいた。社会評論社の松田健二社長、そして直接刊行作業を担っていただいた板垣誠一郎さんに、厚く感謝申し上げたい。本書刊行が、長洲神奈川県政20年の再評価を通して構造改革の視点を再構築し、地域主権の時代へつなげることが出来れば、望外の喜びである。

　最後に、地域の訪問介護の皆さんにお世話になり闘病を続ける私の妻・澄子に一言、＜がんばれ！＞

2025年1月

原田　誠司

執筆者・発言者等紹介

＊本書の執筆者および研究会参加者（希望者のみ）を紹介します。次の通りです。

久保　孝雄（くぼ　たかお）

　1929年茨城県生まれ。東京外国語大学中国語学科卒業。(社)中国研究所(1949～1953年、調査部員)、労働調査協議会（労調協）(1953～1974年)（研究員、事務局長、常任理事、調査研究部長）を歴任し、この間取手町議員(1964～1968年)を務める。1975年長洲県知事のスタッフとして神奈川県庁に入る。県理事等（基本政策、民際外交担当等）を経て副知事就任(1987～1991年)。1991年長洲知事の命により、(株)ケイエスピー（KSP）の代表取締役社長に就任(1999年まで)。高橋清川崎市長の招きに応じ、1999年川崎市産業振興財団理事長に就任(2001年同財団新産業政策研究所設立、所長兼任)(2004年まで)。その後、KSP時代創立に尽力したアジアサイエンスパーク協会初代会長就任(2004年まで)、神奈川県日本中国友好協会会長就任(2000～2012年)。現在、アジアサイエンスパーク協会名誉会長、神奈川県日本中国友好協会会長名誉顧問。著書・論文等：『知識経済とサイエンスパーク』（編著、日本評論社、2001年）、『知事と補佐官　長洲神奈川県政の20年』（敬文堂、2006年）、『変わる世界　変われるか日本』（東洋書店、2013年）他多数。

原田　誠司（はらだ　せいじ）

　1942年生まれ。東京大学大学院経済学研究科博士課程満期退学。民間シンクタンク（株式会社経済分析センター等）を経て、長岡短期大学(1990～1999年)、那須大学(1999～2005年)、長岡大学(2005～2018年)の教員を歴任。経済政策、地域産業政策、ベンチャー企業論等科目担当。この3大学では、いずれも地学連携組織（地域連携研究センター等）の運営委員長を歴任。社会活動としては、川崎市や長岡市等の自治体の産業振興委員会の委員を務め、また、川崎市産業振興財団副理事長、同財団新産業政策研究所長(2005～2018年)を歴任。現在、長岡大学名誉教授。著書・論文等：『達人カンパニー』（編著、新潟日報事業社、1995年）、『知識経済とサイエンスパーク』（編著、日本評論社、2001年）、

『続・川崎元気企業』(編著、日本評論社、2006年)、『ベンチャー簇業序説－＜独創＝発明の事業化＞のエコシステム創生―』(東京図書出版、2023年)他多数。

井上　良一（いのうえ　りょういち）

　1943年生まれ。1967年、慶応義塾大学経済学部卒業。神奈川県庁勤務、2004年3月同庁を定年退職。在職期間の半分以上、土木工事費積算、人事異動、都市情報、神奈川のシステム・ダイナミックスモデル開発などのシステム開発業務に従事。また、県在職中より、日本語の特質からくる日本社会の特徴について、関心を抱いてきた。現在：社会的連帯経済を推進する会の事務局の一員として活動。著書：『〔なじみ〕の構造　日本人の時間意識』(創知社、1996年)、『日本語人のまなざし　未踏の時代の経済・社会を観る』(社会評論社、2018年)、『社会的連帯経済への道〔続〕未踏の時代の経済・社会を観る』(社会評論社、2021年)、『なぜ日本人は世界の残酷さを理解できないか〜日本語特性から見た　これからの日本社会の展望〜』(社会評論社、2024年)。

志茂　武（しも　たけし）

　1966年3月早稲田大学第一政治経済学部卒、同年4月神奈川県就職、中小工業経営診断業務担当、1980年4月中小企業診断士登録、1992年4月から「かながわサイエンスパーク((株)ケイエスピー)」駐在、インキュベート事業担当、1998年6月〜2008年6月(株)ケイエスピー取締役。1998年3月神奈川県退職。2010年〜現在創新経営研究所代表。2005年〜2017年横浜国立大学客員教授。2009年〜2015年電気通信大学特任教授。大学ではベンチャービジネス論、企業家精神論等の講義のほか大学発VBの指導、ポスドクキャリア支援を行う。国内外35を超える大学、自治体等での講義、支援を行う。

馬場　昭男（ばば　あきお）

　横浜国立大学経済学部卒業後、同学部専攻科を経て、1967年神奈川県庁入庁。1989年商工部産業政策課長、1993年商工総務室長を歴任。神奈川県

団体指導担当部長として、1995年から2000年まで株式会社ケイエスピー専務取締役就任。神奈川県立歴史博物館館長を最後に、神奈川県退職し、2001年から（財）神奈川科学技術アカデミー（KAST）常務理事。2014年12月逝去。

額田　健吉（ぬかた　けんきち）

東京大学理学部卒業後、工業技術院東京工業試験所主任研究員、東レ（株）開発研究所長、東レリサーチセンター社長、（財）神奈川科学技術アカデミー（KAST）専務理事を経て、現在（本書第2部第3章論文掲載時点の2005年3月時点）、（財）神奈川科学技術アカデミー顧問。東京大学理学博士。2021年3月逝去。

柴田　嘉郎（しばた　よしろう）

1959年明治大学工学部機械工業科卒業、同年神奈川県入庁。1992年神奈川県工業試験所所長。1995年神奈川県産業技術総合研究所所長。1996年3月神奈川県を退職。1996年4月財団法人神奈川高度技術支援財団（KTF）、専務理事に就任。1997年4月に同財団理事長、2000年4月に顧問就任、2002年3月退任。2001年4月から2005年3月財団法人神奈川中小企業センター技術担当マネージャー。2003年12月明治大学、社会連携促進知財本部知財マネージャー就任（　年　月まで）。2023年4月、LLP高速画像処理技術研究所IPTI顧問就任、現在に至る。

清水　周（しみず　しゅう）

1943年生まれ。東京大学農学部卒。株式会社井上ジャパックス研究所在職中に「かながわサイエンスパーク」（KSP）の設立に構想段階から設立まで参画。株式会社ケイエスピー（KSP）発足後は、インキュベートディレクターを務め、「投資事業組合」を設立し、KSPの赤字体質からの脱却を図り黒字化を達成する。KSPの久保社長が退任後、郷里新潟県長岡市から委嘱され、国のテクノポリス政策の下、設立された市営ホテル「長岡グランドホテル」の経営破綻処理に、取締役社長として取り組み、借入金の株式化や増資、営業強化等で再建を成就する。同時に、長岡市の産業振興アドバイ

ザーとして長岡市の産業振興にも関わる。

飯沼　和正（いいぬま　かずまさ）

　1932年東京生まれ。大阪大学工学部・京都大学法学部（編入学）卒業。1958〜1970年朝日新聞記者（もっぱら科学技術担当）、1964〜1965年ニューヨークのColumbia Universityに留学。同大学のGraduate school of Journalismの Advanced Science Writing Fellowとして招聘。1970年以降、独立。科学ジャーナリスト。著書『模倣から創造へ』（東洋経済新報社、1968年）で提起した＜創造性＞の観点で多様な実践的活動を展開。1970年代当初の日本初のベンチャービジネス運動を創起。技術開発事業（圧縮空気の活用等）、多くの調査研究・提言（ＥＲＡＴＯ等）、各種委員就任（大学・研究機関・省庁等）など。長洲県政関連では、ＫＡＳＴ（神奈川科学技術アカデミー）の提言、ＫＡＳＴ評議員（1989〜2000年）など。ＫＳＰモデル構築に貢献した。上記以外の著書は、『高峰譲吉の生涯』（菅野富夫と共著、朝日選書、2000年）など多数。

植松　了（うえまつ　りょう）

　1946年生まれ。1968年明治大学経営学部卒業。山一証券を経て、1969年川崎市入所。1984年企画調整局企画部主査で（株）ケイエスピー（ＫＳＰ）の設立準備を担当、1994年臨海部整備推進室主幹、1998年総務局行政システム推進室長就任。2000年（財）川崎市産業振興財団事務局長（出向）を経て、2003年川崎市経済局長就任。2007年定年退職後、（財）川崎市産業振興財団専務理事、2007年（株）ケイエスピー常務に就任、2009年に退職。

櫻井　亨（さくらい　とおる）

　1961年青森県生まれ。法政大学 通信教育部経済学部経済学科卒業。川崎信用農業協同組合勤務（1980〜1988年）を経て、財団法人川崎市産業振興財団に入職（1988年）。同財団で、産学連携推進、創業支援、新産業振興事業に携わり、2009年新産業振興課長（後に経営支援課長兼務）、2012年産業振興部長（新産業振興課長兼務）に就任。川崎市による＜ものづくりナノ医療イノベーションセンター＞設立にともない、準備室長、管理部長歴任（2013〜

2022年）。現在（2022年4月以降）、株式会社ケイエスピーで、インキュベート・投資事業部　シニアマネージャーとして活動。社会活動として、放送大学講師（非常勤、2009年10月〜2014年3月）、内閣府地域活性化伝道師（2007年〜、産学連携コーディネートのスペシャリスト）を務める。

山本　匡毅（やまもと　まさき）

1976年生まれ。2005年3月中央大学大学院経済学研究科博士後期課程修了、博士（経済学）。那須大学（現宇都宮共和大学）非常勤講師、行政系シンクタンク（ひょうご震災記念21世紀研究機構、福岡アジア都市研究所、機械振興協会経済研究所）を経て、山形大学（2013年〜2017年）、相模女子大学（2017年〜2021年）、高崎経済大学（2021年〜2024年）の教員を歴任し、現在は成城大学社会イノベーション学部教授。その他、山形大学客員教授、山形市産業振興アドバイザー、機械振興協会経済研究所特任研究員を兼務。この間、山形県、長井市、相模原市の各種委員会委員を務めた他、川崎市産業振興財団新産業政策研究所客員研究員も務めた。共著として『地域政策（第2版）』（中央経済社、2023年）、『日本経済地理読本（第10版）』（東洋経済新報社、2024年）などがある。

索　引

人名

あ

飛鳥田 一雄　10, 40, 45, 46, 48, 49, 52
アトリー　76
阿部 志郎　264
アマコスト　103
安東 仁兵衛　46, 48, 49, 53, 69, 70, 272
李 鐘玄　14, 86
飯田 亮　104, 108, 144
飯沼 和正　19, 23, 188, 190, 194, 215 - 218, 256, 273, 274
飯沼 契　18, 103, 274
井汲 卓一　48
池田 菊苗　262
石川 一雄　80
石川 真澄　12, 265
石原 信雄　90
磯村 栄一　11
伊藤 三郎　78 - 80, 125, 192
伊藤 滋　180
井上 潔　84, 97, 99, 105 - 107, 179, 189 - 194, 278
井上 良一　19, 23, 71, 91, 212, 220, 273 - 275, 277
イアーマン　72
岩垂 寿喜男　104
ウイルソン　20, 75, 76
植松 了　19, 191, 193, 279
宇沢 弘文　97
内田 裕久　268
江副 浩正　78 - 80
江田 三郎　10, 47, 54, 70, 267
蛯名 喜代作　19
エマーソン　83

大来 佐武郎　12, 92
大河内 一男　11
大平 正芳　66, 264
大矢野 修　19, 80, 81, 91
岡崎 嘉平太　97, 164, 180, 189, 192 - 194
岡崎 洋　21, 91, 104, 105, 212
岡本 道雄　263
奥田 東　262
小佐野 賢治　78 - 80
翁長 雄志　16
小野 和彦　151

か

加藤 宣幸　54
河上 肇　46
岸 信介　27
貴島 正道　54
岸本 聡子　23, 213, 214, 220, 221, 224, 225, 227, 270, 274
岸本 重陳　46, 53, 69
北里 柴三郎　262
金 大中　14, 86
金 泳鎬　14, 86
木村 敬　105
清成 忠男　180, 197, 263
久保 孝雄　9, 18 - 21, 23 - 25, 44, 46, - 54, 56, 58, 61 - 63, 69 - 72, 74, 76 - 78, 80 - 88, 91, 92, 96, 97, 99, 104 - 110, 134, 137, 152, 175, 186, 189 - 191, 197, 200, 205, 215 - 217, 219, 264, 267, 269 - 274, 276, 278
蔵 隆司　51, 52, 53
クリントン　162, 169, 170
小泉 純一郎　10
小泉 幸洋　101
後藤 仁　62

小松 秀熙　77 - 80
権田 金治　83, 140, 162 - 166, 180

さ

齋藤 進六　140, 142, 143, 145, 146, 160
坂本 義和　12, 264, 266
櫻井 亨　18, 19, 274, 279
サッチャー　28
佐藤 経明　46
佐藤 昇　10
佐橋 滋　12, 92
四手井 孝樹　79, 192
篠原 一　12, 23, 24, 29, 33, 36, 41, 213, 264 - 267, 271
柴田 嘉郎　22, 160, 162, 170, 272, 278
渋沢 栄一　9, 219
清水 周　19, 22, 23, 104 - 106, 108, 192, 196, 200, 273, 274, 278
清水 嘉治　264
志茂 武　19, 21, 83, 102, 105, 115, 272, 274, 277
シャピラ　169
周 恩来　61
シュムペーター　216
ジョルジョ・ナポリターノ　16
白川 英樹　202
鈴木 梅太郎　262

た

ダーレンドルフ　37
高瀬 孝夫　167
高峰 譲吉　9, 219, 262, 279
高柳 賢三　93
竹内 倫樹　124
竹中 一雄　46, 85
堅山 利文　54
田中 隆之　93
棚橋 泰助　267, 271

棚橋 祐治　81,
ダニエル・ベル　30
力石 定一　46
千葉 玄弥　263
趙 佑鎮　14, 19, 71, 86
辻 清明　11
津田 文吾　89, 90
都留 重人　12, 90, 92, 264
鶴見 和子　12
寺島 実郎　87
遠山 浩　19, 54, 273
戸澤 政方　51
飛島 章　79, 97
富塚 文太郎　46

な

長柄 喜一郎　263
長岡 半太郎　262
長倉 三郎　145 - 147, 184
長洲 一二（長洲知事、長洲県政）　9 - 14, 16, 18 - 24, 26, 30 - 42, 44 - 54, 56 - 67, 69 - 77, 79 - 84, 87 - 93, 96 - 99, 104, 105, 124, 138, 142, 143, 161, 177, 182, 187, 188, 191 - 195, 206, 208, 211 - 214, 216 - 222, 224, 225, 228, 229, 232, 255, 264 - 276, 279
中曽根 康弘　27
中村 秀一郎　67, 74, 89, 90, 124, 138 - 143, 160, 165, 178 - 180, 182, 183, 191, 194, 263, 264
鳴海 正泰　48, 49, 52
額田 健吉　21, 22, 101, 138, 153, 159, 272, 274, 278
布川 昇　48, 49
野口 悠紀雄　16
野中 広務　45

は

バーバラおばさん　101
陌間 輝　61
初岡 昌一郎　72
鳩山 一郎　27
馬場 昭男　21, 22, 78 - 80, 84, 103 - 106, 138, 160, 176, 191 - 193, 272, 273, 277
原田 誠司　8, 10, 16, 18, 19, 22, 23, 53, 54, 69, 72, 82 - 84, 86 - 88, 91, 92, 105 - 109, 137, 159, 187, 188, 190, 194, 208, 273 - 276
平井 静子　102
平尾 光司　82
藤嶋 昭　146, 147, 151
藤波 孝生　79
船橋 成幸　48, 49
古瀬 征輔　76
フレデリック・ターマン　178

ま

正村 公宏　46, 67, 80, 264
増田 悦佐　15
増田 四郎　11
増田 辰弘　83, 192
松沢 成文　151
松下 圭一　13, 44, 51, 57, 81, 82, 264, 266, 267
マルクス　15, 70, 216
丸山 真男　48, 49, 53, 87
マンスフィールド　67, 72, 83, 266
御手洗 富士夫　201
美濃部 亮吉　26, 40, 66
宮本 二郎　263
宮森 進　96
三好 秀人　19, 83
村上 明夫　274
毛 沢東　61, 62
森田 桐郎　46

森 英夫　263

や

柳 孝一　124
山岸 章　47, 54
山本 匡毅　19, 280
吉田 茂　27, 41

ら

ラッセル　170
レーガン　28
レーンブルッフ　35
ロバート・キャッシュ　13, 68

事項

あ

アジア・サイエンスパーク協会（ＡＳＰＡ）　13 - 15, 85 - 87, 103, 109, 110, 112, 113, 133, 134, 180, 268
アジア経済人交流会議　175
アドバイザリーボード　144, 146, 147, 182
安心して暮らせる神奈川　63, 208, 232, 235
アントレプレナー　99 - 101, 124
イギリス労働党政権　20, 75
池貝鉄工跡地　9, 78, 192
イタリア共産党　10, 15, 16, 70
5つの原則　63, 69, 75, 194, 208, 209, 211, 234, 246
5つの転換　63, 69, 208, 210, 234, 235
井上ジャパックス研究所　84, 189, 190, 192, 278
インキュベーション・マネージャー（ＩＭ）　100, 118 - 120, 123, 125, 126, 135

インキュベータ 8, 97, 99 - 102, 105, 107 - 109, 111, 112, 115, - 126, 128, 130 - 137, 143, 151, 160, 165, 167, 179, 180, 183, 184, 192, 199, - 201, 203, 205, 267, 273
㈱インクス 130
インターネットプロバイダ事業 120
失われた30年 13, 16
ＥＲＡＴＯプロジェクト 143, 183
オイル・ショック 27
オールタナティブ・ジャパン 32, 34
オールタナティブ・ポリティクス 32, 34

か

科学技術政策 12, 13, 18, 20, 66, 75, 82, 83, 89, 101, 139 - 141, 143, 164, 181, 183, 186, 193, 194, 265, 267,269
科学的な県政 20, 63, 75, 194, 209, 232, 248 - 250
革新自治体 26, 31, 33 - 35, 38, 40, 45, 47, 220, 253, 267, 268, 271
革新の革新 23, 24, 47, 264, 268, 271
過去との闘い 20, 63, 64
神奈川科学技術アカデミー(KAST) 21, 22, 77, 83 - 85, 89, 101, 106, 107, 123, 125, 127 - 129, 138, 140 - 147, 149 - 160, 175, 176, 182 - 186, 190, 193, 194, 217, 218, 272, 273, 278, 279
神奈川が変われば、日本が変わる 253,254
神奈川県研究開発型企業連絡会議 76, 83, 84, 89, 98, 102, 123, 143, 144, 164, 178 - 183, 189 - 192
神奈川県政府 58
神奈川県地方自治研究センター 220, 273
神奈川高度技術支援財団(KTF) 21, 22, 69, 77, 83 - 85, 101, 106, 107, 123, 125, 127 - 129, 143, 151, 152, 160, 162, 164, 166, 167, 170 - 172, 174 - 176, 181, 183, 185, 186, 190, 193, 272, 278
かながわサイエンスパーク(ＫＳＰ) 9, 10, 12 - 15, 18 - 23, 74, 76 - 79, 81, - 86, 89, 94, 96 - 110, 112, 114 - 137, 142, 143, 147, 151, 157, 160, 164 - 167, 169, 176, 177, 180, 181, 183 - 188, 190 - 198, 212, 215 - 217, 267, 268, 270 - 279
かながわの総合産業政策 138, 139
川崎臨海部の再生 80
川崎市産業振興財団 21, 110, 114, 137, 152, 175, 186, 197, 272, 273, 276, 279, 280
環境政策 12, 13, 66, 82, 223, 267
簡素で効率的な行政 36
希望と創意と活気の神奈川 63, 209, 232, 238
義務と忍耐の社会 63, 209, 211, 244, 270
行財政制度の構造改革 64, 210 - 212, 252
行財政の構造を改革する 252
国の出先機関 11, 58, 268, 270
首長懇談会 60, 89, 222
クライナー・パーキンズ・コーフィールド＆バイヤーズ 178
㈱ケイエスピー 9, 19, 21, 22, 76, 77, 89, 96, 115, 176, 193, 197, 268, 278, 280
ＫＳＰアソシエイツ 117, 120, 126
ＫＳＰコミュニティ 98
ＫＳＰ－Ｔｈｉｎｋ 118 - 120, 136
ＫＳＰ新事業マネジメントスクール 124
ＫＳＰベンチャースクール 123
慶尚北道政府 14
計測ラボ 77, 127, 143, 160, 183, 193
Ｋ２(スクエア)タウンキャンパス 114
京浜工業地帯 13, 46, 81, 155, 177, 242, 265, 266
ＫＳＰモデル 18, 21 - 23, 74, 84, 86, 94, 107, 108, 127, 128, 133, 142, 143, 160, 176, 177, 183 - 188, 193, 195, 268, 270 - 273, 275, 279
月例談話 74, 187, 223 - 225
研究開発ラボ 77, 180, 191 - 194

研究所団地　82
県試験研究連絡協議会　75
現代の理論　46, 69, 97, 272
「現場」を尊重する県政　209, 232, 246
県民自治の県政を目ざそう　244
県民自治の実現　211
県民と呼応しあう県政　63, 250
権利と要求の社会　63, 209, 211, 245, 270
高校100校建設問題　188
工場3法　74, 75
構造改革政権　10, 11, 19 - 21, 42, 69 - 71, 92, 93, 208, 268, 270, 272, 274
構造改革派　10, 46, 47, 53, 69, 70, 268, 271
公的試験研究機関　22
国政への地方参加　66
国民経済研究協会　46, 80, 85
子や孫に誇れる神奈川　63, 209, 232, 241

さ

サイエンスパーク　9, 12 - 15, 21, 22, 71, 76 - 86, 98, 101, 103, 108 - 114, 125, 128, 137, 140, 142, 143, 154, 158, 164, 165, 176, 179, 180, 183, 186, 191 - 194, 196 - 206, 224, 267, 268, 273, 276
(株)サキコーポレーション　131
さとこビジョン　213, 214
参加、自治、分権　33, 34
参加型県政　60
参加型予算　213, 270
産業技術総合研究所　68, 83, 161, 162, 164, 278
産業空洞化　177
産業政策　12, 13, 18, 20 - 22, 59, 66, 67, 71, 74 - 77, 80 - 82, 89, 92, 137 - 140, 143, 152, 166, 175, 177 - 181, 183, 186, 188 - 191, 193, 194, 197, 265 - 268, 272, 273, 276, 277, 280
三位一体システム　143, 183, 193
時代の転換期　44, 194, 225

自治制主義者　274
自治総合研究センター　88
自治体学研究　12, 37, 88
自治体革新　31 - 35, 38, 47, 64, 210, 253, 254, 268
自治体革新の第2段階　210, 253
自治体学会　88
自治体主義　23, 221, 270
市町村への権限移譲　36, 89
市民運動　28, 33, 45, 47, 54, 253, 264, 274
市民政党　226
ＪＡＦＣＯ　179
集権から分権へ　251
首都圏サミット　26
召集令状　47, 51
湘南国際村　92, 223
情報公開　12, 33, 35, 37, 38, 59, 60, 66, 89, 92, 223, 224, 265, 267, 268
庶民県政　208, 210, 211, 213, 233, 270
シリコンバレー　101, 113, 146, 178, 179, 188, 189, 195
新神奈川宣言　20, 23, 47 - 49, 63, 69, 75, 88, 194, 208, 210 - 213, 232, 234, 255, 270, 274
新川崎・創造のもり　114
新産業政策研究かわさき　21, 22, 137, 152, 175, 186
新産業政策研究所　21, 137, 152, 175, 186, 272, 273, 276, 280
新自由主義　10, 213, 221, 224, 226, 228, 229
新竹サイエンスパーク　198
新保守主義　28, 29, 41
杉並区自治基本条例　213
スタンフォード大学　72, 82, 83, 178, 189, 195
頭脳集約産業　30
頭脳センター　12, 13, 20, 67 - 70, 72, 74, - 77, 80, 81, 83, 84, 89, 125, 140, 167, 177, 178, 182, 187 - 190, 193, 194,

217, 223 - 267, 271
生活者の心に立って　234
生活者の政治　213, 214, 270
生活の政治　23, 213, 270
政策課　12, 66, 89, 91, 92, 104, 166, 178, 180, 185, 186, 212, 223, 266, 268, 277
政策は国、地方は対策　11, 59, 65, 66
世界サイエンスパーク協会（ＩＡＳＰ）　15
創造的破壊　216
組織改革　12, 21, 88, 89, 91, 271

た

大学ＴＬＯ　172, 185
第４次産業革命　81
脱工業化社会　29, 30, 81, 177
地域ＦＭＳ構想　178
地域主権　11, 23, 212 - 214, 220, 221, 224, 228, 270, 274, 275
小さな文化革命　56, 57
地方の時代　11, 23, 36 - 38, 89, 212, 220 - 225, 228, 265, 268, 273
知識経済　13, 81, 85, 110 - 114, 137, 152, 169, 190, 191, 276
知識集約型経済　81
知事と補佐官　53, 69, 267, 268, 271, 276
知事補佐官　19, 20, 48, 51, 268
地方自治の確立をめざす県政　63, 209, 232, 251
地方自治の本旨　35, 93
地方政府　12, 14, 58, 264
地方の時代シンポジウム　89, 222
地方分権一括推進法　11, 268
地方分権　11, 47, 64, 65, 87, 92, 93, 210 - 212, 251, 252, 268, 274
ＴＬＯ　166, 172, 179, 185, 193, 203
大邱テクノパーク　14, 198
テクノハブイノベーション川崎（ＴＨＩＮＫ）　118
テクノポリス政策　86, 278

投資事業組合　103, 104, 117, 122, 132, 200, 278
燈燈無盡　225, 270
都市型サイエンスパーク構想　179, 180
トンビに油揚げ　103, 104, 200

な

内外に開かれた神奈川　63, 209, 232, 243
人間を中心　63, 234
人間を中心にすえ直そう　234

は

バーデンビュルテンベルグ州　14, 70, 71
東アジア・サイエンスパーク協会　86, 112
東アジアサイエンスパーク交流会議　14, 133, 198
ビジネスインキュベータ　143, 151, 165, 167, 179, 180, 183
ベンチャー企業　9, 13, 14, 98, 99, 103, 104, 106, 107, 112, 122 - 124, 127, 131, 135, 167, 176, 178, 185, 192, 197, 198, 200, 204, 205, 215, 267, 276
ベンチャーキャピタル（VC）　103, 104, 122, 123, 127, 130, 135, 178, 179
ベンチャー簇業序説　9, 18, 195, 273, 277
放電加工機メーカー　190
ポスト産業社会　33, 220, 224

ま

３つのＨ　245
ミュニシパリスト　274
ミュニシパリズム　11, 23, 212, 213, 220, 221, 224, 226, - 229, 270, 273, 274
民活法第１号　77, 81, 193
民際外交(People to people Diplomacy)　12, 14, 37, 59, 66, 67, 71 - 73, 210, 222, 224, 225, 228, 244, 265, 266, 268, 276

明治憲法　57, 63
メカトロポリス構想　125
模倣から創造へ　23, 188, 190, 256 - 260, 273, 279

ら

ライブリー・ポリティクス　33, 34, 37, 213, 264
理化学研究所　9, 154, 219
リクルート事件　79
理研モデル　18, 84, 195
リサーチ・トライアングル・パーク　72, 82
連帯感に満ちた神奈川　63, 209, 232, 236
労働調査協議会（労調協）　20, 50, 51, 53, 54, 276

わ

わかりやすい県政　63, 209, 232, 247, 248

構造改革政権
長洲神奈川県政20年の再評価とその歴史的意義

2025年4月20日初版第1刷発行

編著者／久保孝雄／原田誠司／井上良一／「長洲県政」研究会
発行者／松田健二
発行所／株式会社 社会評論社
　　　　〒113-0033　東京都文京区本郷2-3-10　お茶の水ビル
　　　　電話　03（3814）3861　FAX　03（3818）2808
印刷製本／モリモト印刷株式会社

感想・ご意見お寄せ下さい　book@shahyo.com